全国资产评估专业学位研究生核心课程教材

资产评估理论与管理

马海涛　李小荣　主编

中国财经出版传媒集团
中国财政经济出版社

图书在版编目（CIP）数据

资产评估理论与管理 / 马海涛，李小荣主编． －－北京：中国财政经济出版社，2022.9
全国资产评估专业学位研究生核心课程教材
ISBN 978 － 7 － 5223 － 1642 － 0

Ⅰ.①资… Ⅱ.①马…②李… Ⅲ.①资产评估－研究生－教材 Ⅳ.①F20

中国版本图书馆 CIP 数据核字（2022）第 145879 号

责任编辑：张晓丽　　　　　责任印制：刘春年
封面设计：孙俪铭　　　　　责任校对：胡永立

资产评估理论与管理
ZICHAN PINGGU LILUN YU GUANLI

中国财政经济出版社 出版

URL：http：//www.cfeph.cn
E － mail：cfeph@ cfeph.cn
（版权所有　翻印必究）
社址：北京市海淀区阜成路甲 28 号　邮政编码：100142
营销中心电话：010 － 88191522
天猫网店：中国财政经济出版社旗舰店
网址：https：//zgczjjcbs.tmall.com
北京中兴印刷有限公司印刷　各地新华书店经销
成品尺寸：185mm×260mm　16 开　15.75 印张　328 000 字
2022 年 11 月第 1 版　2022 年 11 月北京第 1 次印刷
定价：60.00 元
ISBN 978 － 7 － 5223 － 1642 － 0
（图书出现印装问题，本社负责调换，电话：010 － 88190548）
本社质量投诉电话：010 － 88190744
打击盗版举报热线：010 － 88191661　QQ：2242791300

总　　序

为深入贯彻党的十九大关于实现高等教育内涵式发展的要求，落实全国高校思想政治工作会议精神，加强研究生课程建设，提高研究生培养质量，国务院学位委员会学科评议组和全国专业学位研究生教育指导委员会编写了各一级学科和专业学位类别的《学术学位研究生核心课程指南》和《专业学位研究生核心课程指南》。全国资产评估专业学位研究生教育指导委员会（以下简称"资产评估教指委"）依照相关文件精神，组织开展《资产评估专业硕士研究生核心课程指南》的编写工作。《资产评估专业硕士研究生核心课程指南》对规范培养单位资产评估专业硕士教育教学、指导核心课程建设、教案修订具有重要意义。

资产评估教指委根据资产评估学科的发展现状和课程体系，确立了《资产评估理论与管理》《企业价值评估》《无形资产评估》《中外资产评估准则》《资产评估实务与案例分析》五门资产评估专业学位研究生核心课程。

深化研究生教育改革，要重视发挥课程教学在研究生培养中的作用，而高水平教材建设是开展高水平课程教学的重要载体。为了重视课程学习，加强课程建设，本套教材根据《资产评估专业硕士研究生核心课程指南》展开编写。资产评估教指委统筹落实本套教材的编写工作，遴选主编及编写人员，切实保证资产评估核心课程教材编写的专业性、时效性、实操性，落实评估教材的立德树人的载体作用，全面提高资产评估专业硕士核心课程教材的编写质量，增强评估硕士教材的育人职能，打造符合资产评估专业硕士教育的精品教材。教材编写采取主编负责制，资产评估教指委秘书处协助主编召集、审核编写人员、制定编写计划、跟进编写进度。

我们希望本套教材的出版能够为资产评估相关课程的教学提供参考，能够启发研究生对资产评估专业的学习和思考，提高运用理论知识解决现实问题的能力。当然，我们虽力求完善，但难免存在不足之处，恳请各位教师、同学与读者批评指正。

全国资产评估专业学位研究生教育指导委员会
2022 年 8 月

扫码免费领课件

前　言

全国资产评估专业学位研究生教育指导委员会（以下简称"资产评估教指委"）依照学位办〔2018〕16号《关于委托国务院学位委员会学科评议组和全国专业学位研究生教育指导委员会编写〈研究生核心课程指南〉的通知》文件精神，组织开展《资产评估专业硕士研究生核心课程指南》的编写工作。受资产评估教指委委托，我们负责组织"资产评估理论与管理"课程的教材编写。

"资产评估理论与管理"是资产评估专业硕士的核心课程之一。通过本课程的学习，学生可以掌握资产评估的基本理论和资产评估实务中的基本方法。该课程的学习对于学生完善资产评估理论体系和知识结构，拓展资产评估知识面，具有重要的作用。

本教材是依据《资产评估专业硕士研究生核心课程指南》关于"资产评估理论与管理"课程的要求进行编写。本教材由马海涛、李小荣担任主编。各章编写人员如下：第一章"绪论"由李小荣（中央财经大学）编写；第二章"资产评估的对象"由徐丹丹（北京工商大学）编写；第三章"资产评估价值与价值理论"由马德功（四川大学）和刘春学（云南财经大学）编写；第四章"资产评估程序与原则"由闫绪娴（山西财经大学）和王娜（西南林业大学）编写；第五章"资产评估的基本方法"由常中阳（复旦大学）和王映雪（云南财经大学）编写；第六章"资产评估法律法规与准则"由朱冬元［中国地质大学（武汉）］和侯向丽（辽宁大学）编写；

第七章"典型国家和地区资产评估行业的发展"由林东杰（中央财经大学）编写，林东杰协助进行了统稿工作。在此，感谢参与教材编写工作的各位老师。本教材的编写参考了大量相关教材内容和文献，在此也表示感谢。

本教材可以作为资产评估专业和相关专业研究生"资产评估理论与管理"课程的参考教材。当然，由于作者水平、精力和时间有限，书中肯定有不足之处，恳请读者批评指正（联系邮箱：lixiaorongchina@163.com），以便再版时进行修订完善。

马海涛　李小荣

2022 年 8 月

目 录

第一章 绪 论 ··· 1
  第一节 资产评估概述 ··· 3
  第二节 我国资产评估行业的发展与改革现状 ······················· 7
  思考题 ·· 14
  本章参考文献 ··· 14

第二章 资产评估的对象 ··· 15
  第一节 资产概述 ··· 17
  第二节 资产评估对象的内容与分类 ··································· 20
  第三节 资产重组中资产评估对象的确定 ····························· 29
  思考题 ·· 34
  本章参考文献 ··· 34

第三章 资产评估价值与价值理论 ····································· 35
  第一节 资产价值概述 ··· 37
  第二节 均衡价值论 ·· 40
  第三节 效用价值论 ·· 56
  第四节 劳动价值论 ·· 69
  第五节 期权定价理论 ··· 75
  第六节 价值理论在资产评估中的运用 ······························· 81
  思考题 ·· 83
  本章参考文献 ··· 83

第四章 资产评估程序与原则 ··· 85
  第一节 资产评估程序概述 ·· 87

1

- 第二节 资产评估的具体程序 ········ 88
- 第三节 资产评估的原则 ········ 106
- 思考题 ········ 110
- 本章参考文献 ········ 110

第五章 资产评估的基本方法 ········ 111
- 第一节 成本法 ········ 113
- 第二节 市场比较法 ········ 120
- 第三节 收益法 ········ 126
- 第四节 金融期权和实物期权 ········ 131
- 思考题 ········ 138
- 本章参考文献 ········ 138

第六章 资产评估法律法规与准则 ········ 139
- 第一节 中国资产评估法律制度 ········ 141
- 第二节 国外资产评估法律制度 ········ 142
- 第三节 《资产评估法》的主要内容 ········ 146
- 第四节 资产评估准则概述 ········ 169
- 第五节 我国资产评估准则 ········ 172
- 第六节 国际和国外评估准则 ········ 178
- 思考题 ········ 188
- 本章参考文献 ········ 188

第七章 典型国家和地区资产评估行业的发展 ········ 191
- 第一节 资产评估业 ········ 193
- 第二节 美国资产评估业 ········ 197
- 第三节 英国资产评估业 ········ 201
- 第四节 其他国家和地区资产评估业 ········ 212
- 思考题 ········ 242
- 本章参考文献 ········ 243

第一章

绪　　论

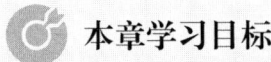 **本章学习目标**

了解我国资产评估行业发展与管理状况；理解资产评估主流理论演进；系统掌握资产评估的概念和特点；熟悉资产评估在资本市场中的作用。

第一节 资产评估概述

一、资产评估主流理论演进

20世纪初,艾尔文·费雪(Irving Fisher)开创性地创造了价值评估理论。1906年,艾尔文·费雪在其发表的《资本与收入的性质》一书中厘清有关资本和收入的各种概念和理论,并提出资本是唯一的生产要素,归纳了人们的投资决策过程,为资产评估的产生和发展奠定了基础。1907年,费雪又出版了他的另一部专著《利息率:本质、决定及其与经济现象的关系》,进一步研究了资本收入与资本价值的关系,从而形成了完整而系统的资本价值评估框架(刘熳松,2005)。1930年,费雪在《利息理论》一书中提出了确定性条件下的价值评估技术,奠定了现代标准或正统评估技术的基础。在他这一思想的指导下,派生出多种企业价值评估模型,威廉姆斯(John Burr Williams,1938)提出了股利贴现模型,戈登(Myron J. Gordon)等又在此模型的基础上,研究派生出了零增长股利贴现模型、固定增长股利贴现模型以及有限增长期股利贴现模型。

到了20世纪中期,马科维茨(Harry M. Markowitz,1952)提出了分散投资与效率组合投资理论,提出用严谨的数理方法构建出最优资产组合的方法。但这种计算方法需要分析师能够持续且精确的估计出证券的预期报酬、风险和相关系数,并且花费成本非常高。从20世纪60年代初开始,以夏普(William F. Sharpe,1964)、林特纳(John Lintner,1965)和莫辛(Jan Mossin,1966)为代表的一些经济学家开始从实证的角度出发,对马科维茨的理论进行简化,由此产生了资本资产定价模型(Capital Asset Pricing Model,CAPM)。CAPM模型把资产的预期收益与风险之间的理论关系用一个简单的线性关系表达出来。

20世纪下半叶,评估理论又得到了实质性的发展。1961年,莫迪里安尼(Franco Modigliani)和米勒(Merton Miller)针对费雪的理论中的缺陷,第一次系统地把不确定性引入企业价值评估的理论体系之中,第一次对企业价值和企业资本结构的关系做了精辟的分析。它是对于费雪理论的扬弃,更加奠定了现代企业价值评估理论的基础。20世纪70年代罗伯特·默顿(Robert C. Merton)与迈伦·斯克尔斯(Myron Scholes)提出了BS(Black Scholes)期权定价模型,这推动评估理论和金融市场进入了全新的时代。受市场变化影响巨大的金融衍生工具从此有了更为准确的定价工具。自此,评估理论迈入了一个崭新的时代。

二、资产评估的概念与要素

一般来说,资产评估是一项价值判断的经济活动,即使用专业的理论和方法对资产的价值进行的估计和判断。根据 2016 年 7 月 2 日颁布的《中华人民共和国资产评估法》（以下简称《资产评估法》），我国资产评估的法定概念为："资产评估是指评估机构及其评估专业人员根据委托对不动产、动产、无形资产、企业价值、资产损失或者其他经济权益进行评定、估算，并出具评估报告的专业服务行为。"虽然我国的评估准则中没有明确指出资产评估的概念，但《国际评估准则》中对于"评估"一词进行了界定："评估是指根据国际评估准则确定或者估算资产或者负债价值的行为或过程"。

对于资产评估概念的理解，可以从六个构成要素把握：一是资产评估的主体，在我国，从事资产评估活动的主体是评估机构及其评估专业人员。评估机构是依法设立的从事评估业务的专业机构；评估专业人员包括评估师和其他具有评估专业知识及实践经验的评估从业人员。评估机构及其评估专业人员依照法律、行政法规和评估准则，遵循独立、客观、公正的原则开展业务，并受到法律保护。二是资产评估的对象，也称为评估客体或评估标的，是指资产评估的具体对象，通常包括单项资产、资产组合、企业价值、金融权益、资产损失或者其他经济权益。三是资产评估的目的，实际就是资产评估业务对应的经济行为对资产评估结果的使用要求，或资产评估结论的具体用途。四是资产评估的程序，是对资产评估过程工作次序的安排。《资产评估法》规范的评估程序内容包括：选择评估机构、订立委托合同、指定评估承办人员、评估对象现场调查、评估资料的收集、核查验证和分析整理、选择评估方法形成评估结论、评估报告编制和内部审核、评估报告出具、评估档案保存、评估报告使用等环节。五是资产评估的价值类型，是指资产评估结果的价值属性及其表现形式，分为市场价值和市场价值以外的价值类型。六是资产评估的方法，是指评定估算资产价值的途径和手段。资产评估方法主要包括市场法、收益法和成本法三种基本方法及其衍生方法。资产评估的要素是个有机组成的整体，它们之间相互依托、相辅相成、缺一不可，而且它们也是保证资产评估价值的合理性和科学性的重要条件。

三、资产评估的特点

一般来讲，资产评估具有咨询性、公正性、社会性及动态性的特点。

（一）咨询性

一般情况下，资产评估体现的是咨询属性。资产评估反映的是评估专业人员对评估对象在评估基准日特定目的下价值的专业意见，它是建立在一定的假设条件基础上，并可能受到一些限制条件的影响。资产评估报告通常作为交易定价或其他经济行为的价值参考。我国《资产评估基本准则》第二十八条明确规定：资产评估报告使用人应当正确理解评估结论；评估结论不等同于评估对象可实现价格，评估结论不应当被认为是对评估对象可实现价格的保证。有些情形下，资产评估会体现鉴证属性。鉴证性的资产评估业务，一般是在委托人明确提出了鉴证目的的资产评估服务需求，资产评估专业人员明确了鉴证义务和责任，认为其所履行的评估程序及采用的评估方法可以满足委托人的鉴证要求的情况下，其所出具的报告则具有鉴证属性。

（二）公正性

资产评估的公正性表现在两个方面：一是资产评估须按照法定的准则进行，具有公允的行为规范和业务规范，这是公正性的技术保证；二是评估机构及其评估专业人员应当是与业务没有利害关系的第三方，这是公正性的组织保证。

（三）社会性

从专业的角度看，资产评估和财务会计的关联度很高，二者的业务属性基本相同，都是对资产进行价值计量，但二者的社会属性不同，财务会计服务于企业或单位，主要职能是核算与监督，不具有社会性，而资产评估服务于市场，具有独立性、客观性和公正性。

（四）动态性

在对资产进行价值计量方面，会计在很大程度上是以可靠计量的历史成本为依据，会计的资产价值计量基本上是静态的。资产评估需要估算交易时点所显现的资产价值，而资产价值因其交易环境、要素配置条件的不同而不断变化，因此资产评估的资产价值计量是动态的。

四、资产评估的基本作用

资产评估在促进市场资源优化配置、保障资本市场良性运行、维护各类资产权利人权益以及维护对外开放环境下的国家利益等方面发挥了积极作用。

（一）资产评估能够优化市场资源配置

在市场经济条件下，各种资源是通过市场机制的调节来进行配置的。在各种因素的影响下，资产价值往往处在不断变化之中，需要评估专业人员对资产的时点价值进行合理评估，以实现经济资源的价值最大化，促进资源的优化配置。

（二）资产评估能够保障资本市场顺利运行

随着我国市场经济的发展，资产评估已经成为保障资本市场良性运行不可或缺的专业服务行业，在加快公司 IPO 进程、推动上市公司并购重组、促进上市公司重大资产重组交易等方面发挥了至关重要的作用。

（三）资产评估能够维护各类资产权利人的合法权益

资产评估作为独立且客观的第三方机构，能够使交易各方在公开、公平、公正的前提下，实现资产最有可能实现的交换价值，更好地维护投资者与经营者、债权人与债务人及其他各类利益相关者的共同权益。

（四）资产评估能够维护开放环境下的国家利益

资产评估是对外开放条件下国家利益的维护者。从"引进来"看，资产评估能够对国外资本进行合理的作价，有利于提高外资利用水平，推动国内企业技术进步和产业结构升级。从"走出去"看，随着"一带一路"倡议的实施，越来越多的企业进行跨国并购和投资，资产评估能够支持我国企业在全球范围内开展资源配置和价值链组合，提高我国的国家竞争力。

五、资产评估与会计的区别

（一）发生的前提条件不同

资产评估是用于发生产权变动、会计主体变动或者作为会计主体的企业生产经营活动中断，以持续经营为前提的资产计价无法反映企业资产价值时的估价行为。而会计的前提是相反的，会计须严格遵循历史成本原则，同时是以企业会计主体不变和持续经营为假设前提的：一方面资产评估并不是也不能够否定会计计价的历史成本原则，因为其发生的前提条件不同；另一方面，在企业持续经营的条件下，不能随意以资产评估价值替代资产历史成本计价。如果随意进行评估，不仅会破坏会计计价的严肃性，违背历史成本原则，还会对企业的成本和收益计算产生不利的影响。当然，资产计价有时也需要根据物价变动情况进行估价（例如，我国1992年开始试点，1995年结束的清产核资中的价值重估），但这种估价要严格按照会计政策的统一规定，并且只是账面价值的调整而已，并不是我们所称的资产评估。

（二）目的不同

简单来说，会计学中的资产计价是就资产论资产，使货币量能够客观地反映资产的实际（历史）价值量。资产评估则是就资产论权益，资产评估价值反映资产的效用，并以此作为取得收入或确定在新的组织或实体中的权益依据。同时，会计学中资产计价的目的是为投资者、债权人和经营管理者提供有效的会计信息，资产评估价值则是为资产的交易和投资提供公平的价值尺度。

(三) 执行操作者不同

会计学中的资产计价是由本企业的财会人员来完成的,只要涉及与资产有关的经济业务均需要计价,是一项经常的、大量的工作。资产评估则是由独立于企业以外的具有资产评估资格的社会中介机构完成的。而且,资产评估工作除需要有资产评估学、财务会计知识以外,还需要工程技术、经济、法律等多方面的知识才能完成,其工作难度和复杂程度远超过资产计价。

第二节　我国资产评估行业的发展与改革现状

资产评估行业作为一个独立的社会中介行业在国外有上百年的发展历史。我国资产评估行业诞生于20世纪80年代末90年代初,虽然经历时间不长,但发展迅速。经过30多年的努力,我国资产评估行业为维护国有资本权益、规范资本市场运作、防范金融系统风险、保障社会公共利益和国家经济安全作出了重要贡献。2016年7月2日全国人大常委会审议通过并于当年12月1日开始施行的《资产评估法》正式奠定了我国资产评估的法律地位,标志着我国资产评估行业进入了法制化发展的新阶段。

一、发展历史

资产评估业发展过程中,资产评估管理的手段、方法多种多样,在不同历史阶段各有差异,但总体来说,可以归纳为:

(1) 1978年12月,党的十一届三中全会作出对国家经济管理体制和国有企业经营管理方式进行改革的重大决策,作为国有资产管理的必备程序和保护国有资产权益的专业手段,资产评估应运而生。20世纪80年代末,我国国有企业改革进入纵深阶段。为防止国有资产流失,规范国有资产交易行为,政府部门出台一系列政策,规定企业兼并和出售国有小型企业产权,国有资产实行租赁、联营、股份经营,兼并和出售国有企业,资产折股出售,破产清理,企业结业清理,中外合资、合作经营,必须进行资产评估工作,初步确立了资产评估的法律地位。

(2) 1989年,国家体改委、财政部、国家国有资产管理局共同发布了《关于出售国有小型企业产权的暂行办法》,明确规定:"对被出售企业的资产(包括无形资产)要认真进行清查评估"。同年,国家体改委、国家计委、财政部、国家国有资产管理局共同发布了《关于企业兼并的暂行办法》,明确规定:"被兼并方企业的资产包括有形资产和无形资产,一定要进行评估作价,并对全部债务予以核实。如果兼并方企业在兼并过程中转换为股份制企业，也要进行资产评估。"同年，国家国有资产管理局发布了《关于国有资产产权变动时必须进行资产评估的若干暂行规定》。1990年7月，国家国有资产管理局成立了资产评估中心，负责资产评估项目和资产评估行业的管理工作。这些早期资产评估管理文件的发布和资产评估管理机构的成立，标志着我国资产评估工作正式起步。

（3）20世纪90年代初，国家国有资产管理局负责管理资产评估行业，建立了资产评估机构资格准入制度，建立了资产评估收费管理制度，编写了资产评估专业培训教材。特别是1991年以国务院第91号令发布的《国有资产评估管理办法》，是我国第一部规范国有资产评估和资产评估行业管理的行政法规，标志着我国资产评估行业走上法制化的道路。该办法明确规定：凡是涉及国有资产产权或经营主体发生变动的经济行为都要进行评估，同时还规定全国资产评估管理的政府职能部门是国有资产管理部门，将审批评估机构纳入国有资产管理部门的职责范围，规定了被评估资产管理范围、评估程序和方法及法律责任等，为推动我国资产评估行业的发展，起到了历史性的作用。

（4）1993年3月，为了适应股份制改造试点和证券公开发行资产评估工作的需要，加强对评估机构的管理，国家国有资产管理局、中国证券监督管理委员会联合印发了《关于从事证券业务的资产评估机构资格确认的规定》（国资办发〔1993〕12号），要求资产评估机构对股票公开发行、上市交易的企业资产进行评估和开展与证券业务有关的资产评估业务，必须取得证券评估许可证，并规定了从事证券业务资产评估机构的资质条件。

（5）1993年12月，中国资产评估协会成立大会召开，并于1995年代表我国资产评估行业加入国际评估准则委员会。中国资产评估协会的成立标志着中国资产评估行业已经开始成为一个独立的中介行业，我国资产评估行业管理体制也开始走向政府直接管理与行业自律管理相结合的道路。1993年以后，我国经济体制改革的深入推进为资产评估行业提供了重要的发展机会，资产评估行业得到空前发展。1995年5月，人事部、国家国有资产管理局联合印发《注册资产评估师执业资格制度暂行规定》及《注册资产评估师执业资格考试实施办法》，全国注册资产评估师执业资格制度正式建立，并于1996年5月举行了首次全国注册资产评估师执业资格考试。1996年5月，国家国有资产管理局发布了《关于转发〈资产评估操作规范意见（试行）〉的通知》（国资办发〔1996〕23号）。在资产评估准则出台前，《资产评估操作规范意见（试行）》是规范我国国有资产评估业务的技术规范。该规范于2011年2月21日废止。

（6）1998年，根据政府机构改革方案，国家国有资产管理局被撤销，相应的资产评估管理工作移交到财政部，中国资产评估协会划归财政部管理。1999—2000年，我国资产评估行业完成了资产评估机构脱钩改制工作，资产评估机构在人员、财务、职能、名称四个方面与挂靠单位脱钩。

（7）2001年12月31日，国务院办公厅转发财政部《关于改革国有资产评估行政管理方式加强资产评估监督管理工作意见的通知》（国办发〔2001〕102号），对国有资产评估管理方式进行重大改革，取消财政部门对国有资产评估项目的立项确认审批制度，实行财政部门的核准制或财政部门、集团公司及有关部门的备案制。之后，财政部相继制定《国有资产评估管理若干问题的规定》《国有资产评估违法行为处罚办法》等配套改革文件。评估项目的立项确认制度改为核准、备案制，加大了资产评估机构和注册资产评估师在资产评估行为中的责任。与此相适应，财政部将资产评估机构管理、资产评估准则制定等原先归属政府部门的行业管理职能移交给资产评估行业协会。这次重大改革不仅是国有资产评估管理的重大变化，同时也标志着我国资产评估行业的发展进入一个强化行业自律管理的新阶段。

（8）2003年，国务院设立国有资产监督管理委员会（以下简称"国资委"），财政部有关国有资产管理的部分职能划归国资委。国资委作为国务院特设机构，以出资人的身份管理国有资产，包括负责监管所属企业资产评估项目的核准和备案。财政部则作为政府管理部门负责资产评估行业管理工作，并行使国有金融企业及烟草、铁路、邮政、科学、教育、文化、农业、司法等行业的中央企业和行政事业单位国有资产管理职责。这次改革对我国资产评估行业的发展具有重大影响，基本实现了国有资产评估管理与资产评估行业管理的分离，表明我国资产评估行业成为一个独立的专业服务行业。

（9）2004年2月，财政部发布《资产评估准则——基本准则》《资产评估职业道德准则——基本准则》，成为推动我国建立资产评估准则体系的重要标志，为我国资产评估准则制定和资产评估行业规范化发展奠定了坚实基础。2004年《中华人民共和国行政许可法》实施，根据法律法规和国务院文件的规定，资产评估行业进一步完善了行政管理和行业自律管理相结合的管理体制。依据《国务院对确需保留的行政审批项目设定行政许可的决定》（中华人民共和国国务院令第412号），国家继续对资产评估机构从事证券业务实行行政许可，由财政部和证监会共同实施。2005年5月11日，财政部发布《资产评估机构审批管理办法》（财政部令第22号），对资产评估机构及其分支机构的设立、变更和终止等行为进行规范。人事部门与财政部门共同实施注册资产评估师执业资格许可（含珠宝评估专业），注册资产评估师的注册由中国资产评估协会管理。

（10）2011年8月11日，财政部发布《资产评估机构审批和监督管理办法》（财政部令第64号），进一步规范了资产评估机构审批管理。

（11）2014年8月12日，国务院发布《关于取消和调整一批行政审批项目等事项的决定》（国发〔2014〕27号），取消了注册资产评估师等11项职业资格许可和认定事项。2014年8月13日，人力资源和社会保障部印发《关于做好国务院取消部分准入类职业资格相关后续工作的通知》（人社部函〔2014〕144号），将资产评估师职业资格调整为水平评价类职业资格。

（12）2016年7月2日，第十二届全国人大常委会第二十一次会议审议通过《中华人民共和国资产评估法》，自2016年12月1日起施行。《资产评估法》对资产评估机构和资产评估专业人员开展资产评估业务、资产评估行业行政监管和行业自律管理、资产评估相关各方的权利义务责任等一系列重大问题作出了明确规定，全面确立了资产评估行业的法律地位，对促进资产评估行业发展具有重大历史和现实意义。

（13）2017年4月21日，财政部出台《资产评估行业财政监督管理办法》（财政部令第86号），建立了资产评估行业行政监管、行业自律与机构自主管理相结合的管理原则，明确了对资产评估专业人员、资产评估机构和资产评估协会的监管内容和监管要求，划分了各级财政部门的行政监管分工和职能，细化了资产评估法律责任的相关规定，为在财政部门实施监督管理的资产评估行业落实《资产评估法》的管理要求提供了依据。2017年8月23日财政部发布《资产评估基本准则》，9月8日中国资产评估协会发布修订后的25项资产评估执业准则和职业道德准则，实现了资产评估准则的与时俱进。

（14）2018年2月16日，中共财政部党组通过并印发了《关于加强资产评估行业党的建设工作的指导意见》的通知。明确了资产评估行业党建工作的指导思想、原则和目标，提出了组建省级评估行业党组织、推动资产评估机构党的组织和工作全覆盖的工作任务，并对加强资产评估行业党员管理和教育、抓好资产评估行业党务工作者队伍建设、强化对资产评估行业党建工作的领导和指导等工作提出了具体要求。《指导意见》的出台，为进一步加强党对资产评估行业的领导，提高资产评估行业党的建设工作水平起到了重要作用。

（15）2019年12月28日，第十三届全国人民代表大会常务委员会第十五次全体会议修订通过了《中华人民共和国证券法》。新修订的《证券法》落实"放管服"要求，除规定从事证券投资咨询服务业务应当经国务院证券监督管理机构核准之外，取消了从事其他证券服务业务必须经过国务院证券监督管理机构和有关部门批准的规定，要求会计师事务所、律师事务所以及从事资产评估、资信评级、财务顾问、信息技术系统服务的机构从事证券服务业务，应当报国务院证券监督管理机构和国务院有关主管部门备案。该法还要求资产评估等证券服务机构勤勉尽责、恪尽职守，按照相关业务规则为证券的交易及相关活动提供服务，并提高了对证券服务机构未履行勤勉尽责义务的违法处罚力度。修订后的《证券法》将对资产评估机构在资本市场的执业及监管产生重要影响。

二、我国资产评估行业发展的特色

（一）服务国有企业成为资产评估行业发展的基础

我国资产评估行业将国有企业作为主要服务对象一直延续至今。随着国有企业改革的不断深入，国有资产在国有企业改组、改制、改造、破产进程中越来越多的需要资产评估服务。资产评估在加强国有资产管理、维护国有资产权益等发面发挥了重要的作用。也正是政府在发展初期赋予评估机构国有资产评估这一法定业务,才使评估行业区别于其他中介行业,具备了较高的发展起点。

(二) 产权市场的形成促进了资产评估行业的发展

产权市场是企业实物资产交易市场,适用于企业资产的整体出售、拍卖、直接并购等。在高度发达的市场经济中,资本市场同时就是产权市场,是产权市场的资本化和高级化。产权市场进行的产权流动和重组行为,是资产评估行业存在的基础。资产评估作为产权市场的一种嵌入式制度安排,在规范产权转让、发现价格的功能方面得到了充分的体现,实现了产权在流转过程中的保值增值和公众对产权处置的知情权,防止了产权交易过程中的商业贿赂行为。

(三) 金融市场的建立加快了资产评估行业的发展

改革开放使我国金融市场取得了长足的发展,金融市场逐步成熟、发展和壮大,目前已经形成了覆盖本币与外币、短期与长期产品、现货与衍生品、分层有序、互为补充的多层次金融市场体系。货币市场对资产评估的需求不断增加,尤其是抵押贷款评估和不良金融债权评估。资本市场的建立也加快了资产评估行业的发展。上市公司收购、重大资产重组等需要资产评估为其提供公允价值专业意见,为资本市场的投资与交易定价提供参考。

(四) 政府主导模式推动资产评估行业走向规范化发展

国有企业事关国计民生和国家经济命脉,而国有资产评估在我国整个评估业务体系中占有很大的比重。同时,资本市场的资产评估还涉及以上市公司投资者为主体的公众利益。因此,政府主导行业规范发展的模式仍将在一定时期内存在,并将进一步推动资产评估行业走向规范化发展。

三、我国资产评估业发展和管理中存在问题分析

尽管我国的资产评估行业的发展在激烈的竞争环境中逐步趋于完善,但是面对国际化的发展需求还存在较多的问题,如行业依法治理体系需进一步完善,行业信息化建设有待突破,会员管理制度顶层设计需要完善,市场拓展和专业创新需要加强,干部队伍建设需要补充力量。在资产评估业管理中存在问题主要表现在以下几个方面:

(1) 我国资产评估管理需要与世界经济相融合。资产评估管理需要结合相应的评估理念、评估方法及意识进行有效的资产管理,随着国外先进的资产评估理念的实施,使我国与国外在资产管理领域存在较大的思想落差,严重影响到我国资产管理领域的发展。作为中介机构,品牌意识是机构进行宣传与发展的关键,但是我国的中介机构不注重对于品牌

的维护，在知识产权保护方面也较为落后，严重影响到其后期业务的有效开展及规划。

（2）我国资产评估机构及行业的管理人员应进一步加强独立性。由于资产评估管理行业缺乏相应的法律约束，再加上独立性较强的中介服务机构的衍生，使规范化的资产评估管理领域中的有关机构的管理水平欠缺，同时由于资产评估行业中的相关管理人员的回避，制定的相关政策无法得到有效的执行，导致从业人员的工作理念及工作的独立性缺乏，严重影响了企业的正常运营及管理（李静，2019）。

（3）加快资产评估行业的统一化进程，打破政出多门和多头管理的困局。资产评估行业多头管理的弊端，理论界和评估实务工作者已有深刻体会。多头管理形成的原因：一是资产评估业发展伊始需要政府扶持，一些政府行政部门直接设立资产评估机构；二是资产评估机构设立时必须要有挂靠部门；三是旧体制延续，政府行政管理部门通过行政管理办法管理市场中介业务。因此，解决资产评估行业多头管理、管理混乱的问题，必须正本清源从体制上解决。在不改革体制的条件下，通过各政府部门之间的协商、协调来解决问题是不现实的。

四、资产评估行业管理模式

我国资产评估行业的管理一直伴随资产评估行业发展的全过程，管理体制机制随着我国市场经济和行业发展的各个发展阶段呈现出不同的特点。资产评估行业的管理模式主要有三种，即：政府管理模式、行业自律管理模式和政府监管下的行业自律管理模式。

（一）政府管理模式

在资产评估行业创立之初，行业管理重在行政管理，管理主体单一，即政府是行业管理的唯一主体，管理职能无所不包，既管宏观，又管微观，既管行业政策、发展方向，又管队伍、项目。政府管理模式适合于由计划经济向市场经济转化过程中的国家，但这种模式发展到现在，其局限性和弊端就显露出来了，已经不再满足经济社会发展的需要。

（二）行业自律管理模式

行业自律管理模式是指资产评估行业依靠行业内形成的准则和规范，并受行业协会管理的一种模式。这种管理模式适合于市场经济比较发达的国家，有利于行业业务水平的提高，但也存在缺乏政府制约的风险。

（三）政府监管下的行业自律管理模式

随着市场经济的深入发展，政府职能的不断转变，市场机制在资源配置中的基础性作用不断加强，资产评估行业管理已由原来单一的行政管理体制，发展到现在的行政管理与自律管理有机结合,管理主体也由单一的政府部门发展到现在的政府部门与行业协会;行政管理侧重方向性指导以及机构资质管理,自律管理侧重具体运行以及队伍的日常管理;项目管理也由原来的立项确认制发展到现在的核准、备案制。

(四)行政监管、行业自律与机构自主管理相结合的新模式

2016 年 12 月实施的《资产评估法》对评估行业管理体制进行了详细规定。2017 年 4 月 21 日,财政部发布《资产评估行业财政监督管理办法》(财政部令第 86 号),对资产评估专业人员、资产评估机构和资产评估协会作出了系统的管理规定,指出财政部门对资产评估行业的监督管理,实行行政监管、行业自律与机构自主管理相结合的原则。为适应国家政务服务要加快实现"一网通办"的要求,2019 年 1 月 2 日,财政部发布《关于修改〈会计师事务所执业许可和监督管理办法〉等 2 部部门规章的决定》(财政部令第 97 号),对《资产评估行业财政监督管理办法》作出修改后重新公布。修订后的《资产评估行业财政监督管理办法》实现了资产评估机构及其分支机构备案管理的全部网上办理,不再要求市场主体提交证书复印件等纸质材料,减轻了机构负担,增强了市场活力。新模式下资产评估行业管理表现在:

(1)新模式下资产评估行业的行政监管。为贯彻落实习近平总书记关于坚持和完善党和国家监督体系的重要指示精神,围绕加强财会监督工作,使行政监管和行业自律有机融合、协同推进,把资产评估行业监管制度优势更好转化为治理效能,促进资产评估行业持续健康发展,财政部监督评价局、中国资产评估协会制定了《加强资产评估行业联合监管若干措施》。文件中指出,依据《中华人民共和国资产评估法》,严格执行《资产评估行业财政监督管理办法》《财政检查工作办法》《资产评估执业质量自律检查办法》及相关法规制度,依法依规依程序开展检查。财政部监督评价局、中国资产评估协会建立资产评估行业联合监管工作机制,加强制度机制的顶层设计,研究部署联合监管实施工作。在财政部监督评价局统一组织下,财政部各地监管局充分发挥属地监管优势,加强对中央企业、中央金融机构、上市公司相关资产评估业务的监管。地方财政部门及资产评估协会建立完善本区域相关工作机制,并与当地监管局密切合作,形成监督合力。

(2)新模式下资产评估行业的自律管理。资产评估协会是评估机构和评估专业人员的自律性组织,依照法律、行政法规和章程实行自律管理。中国资产评估协会依照法律、行政法规、相关办法和其协会章程的规定,负责全国资产评估行业的自律管理。地方资产评估协会依照法律、法规、相关办法和其协会章程的规定,负责本地区资产评估行业的自律管理。

(3)新模式下资产评估机构的自主管理。资产评估机构依据《资产评估行业财政监督管理办法》的规定进行自主管理。

思考题

1. 如何理解资产评估的概念?
2. 资产评估有哪些特点?
3. 资产评估与会计计价的区别和联系有哪些?
4. 我国资产评估行业发展的特色是什么?
5. 哪种行业管理模式适合中国资产评估行业?

本章参考文献

[1] 中国资产评估协会课题组:《中国资产评估行业发展报告 2019》,《国有资产管理》2021 年第 6 期。

[2] 中国资产评估协会:《资产评估基础》,中国财政经济出版社 2022 年版。

[3] 李静:《试析我国资产评估行业管理中的问题》,《现代营销》2019 年第 2 期。

[4] 刘煜松:《股票内在投资价值理论与中国股市泡沫问题》,《经济研究》2005 年第 2 期。

第二章

资产评估的对象

 **本章学习目标**

掌握不同学科对资产的定义;掌握资产与财产的区别;掌握资产评估中资产的内容与分类;掌握资产评估中资产的特点;了解资产重组对企业价值评估的影响。

资产评估对象，又称资产评估客体，是指被评估的具体标的或者被评估的资产，即资产评估的具体对象。[①] 作为资产评估对象的资产，内容在不断丰富，形态在不断更新。明确资产评估对象是资产评估基本程序之一，即由委托人根据经济事项本身的性质及其对应的评估目的确定的、需要评估量化价值的对象和范围。

第一节　资产概述

人类社会经济活动中，资产是一个被广泛使用和接受的概念，但在不同场景和学科背景下却有着不同的界定，进而有着不同的特点。随着时代的发展，资产的外延也在不断扩展。作为一名资产评估专业人员，不仅要掌握资产评估学中资产的定义与特点，也要了解其他学科中资产的界定与特点。

一、不同学科对资产的定义

本节将从政治经济学、西方经济学、金融学、会计学和资产评估学五个不同学科领域分别进行辨析。

（一）政治经济学的界定

马克思主义的政治经济学中，明确了资产和资本的联系与区别。两者的联系体现在它们具有共同的价值形态，无论是资本还是资产都可以通过价值来计量，表现为一定的价格。两者的区别体现在，资本是指被资本家占有、并用作剥削手段的生产资料和货币，在其不断地从流通领域进入到生产领域，再由生产领域进入到流通领域的过程中，资本成为能够带来剩余价值的价值载体；而资产作为一种财权和债权，只能反映个人或企业的富有程度，并不能直接反映它和剩余价值的关系。当个人或企业没有把资产当作资本使用时，就无法借助资本的运动为自己带来更多的价值。可见，马克思主义的政治经济学认为资本具有三个主要特征：

（1）资本是能够带来剩余价值的价值载体。

（2）资本是一种运动，其不断地从流通领域进入到生产领域，再由生产领域进入到流通领域，是资本取得价值增值的必要前提和条件。

（3）资本属于历史范畴，体现资本家对雇佣工人的剥削关系，是资本主义生产方式的本质。

[①]《资产评估准则术语2020》。

(二) 西方经济学的界定

在西方经济学中，对资产概念的界定相对宽泛。例如，皮尔斯主编的《现代经济学词典》认为，资产是"具有市场价值或交换价值的一种实体，是其所有者的财富或财产的构成部分之一。经济学家把资产区分为实物资产和金融资产"。在格林沃尔德主编的《现代经济词典》中，资产的定义则是"由企业或个人所拥有和控制并具有价值的有形的财产和无形的权利。资产之所以对物主有用，或者是由于它是未来事业的源泉，或者是由于它可以用于取得未来的利益"。

从表面上看，上述两种定义虽然在表述上有所不同，但它们均概括出了经济学学科视角下的资产定义的两个要点：一是资产的价值性，二是资产的收益性。因此，在经济学的定义中，资产是价值和收益的统一体。

(三) 金融学的界定

在金融学中，资产是指一切代表未来收益或资产合法要求权的凭证。有别于实物资产，金融资产是一种索取实物资产的无形的权利，代表着对未来收益的要求权，反映筹资者和投资者在资金融通过程中的权利和义务关系。金融资产主要包括库存现金、银行存款、应收款项、应收票据、其他应收款项、股权投资、债权投资和衍生金融工具形成的资产等。金融资产的分类与金融资产的计量密切相关，企业可在初始确认金融资产时，将其划分为四类：（1）以公允价值计量且其变动计入当期损益的金融资产；（2）持有至到期投资；（3）贷款和应收款项；（4）可供出售金融资产。金融学强调金融资产的首要特征是能够在市场交易中为其所有者提供即期或远期的经济利益。

(四) 会计学的界定

在会计学中，资产是会计要素的重要组成部分，学者们长期以来对资产的内涵和外延进行了深入探讨并形成了不同的观点。目前被会计学界较普遍接受的观点是经济资源学说。1993年《企业会计准则——基本准则》中指出："资产是企业拥有或控制的能以货币计量的经济资源，包括各种财产、债权和其他权利。"2001年实施的《企业会计制度》对资产进行了重新定义："资产是指过去的交易、事项形成并由企业拥有或控制的资源，该资源预期会给企业带来经济利益。"2006年，财政部印发的《企业会计准则——基本准则》中对资产的定义是，资产是指企业过去的交易或者事项形成的、由企业拥有或者控制的、预期会给企业带来经济利益的资源。企业过去的交易或者事项包括购买、生产、建造行为或其他交易或者事项。预期在未来发生的交易或者事项不形成资产。由企业拥有或者控制，是指企业享有某项资源的所有权，或者虽然不享有某项资源的所有权，但该资源能被企业所控制。预期会给企业带来经济利益，是指直接或者间接导致现金和现金等价物流入企业的潜力。可见，会计学中的资产，具有以下基本特征：

（1）资产是由过去的交易或者事项产生的。

（2）资产是企业拥有或者控制的。

（3）资产能够给企业带来未来经济利益。

（五）资产评估学的界定

在资产评估学中，尽管国际评估准则理事会制定的《国际评估准则》中也沿袭了资产概念的会计术语表达，但由美国评估促进会评估准则委员会制定的《专业评估执业统一准则》（Uniform Standards of Professional Appraisal Practice，USPAP）则规定："就价值评估或预计未来收益而言，资产一词指排他地拥有或占用某物而取得的对未来收益享有的权利"，同时它还指出"资产一词现在指的不仅是实体上存在的物品，而且也包括由于拥有有形或无形客体所带来的法定权利"。我国资产评估学界对资产概念的认识是"资产是指经济主体拥有或控制的，能以货币计量的，能够给经济主体带来经济利益的经济资源"。

综上，资产具有以下基本特征：

（1）资产必须是经济主体拥有或者控制的。依法取得财产权利是经济主体拥有并支配资产的前提条件。对于一些以特殊方式形成的资产，经济主体虽然对其不拥有完全的所有权，但依据合法程序能够实际控制的，如融资租入固定资产、土地使用权等，依据实质重于形式的原则，也应当将其作为经济主体的资产予以确认。

（2）资产必须能以货币计量。也就是说资产价值必须能够运用货币进行计量，否则就不能被确认为资产。

（3）资产是能够给经济主体带来经济利益的资源，即可望给经济主体带来现金或现金等价物流入的资源。也就是说，资产具有能够带来未来利益的潜在能力。如果被恰当使用，资产的获利能力就能够实现，进而使资产具有使用价值和交换价值。具有使用价值和交换价值，并能给经济主体带来未来收益的经济资源，才能被确认为资产。

二、资产和财产的区别

经济活动中，人们通常也会使用财产一词，如《中华人民共和国公司法》规定，股东可以用货币出资，也可以用实物、知识产权、土地使用权等可以用货币估价并可以依法转让的非货币财产作价出资，对作为出资的非货币财产应当评估作价，核实财产，不得高估或者低估作价。这里对财产的评估作价，实际上就是对资产的确认。但是，资产和财产是有区别的，可以从如下几方面进行理解：

第一，涵盖范围不同。资产是由企业过去的事项形成的，能够为特定主体带来可能的经济效益。财产是所有权人可使用的、可支配的、可处置的物质财富。《中华人民共和国民法典》规定个人财产包括合法的收入、房屋、生活用品、生产工具、原材料等不动产和动产。

第二，使用目的不同。资产的使用目的在于满足企业生产经营的需要，以实现未来的经济效益；而财产作为其所有权人的物质财富，其最大的功能在于满足其所有人的使用需要。

第三，价值体现不同。资产的价值体现为企业实现增值，而财产在使用过程中，使用者还需要投入资源对其进行维护，因此财产在满足使用需要的同时会导致支出增加。

当然，财产与资产也是有联系的，在一定的条件下可以实现转换。

资产评估的价值发现功能源于原始形态的财产评估。在简单商品交换时期，市场条件不发达，交易信息不完备，商品买卖交换时，交易双方都期望由信任的第三者以独立、公正的身份就财产价值进行判断，并给出一个公平的价格以达成交易。充当这种角色的人被称为"掮客"。在新中国成立前，掮客一直活跃在财产交易领域，直到解放初的农村，还能看到他们的身影。

现代意义上的资产评估产生于资本主义早期，资产作为生产要素正式从财产中分离出来之时。与一般财产不同，资产在使用中可以为使用者带来收益，资产的这种收益性改变了市场交易的目的。简单商品交换中，人们卖东西是为了买回自己需要的商品，是"为了买而卖"，而购买作为生产要素的资产，则是为了资产收益，是"为了卖而买"。

第二节　资产评估对象的内容与分类

一、资产评估对象的内容

资产评估对象的内容可以是不动产、动产、无形资产、企业价值、资产损失、其他经济权益或者负债等可以量化的标的。比较典型的有机器设备、无形资产、房地产和企业价值等。

（一）机器设备

1. 机器设备的定义及其构成

机器设备，是指人类利用机械原理以及其他科学原理制造的、由特定主体拥有或者控制的有形资产，包括机器、仪器、器械、装置、附属的特殊建筑物等。

由于机器设备的种类繁多，其存在形态、使用方式和功能各不相同，构造、性能和用途也千差万别。但大部分机器设备的基本构成是相近的。从结构上看，都由许多零件、构件、机构等组成；从功能上看，有向外界输入能量的动力部分、履行机器功能的工作部分、介于动力部分和工作部分之间的传动部分及其协调工作的控制部分。

2. 机器设备的分类

由于种类繁多以及需求多样，依据不同的分类标准，机器设备有着不同的分类方法。从机器设备评估的思路出发，应当了解以下几种分类方式。

第一，按照现行的财会制度分类

（1）生产用机器设备，是指那些可以直接参与、服务于企业生产经营过程的机器设备。

（2）非生产用机器设备，是指那些用于非生产经营方面的机器设备。

（3）租出机器设备，是指那些租给外单位使用的机器设备。

（4）未使用机器设备，是指那些尚未使用的新增机器设备和已停止使用的机器设备。

（5）不需用机器设备，是指那些本企业不需用的设备，包括准备对外出售或报废处理的机器设备。

（6）融资租入机器设备，是指那些以融资租赁方式租入的机器设备。

第二，按设备用途的适用性分类

（1）通用设备，是指适用于一般机械制造企业生产和各类企业维修、生产性服务的设备，如各种金属切割机床，锻压、铸造、运输、动力设备等。

（2）专用机器设备，是指适用于不同行业或产品特点的各种企业的专用设备，如纺织、冶金、石油化工专用设备等，它们具有较强的行业特点和工程技术要求。再如用于仪表制造的仪表机床、用于完成某项加工的专用设备等，它们主要用来提高劳动生产率，保证产品质量并完成某些特殊的工序工作。

第三，按设备有无制造标准分类

（1）标准设备，是指有国家设计和制造标准的国家定型设备，通常可以在市场上直接买到，如通用设备和各种不同行业生产的专用设备。

（2）非标准设备，是指非国家定型设备，通常无法在市场上直接买到，需要定制并由企业自行制造。一般用于完成某些特殊加工工作的设备都属于非标准设备。

第四，按机器设备的组合程度分类。在使用中通常将不同功用的设备进行分配组合，以完成某种生产工艺活动。按其组合方式和程度划分，可分为：单台设备（独立设备）；机组，如组合机床、柴油发电机组等；成套设备（包括生产线），由若干不同设备按生产工艺过程依次排序联结，形成一个完成全部或主要生产过程的机器体系，如氯碱成套设备、金属轧板生产线等。

第五，按机器设备的来源分类。可分为自制设备和外购设备两种，外购设备又有国内购置和国外引进之分。

机器设备还有其他分类方式，在评估实务中可以根据被评估单位的生产技术特点、评估目的、采用的评估操作方法、评估操作人员的专业特长等，按不同分类进行操作，最后按评估结果汇总要求进行统计。在评估时既可先按生产车间进行清查评估也可按通用设备、专用设备等分类清查评估；还可按自制设备、外购设备、国内设备和进口设备分类清查评估，完成这些工作后再进行分类汇总。

（二）无形资产

1. 无形资产的定义与特性

无形资产是特定主体拥有或者控制的，不具有实物形态，能持续发挥作用并且能带来经济利益的资源，包括专利权、商标权、著作权、专有技术、销售网络、特许经营权、合同权益、域名等可辨认无形资产和商誉这一不可辨认无形资产。

无形资产具有如下特性：第一，在经济学研究中，将无形资产的特性概括为非竞争性、网络效应、部分独占性和难交易性。第二，在资产评估中无形资产需要被作为个体生产要素进行考虑，评估专业人员需要熟悉其在形成和使用过程中的特性。具体来看：

（1）无形资产研制开发耗费的非标准性。由于无形资产是知识形态的智力成果，它的研制、开发不同于有形资产一样有一定的标准、固定的模式和一定的消耗可以参考。无形资产的研制主要依赖于管理人员和科研人员的脑力以及技术手段，不能够准确的进行货币化计量。

（2）无形资产的独占性。这一特性主要体现在其与特定的经济主体有关，在法律、契约和政府特许保护下，禁止非所有权人无偿取得和占有。无形资产的这一特性主要表现为：在一个地区或一个国家，甚至是全世界都无相同型号、相同功能、相同性质、相同名称的同样无形资产存在。

（3）无形资产的使用权和所有权可多次分离性。有形资产进行交易时，其所有权和使用权在经济主体之间是统一的，即资产的使用权和所有权是一并取得或失去的。而无形资产则不同于有形资产，它的所有权和使用权不仅能够分离，而且能够多次分离。

（4）无形资产作用过程的独特性。无形资产发挥作用的方式明显有别于有形资产，在评估实务中需要把握其独特性，进而更好把握无形资产的价值波动。①附着性，指无形资产通常需要依附于有形资产或是金融资产而发挥功能。无形资产通过与有形资产的配合，提升效率，进而创造价值。②共益性，这是无形资产区别于有形资产的一个重要特点，无形资产可以作为共同财富，由不同的主体同时共享，也可以在其使用者继续使用的前提下，将使用权进行多次转移。③积累性，主要体现在两个方面：一是无形资产的形成建立在其他无形资产的发展上；二是无形资产自身的发展也是一个不断积累演进的过程。因此无形资产一直处于变化的状态中。④替代性，一种无形资产总会被更新的无形资产所取代，在评估实务中要考虑其作用期限，特别是尚可使用年限，它取决于某一领域内技术进步的速度。

2. 无形资产的分类

根据取得方式的不同，无形资产可分为自创无形资产和外购无形资产。自创无形资产是指企业在日常生产经营活动过程中，通过自行研究、开发、设计等手段形成的无形资产，如自创的商誉、商标、客户关系等。外购无形资产是指企业通过购买、接受外部的投资或者捐赠所获得的无形资产。如外购的专利权、技术秘密及著作权等。

根据无形资产能否辨认，分为可辨认无形资产和不可辨认无形资产。可辨认无形资产是指能够从企业中分离或是拆分出来的，能够单独进行出售、租赁以及转让等活动的无形资产，它是可以分割的。同时可辨认无形资产具有专门的名称，如商标权、专利权、著作权、专有技术、销售网络、合同权益、商业特许权等。此类无形资产通常受专门的法律保护。不可辨认无形资产是指不能够单独取得的，不能离开企业而单独存在，例如商誉。商誉是企业拥有的不可确指的可预期的未来超额收益能力的资本化价值，它是来源于企业的，不能够脱离企业而单独存在，其转移需要以有形资产的转移为依托。

根据是否有专门法律保护，无形资产可分为有专门法律保护的无形资产和无专门法律保护的无形资产。有专门法律保护的无形资产即法定无形资产，一般都需要通过法定程序才能取得，并且在一定期限内受法律的保护。例如在国家专利部门登记，经过批准认可，在专利保护期限内的专利权等。无专门法律保护的无形资产一般是指专有技术、经营秘密等，一旦这些资产被公开，很有可能会失去其原有的价值，其受保护力度远远小于受专门法律保护的无形资产，甚至可能没有保护。

根据性质和属性的不同，无形资产可分为知识型无形资产、权利型无形资产、关系型无形资产以及组合型无形资产。知识型无形资产是指包含着人类智力劳动成果的无形资产，如知识产权类无形资产。权利型无形资产是指当事人经由授权并付出相应的代价，从而获得的能给特定当事人带来超额收益的相关权利，例如租赁权、特许经营权等。关系型无形资产是指特定主体通过提高企业经营管理水平和商品质量等方面逐渐建立起来的经济资源，主要依赖于与相关业务当事人建立起非契约性的信任关系，例如销售网络、客户关系和专家网络等。组合型无形资产指由多种因素综合形成的无形资产，这类资产的价值源泉无法和具体的因素对应起来，也可能是各种难以独立存在和辨识的无形资产的总和，例如商誉、属于企业管理和企业文化范畴的无形资产等。

（三）房地产

1. 房地产的定义与特性

房地产指土地及其定着物以及拥有和使用它们的权利，包括土地、建筑物及其他附着于土地上的定着物、依法附属于土地及其定着物上的权利。

房地产有三种存在形态：单纯的土地、单纯的建筑物、土地与建筑物合成一体的"房地"。法律意义上的房地产（Real Property）本质上是一种财产权利，这种财产权利是指寓含于房地产实体中的各种经济利益以及由此形成的各种权利，如所有权、使用权、抵押权、典当权、租赁权、地役权等。

房地产的主要特征有以下几点：

（1）供求区域性。房地产具有很强的区域性特点，这是由土地的不可移动性决定的。即使是质量、规格等完全相同的建筑物也会因为地理位置的不同而导致价格迥异，因此在进行房地产评估时，需要将建筑物与地产综合起来考虑，分析区域性因素对房地产价值的影响。

（2）投资大量性。关于房地产的投资通常数额巨大，在国民经济总量中占据很大比重，因此加强对房地产市场的调控和监管有着十分重要的意义。

（3）保值增值性。在正常的市场条件下，从长期来看，由于土地的固定性和有限性，房地产需求不断增加，价值上升，价格不断上涨。同时，土地的改良和城市基础设施的完善，土地原有的区位条件改善等，都会导致土地价值上涨，房地产增值。

（4）使用长期性。因为土地是可以永续使用的，建筑物的寿命又可达到数十年甚至上百年，使用期间的折旧和受损可以通过持续的维护修缮，进而实现使用寿命的延长。

（5）投资风险性。房地产的投资风险性主要来自三个方面：第一，房地产不可移动，在建成以后不易改变用途，若市销不对路，容易造成长期空置；第二，房地产生产周期较长，从取得土地到完成销售，通常要3—5年，在此期间各种影响因素都可能发生变化，从而对投资效果产生影响；第三，自然灾害、战争、社会动荡等都对房地产市场和投资有着无法预见的影响。

（6）难以变现性。房地产由于价值量大、使用受限等特性，交易周期一般较长，若想要快速变现，通常要以降价作为代价。

（7）政策限制性。房地产市场受国家和地区政府的政策影响较大，政府可以对房地产的使用做出限制，如限制建筑物位置、结构以及经济用途等。

2. 房地产的分类

（1）土地的分类。在我国，城镇土地的所有权属于国家，农村和城镇郊区的土地，除去由法律规定和国家征用的属于国家外，所有权均属于农民集体。在我国，国有土地权实行所有权和使用权分离制度，任何自然人和法人都不能拥有土地所有权，土地使用者仅能拥有土地使用权并且可以依法转让。因此地价通常是指有土地使用权价格，土地价值评估是指土地使用权价值的评估。

从评估的角度来看，土地有以下几种分类情况：

① 按土地的权属性质，土地可分为国有土地和集体土地。

② 按土地的经济用途，土地可分为工业用地、商业用地、住宅用地、其他用地（如教育用地、交通用地、公用事业用地等）。

③ 按土地的经济地理位置，土地可分为市中心区土地、城区土地、郊区土地、开发区土地等。

④ 按土地可得方式，土地可分为划拨土地、出让土地、转让土地、租赁土地等。

⑤ 按土地开发程度，土地可分为：生地，指不具备城市基础设施的土地，如荒地、农地等；毛地，指具有一定城市基础设施，但地上有需要支付迁移安置房屋费用的土地；熟地，指有完善的城市基础设施，土地平整能直接在其上进行房屋建设的土地。

（2）房屋建筑物的分类。房屋建筑物一般是指房屋和构筑物的总称，房屋建筑物通常由基础、结构、设备和装饰四个部分组成，以下介绍两种常用的分类方法。

第一，按照房屋的使用性质划分。

① 工业厂房，包括各类单层、多层厂房等。

② 商业用房，包括各类商场、宾馆、影剧院用房等。

③ 住宅，包括各类平房、多层住宅、高层住宅等。

④ 文教卫生用房，包括学校、医院用房等。

⑤ 其他用房，包括各类公共建筑、体育馆、农牧业建筑用房等。

第二，按房屋的结构类型划分。

① 砖木结构，这类结构的房屋主要承重构件采用砖、木制成。其中垂直承重构件的砖墙、柱采用砖砌，水平承重构件的楼板、屋架采用木材建造。

② 砖混结构，这类结构的房屋垂直承重构件采用砖砌或砖柱，水平承重构件采用钢筋混凝土楼板、屋面板。

③ 框架结构，这类结构的房屋是由柱和梁、板组成的承重结构（多用钢或钢筋混凝土建造），墙体为砖墙或用其他材料制作。由于不设承重墙，建筑平面布置灵活，可以形成较大的空间。

④ 剪力墙结构，这类结构的房屋是由承重墙和楼板组成的承重结构，以承重墙代替框架中的梁和柱，承重建筑物的垂直和水平荷载。

⑤ 框架—剪力墙结构，这类结构的房屋是在框架结构中设置一些剪力墙，组成由框架和剪力墙共同受力的框架—剪力墙结构。这种结构兼有框架结构平面布置灵活和剪力墙结构增强抗水平荷载能力的优点。

（四）企业价值

1. 企业的定义和特点

企业是以营利为目的，把土地、资本、劳动力和管理等生产要素集合起来，依法从事商品生产、流通和服务等经济活动，实行独立核算、自主经营、自负盈亏、自我约束和自我发展的组织。现代企业不仅是一个经济组织，它的存在还必须接受一定的法律法规的约束。世界上各个国家均从法律角度对企业进行界定，如我国有关法律对企业的界定均强调企业是依法成立的社会经济组织，明确了企业的法律属性。理解企业的概念，一般应把握以下几点内容：

（1）企业是一个经济组织。企业的目标是实现盈利，盈利是企业创造的附加价值的组成部分，也是社会认可企业所生产、提供的产品或服务而给予企业的报酬。

（2）企业是一个社会组织。作为一个投入产出系统，企业需要从社会获得生产经营活动所需的人力、物力、财力，同时又向社会提供其所需要的产品和服务。企业作为社会组织意味着不可避免地要承担社会责任，其经济绩效必然受到外界利益相关者的影响。

（3）企业是依法设立的实体。从法律角度讲，企业是具有自己独立财产的组织机构，以自己的名义进行民事活动并承担责任，享有独立的民事权利和义务。

（4）企业是自主经营的主体。企业能够根据市场的需要，独立自主地使用和支配其所拥有的人力、物力和财力，并能够对其经营成果独立享有相应的权益和承担相应的责任。

企业具有的特点：

（1）盈利性。企业作为要素资产组成的生产经营系统，主要目的就是获取利润。

（2）持续经营性。企业要想实现盈利性的目标，就需要通过不断地生产经营创造利润，这需要建立在持续经营的假设基础上。利润创造的可持续性是企业持续存在的基本前提。

（3）整体性。企业中的各个要素资产虽然具有不同的性能，但都是以服从特定组织目标为前提共同构成企业整体。因此，企业不等于各单项要素资产的简单相加，而是具有特定结构和功能的要素资产的组合。

2. 企业价值

企业价值一般是指企业在特定的时期、地点和条件的约束下能够具有的持续的获利能力。对于企业价值的理解，需要关注以下两个方面：

第一，企业价值以企业盈利能力为基础。创立和收购企业的目的不在于获得企业自身所具有的物质资产或者具体的产品，而是在于获得企业能够产生生产利润或是现金流的能力，并从中获益。

第二，资产评估中的企业价值不能简单地等同于企业账面价值、公司市值和清算价值。①账面价值是以历史成本为基础进行计量的会计概念，可以通过企业的资产负债表获得，因为没有考虑通货膨胀、资产的功能性贬值和经济性贬值等重要因素的影响，除非有特定情况，否则企业资产的账面价值明显有别于企业价值。②公司市值是上市公司全流通股票的市场价格总额。在发达的资本市场，充分的信息和完善的市场机制使公司市值与企业价值具有一致性趋势，但公司市值会受到诸多因素的影响，具有波动性，在某一时点并不能准确地反映企业的内在价值。③清算价值是企业停止经营，变卖所有的企业资产减去所有负债后的现金余额。此时的企业已经停止经营，资产的价值是可变现价值，不满足可持续经营的假设，因此清算企业的价值评估并不是一般意义上对企业价值进行的揭示，而是对企业各单项资产市场价值之和的评估判断。

3. 企业价值评估的范围界定

企业价值评估，是指资产评估机构及其资产评估专业人员遵守法律、行政法规和资产评估准则，根据委托对评估基准日特定目的下的企业整体价值、股东全部权益价值或者股东部分权益价值等进行评定和估算，并出具资产评估报告的专业服务行为。

理论上，企业价值是由组织企业经营活动的各项资产决定的，从完整反映企业价值的角度理解，无论是表内还是表外资产都应成为评估范围内的资产。采用收益法评估企业价值的思路是以企业的产出角度估算企业价值，评估中尽管也应关注企业中资产的数量、结构、质量等，但不需要将企业资产毫不遗漏的列示出来。而采用资产基础法评估企业价值时，则需要将涉及企业价值的所有资产分别列示并评估。一般来说，表内资产属于会计学范畴，也就是符合《企业会计准则——基本准则》资产的定义和资产确认条件的项目，列入资产负债表；符合资产定义、但不符合资产确认条件的项目，不列入资产负债表。从会计学的角度来说，上述定义的资产指的是企业资产负债表左方的内容，即企业的全部资产（账面）。而从资产评估角度来说的资产与作为会计计价对象的资产确有不同的地方。《国际评估准则》中尽管没有明确资产评估中资产的定义，但指出了资产评估中资产与会计计价中资产具有差异的情况。可见，资产负债表中所表现的资产，并不能代表企业中所有的资产。所以，出现了评估领域中的所谓的"表外资产"。这个"表外资产"不同于会计核算领域的表外资产，评估领域中的"表外资产"可能符合会计领域资产的定义，但不同时满足资产确认条件的资源，也可能根本不符合会计领域资产的定义，而是评估角度界定或确定的资产，这在收益法评估中并不突出，而在基础法中显得十分突出，因此《资产评估执业准则——企业价值》明确提示评估专业人员要明白并非每项资产和负债都可以被识别并单独评估。表内资产，即评估基准日的企业财务报表一般经过符合评估目的的专项独立审计，评估人员可以从资产评估的角度判断表内资产、负债项目是否构成需要评估的实质性项目、得出是否需要单独评估的判断结论即可。采用资产基础法进行企业价值评估时，首先应明确和界定资产的范围，不仅对于经会计计价确认的账面资产进行评估，而且，对与创造企业收益有关联的账外资产也应该予以界定、确认和评估。当然，如何把握、确认账外资产或"表外资产"，在基于市场价值的评估项目中存在一定的难度。

企业并购评估中，受聘于并购方（买方）的评估项目，需要充分关注其他专业顾问的尽职调查结论，特别是法律尽职调查结论，并了解并购方的并购战略、支付方式、谈判（定价）方案，由并购方确认纳入评估范围（也就是并购价格支付范围）的表外资产清单。例如，标的企业表外的专利或专利申请、在账面没有反映的自创无形资产、某些特许权利（不允许单独转让，但可以随企业权益一同转让）、商标、著作权、独特的经营模式、协议约定的企业获益形式（如优惠贷款利率、优厚供应条件等），以及未来可能的偿还义务（负债）（如土地恢复、环保要求）等。特别需要说明的是，这些资产负债项目，有的可能可以采用适当的评估方法单独评估，有的可能不能单独评估。基于市场价值的企业价值评估项目，一般由评估人员判断是否可以识别和单独评估，而在企业并购领域，不能以能否识别和单独评估决定是否将其纳入评估范围，而应当以是否纳入并购价格支付范围、并由委托人决定是否纳入评估范围。

还应当注意账面价值与市场价值的差异，不仅反映市场价格变动带来的差异，也反映了计量范围、内涵的差异。账面价值是会计学范畴，通过会计核算方式，遵循会计核算规则获得。但对于企业市场价值而言，在新经济下（特别是轻资产公司）公司市场价值有80%可能来自资产负债表外的资产，深入研究可以发现主要来自知识、品牌、人才以及关系等无形资产。美国纽约大学会计系教授巴路科·列夫（Baruch Lev）的研究认为，在信息经济时代，企业的价值和盈利的增长主要来源于专利、品牌、版权、技术秘密、独特的经营组织（如供应链）等无形资产。

二、资产评估的分类

（一）按资产的存在形态分类

根据资产的存在形态，可分为有形资产评估和无形资产评估。有形资产是指那些具有实物形态的资产，包括机器设备、房屋建筑物、流动资产等。由于这类资产具有不同的功能和特性，在评估时应该分别进行。无形资产是指那些没有实物形态，但在很大程度上制约着企业物质产品生产能力和生产质量，直接影响企业经济效益的资产，主要包括专利权、商标权、非专利技术、土地使用权、商誉等。

（二）按资产的综合获利能力分类

按资产是否具有综合获利能力，可以分为单项资产评估和整体资产评估。单项资产是指单台、单件资产，而整体资产又可称为资产组合，是指由两项以上的资产组合而成的具有获利能力的资产，如单项资产之间的组合、无形资产与有形资产之间的组合、证券市场中的投资组合等。企业整体资产是指独立企业法人和其他具有独立经营能力的经济实体的全部资产，其与单项资产、资产组合的区别在于：以企业为载体，具有综合获利能力。商誉是企业整体资产的构成部分，不能脱离企业整体资产而单独存在。

（三）按资产能否独立存在分类

按资产能否独立存在，可以分为可确指的资产评估和不可确指的资产评估。可确指的资产是指能独立存在的资产，如前面所列示的有形资产和无形资产。除商誉以外都是可确指的资产；不可确指的资产是指不能脱离企业有形资产而单独存在的资产，如商誉。商誉是指企业基于地理位置优越、信誉卓著、生产经营出色、劳动效率高、历史悠久、经验丰富、技术先进等原因所获得的投资收益率高于一般正常投资收益率所形成的超额收益资本化的结果。

第三节　资产重组中资产评估对象的确定

一、资产重组的含义和类型

（一）资产重组的含义

资产重组是企业以提高资源使用效率为目的，通过资产主体的重新选择、组合、调整、配置使资产结构达到最优化，以实现其最大限度保值增值的过程。狭义资产重组是指对企业会计学意义上的资产、负债及所有者权益进行合理划分和结构调整，即将原企业的存量资产和负债，经过剥离、分立和合并等方式，对企业资产和组织重新组合，确定最优资产结构的行为。广义资产重组是指通过不同法人主体的法人财产权、出资人所有权及债权人所有权进行符合资本最大保值增值目的的相互调整与改变，对实物资产、金融资产、产权和无形资产的重新组合。因此，广义的资产重组既包括对会计学意义上的资产和负债的重组，也包括对企业机构和人员的设置与重组、业务机构和管理体制的调整。

从产权经济学的角度看，资产重组的实质在于对企业规模和边界进行调整。例如，理论上企业存在着一个最优规模，当企业规模太大导致效率不高、效益不佳时，通过资产重组可以实现企业战略收缩，转而投资新兴产业和利润更高的产业，及早实现战略转型。同时，还可以帮助企业减少存量资产大量沉淀，实现资产保值增值，并有助于企业集中优势资源培养核心竞争力。尤其是在资产受让方以现金支付形式进行交易的情况下，资产出让方可以获得一笔流动性资金，有利于改善企业的财务状况。反之，当企业规模太小、业务较单一，导致风险较大时，可通过收购、兼并进入新业务领域，开展多种经营，以降低整体风险。

（二）资产重组的类型

1. 按资产所有权是否发生转移分类

从资产所有权是否发生转移的角度来看，资产重组可分为内部重组和外部重组。内部重组是指企业将其内部资产按照优化组合的原则，进行重新调整和配置，以期充分发挥现有资产的部分和整体效益，从而为经营者或所有者带来最大的经济效益。在这一重组过程中，仅涉及企业内部管理机制和资产配置的变化，而资产的所有权并没有发生转移，因而属于企业内部经营和管理行为，不与其他经济主体产生任何法律关系上的权利义务关系。外部重组是指企业或企业之间通过资产的买卖（收购、兼并）、互换等形式，剥离不良资产、配置优良资产，使现有资产的效益得以充分发挥，进而产生最大的经济效益。这种形式的资产重组过程中，企业发生的购入、卖出部分资产或丧失独立主体资格，本质上是资产的所有权在不同的法律主体之间进行转移，其法律实质是资产买卖。

2. 按资产重组对象的不同分类

根据资产重组对象的不同，资产重组可分为对企业资产的重组、对企业负债的重组和对企业股权的重组。对企业资产的重组包括收购资产、资产置换、出售资产、分拆资产、租赁或托管资产、受赠资产等。对企业负债的重组，根据债务重组的主体不同，可划分为与银行之间进行的资产重组和与债权人之间进行的资产重组。对企业股权的重组主要是指股份制企业的股东或股东持有的股份发生变更的情况，主要包括股权转让和增资扩股两种形式。其中，股权转让是指企业的股东将其拥有的股权或股份，部分或全部转让给他人；增资扩股是指企业向社会募集股份、发行股票、新股东投资入股或原股东增加投资扩大股权，从而增加企业的资本金。

（三）上市公司的资产重组

近年来，随着中国资本市场的快速发展，越来越多的上市公司将资产重组视作优化资产结构、改善经营、提高竞争力的重要途径。从是否涉及股权的存量和增量的角度，上市公司的资产重组可以分为战略性资产重组和战术性资产重组两种类型。

战略性资产重组是指可以由上市公司的董事会或者股东大会授权或者批准而实现的资产重组，包括出售和收购资产、资产置换、资产租赁、受赠资产和对企业负债的重组，这些重组都是发生在企业层面上的重组，不涉及股权的存量和增量。战术性资产重组是指对上市公司股权的重组，因为涉及股权的存量和增量，一般在进行资产重组之前要得到相关主管部门的审核和批准（如中国证监会、证券交易所），涉及国有股权的还要得到国家财政部门的批准。此类资产重组一般表现为股份持有人的变化以及股本的增加，对于企业未来的发展方向有着极大的影响，主要包括股权存量变更、股权增加、股权减少三种情况。

实践中，上市公司的资产重组主要包括资产置换、资产剥离、资产租赁和净壳重组四种方式。

1. 资产置换

资产置换是指在上市公司的各种资产重组中，不涉及现金流动的资产交换，即以资产换资产的行为，包括实物资产与实物资产、实物资产与非实物资产、流动资产与固定资产或无形资产等资产的交换。资产置换分为部分资产置换和整体资产置换。资产置换最大的优点是公司不用或用很少的现金就能直接实现公司的资产与产业结构的调整。这对那些主营业务已成夕阳产业、在行业内或市场结构中地位不高，并且重新找到了适合公司发展的产业的上市公司来说是非常合适的。因此，资产置换重组成为上市公司重组的主流形式。

2. 资产剥离

资产剥离是指上市公司将其拥有的子上市公司、部门、车间、生产线、固定资产、无形资产等通过拍卖、转让、出售等形式获取现金、有价证券等的经济活动。资产剥离的一种特殊形式是分立，是指公司将其在子公司中拥有的全部股份按比例分配给公司的股东，从而形成两家相互独立的、股权结构相同的公司。通过资产剥离，可分立出不同的法人实体。资产剥离的交易方式有协议转让、拍卖、出售，交易的支付方式有现金支付、混合支付等。如果被重组公司缺乏现金，重组公司也可能动用现金购买其剥离的资产。将劣质资产从上市公司剥离是我国上市公司重组的一项重要内容，在劣质资产剥离的过程中，大量债务也被剥离出去，这些被剥离出去的债务往往没有足够的净资产和具有赢利能力的业务作保障，实际上很多债务随着劣质资产以自我交易等手段塞给了重组公司。上市公司常常将净值为负的所谓"不适资产"以一定价格或者零价格转让给重组母公司。

3. 资产租赁

资产租赁是指企业在约定的期间内，出租人将资产使用权让与承租人，以获取租金的行为。通常有两种可能：一是重组公司没有找到合适的方式将准备重组的资产剥离出来，于是暂时采用租赁的方式，这样还可以增加重组公司的现金流；二是被重组公司暂时没有能力获得对方的优质资产只好先行租赁，可以看作是资产重组的过渡形式。

4. 净壳重组

净壳重组是市场上出现的一种新的资产重组方式。"净壳"是指上市公司把自己原有的所有资产，包括债权、债务统统从上市公司剥离，而仅仅剩下"上市公司"这一"外壳"。卖壳是上市公司把"上市公司"这一壳资源卖掉，实现退市的一种手段。净壳重组的一个最大优势在于可以迅速甩掉上市公司原来的包袱，实现轻装上阵，但重组后被重组公司的实质已发生了很大的变化。

二、资产重组中资产评估的工作内容和作用

（一）资产重组中资产评估的工作内容

相较于其他资产评估业务，以资产重组为目的的资产评估，主要包括以下工作内容：

1. 了解企业资产重组的背景

企业的资产重组行为往往基于不同的背景和目的，或是战略布局，或是纾困解难。不同背景下的资产重组，其评估方案、评估结论也是不同的。只有在充分了解企业资产重组背景的前提下，才能更好地开展资产评估工作。

2. 核实企业资产重组的方式

就当前市场形势而言，伴随着国有企业改革的深化，资产重组方式通常有公司制改组、承包、租赁、企业兼并收购、托管、外资嫁接改造、破产重组等。其中，公司制改组、企业兼并收购和破产重组是资产重组的三种主要模式。

3. 掌握企业的基本情况和财务状况

企业的基本情况包括企业名称、企业类型、主要经营范围、注册地址、注册资金和法定代表人、企业内部组织机构状况、人员状况、产品技术设备状况、企业管理状况，以及企业办社会状况等。企业的财务状况主要是指企业的资产和负债情况，包括企业的有形资产、无形资产及主要负债。

4. 分析企业资产重组的效果和风险

考察企业在行业中的地位和所在区域的经济、政策环境，一方面，分析资产重组行为是否能为企业带来资源配置优化、经济效益提高的效果；另一方面，对资产重组行为可能给企业带来的风险作出估测并找出规避方法，最终根据分析后的结果作出可实施的资产评估方案。

（二）资产重组中资产评估的作用

资产评估作为资产重组过程中的关键环节，能够为参与者提供独立、客观的价值信息和公允的价值尺度，其作用主要包括以下几个方面：

1. 科学合理的资产评估结果为资产重组相关方提供有效的价值衡量尺度

资产评估结果作为企业资产重组过程中资产价格确定的最主要参考依据，在评估方法选择、评估假设采用、评估过程开展、评估参数确定以及评估结论选取等一系列过程中所体现的科学性、合规性与合理性直接关系着重组定价的公平性与公正性。科学的资产评估结果为重组事项相关方的资产价格确定提供了客观的价值标尺，保障了各方利益分配的合理性。

2. 科学全面的资产评估成为保证和提升企业资产质量的关键环节

重组资产的质量事关上市公司的盈利能力与未来业绩表现，更关系到中国资本市场整体的资产质量与发展潜力。资产评估作为一种全面衡量目标资产价值的手段，在保证重组资产质量、提升资源配置的质量和效率方面发挥了重要作用，促进了产业集中度的有效提升和经济结构的有利调整，增强了上市公司的内生竞争力。

3. 资产评估对于资产价值的深入挖掘对资本市场平稳发展发挥积极作用

发挥资产评估多角度的估值功能和深入细致的估值特点，可以避免因过度依赖市场条件从而出现价值结论受价格剧烈波动影响的情形，在一定程度上遏制资产泡沫的形成，对于平抑资本市场过度波动具有积极意义。对于全面评价资产价值、倡导理性投资、价值投资等成熟的投资理念具有非常强的指导意义，对于防范资本市场盲目投资等引起的风险、保障资本市场稳定运行也具有重要意义。

4. 资产评估有利于保护中小投资者的合法权益

目前部分上市公司资产重组是同一控制下的并购重组，即便是非同一控制下的并购重组，由于公司治理的不完善，上市公司董事、监事和高级管理人员可能存在的道德风险，往往使中小投资者的利益得不到保障。广大中小投资者往往既无法了解并购重组事项的完整信息，也缺乏专业判断能力。在此情境下，资产评估机构作为独立第三方对于交易资产价值出具的公正客观意见为中小投资者提供了公允的参考标准，对于保护广大中小投资者的合法权益起到了至关重要的作用。

5. 资产评估对于国有资产发挥了价值发现和价值管理的双重功能

资产评估作为国有资产通过并购重组形式流转于资本市场内外过程中的"看门人"，以其对相关资产和权益价值公正客观的评价，有效保护了国有资产，防止了国有资产流失。同时，通过资产评估实现了对于优质资产的价值发现，将其进入资本市场后，提升了资产的利用效率和资源的配置效率。

6. 资产评估有利于上市公司厘清发展战略，全面把握和控制并购风险

资产评估是企业认识目标公司、发现价值、厘清未来战略管理思路的全面、综合、思考的过程，也是企业结合相关经营战略、管理能力、财务实力和人力资源情况等对企业价值进行深入审视的手段。同时，资产评估的过程是发掘和度量潜在风险的过程，对企业全面把握和控制风险具有重要意义。

7. 资产评估有利于提高资本市场财务会计信息质量

上市公司非同一控制下的资产重组日趋频繁，资产重组后的会计处理涉及公允价值计量。由于公允价值的特殊性，以及财务报告所需要的合理性、客观性、相关性的要求，决定必须以外部的、独立的、专业的资产评估提供会计计量中的公允价值，不能用内部会计和内部审计来替代独立评估，更不可能用独立审计来替代独立评估。资产评估在公允价值计量中的专业性、独立性和公信力，极大地提高了上市公司财务会计信息质量。

三、资产重组对企业价值评估的影响

资产重组将导致企业的资产范围、规模、数量、质量、资产结构、资产负债结构以及经营效益的变化，这些变化将直接对资产评估工作产生影响，具体包括：

（一）资产范围的变化

企业中的资产按其用途，可分为经营性资产和非经营性资产，按其发挥效能情况，又可分为有效资产和无效资产。企业在进行资产重组时，剥离的部分通常为非经营性资产和无效资产，有时也会剥离一部分经营性资产，但剥离的经营性资产不应影响企业正常的生产经营，否则将会对企业的获利能力产生影响，进而影响评估中对企业未来收益的预测。

（二）资产负债结构的变化

资产重组通过影响企业的资产负债规模，进而造成资产负债结构的变化，这在很大程度上是出于企业经营战略的需要。以上市公司发行股票为例，根据相关法律规定，发股公司的资产负债率不应超过70%，然而对大部分计划发行股票的上市公司而言，符合这一条件较为困难，通常需要通过资产重组来降低资产负债率。若公司选择进行资产重组，必然会对公司资产负债结构产生影响，进而影响公司的获利能力和偿债能力。在进行相关评估时，需要对其中包含的风险进行科学合理的预测，因此这对评估过程中的风险预测环节提出了更高的要求。

（三）收益水平的变化

以上市公司为例，轻资产重组后，通常会使公司的净资产收益率超过10%，这种提升不仅源于剥离非经营性资产和无效资产造成了资产总额的减少，还由于非经营性资产减少使得收益计算中的折旧费减少，从而增加收益获得，二者均为企业价值评估时对未来收益预测的基础。

思考题

1. 资产评估中的资产有什么特征？
2. 资产与财产的区别是什么？
3. 无形资产有什么特性？
4. 资产重组中资产评估都有哪些作用？

本章参考文献

［1］陈秋燕：《评估机构在上市公司并购重组中的作用》，《财经界》2016年第1期。
［2］方晓：《国内上市公司重组分析》，《湖北成人教育学院学报》2006年第5期。
［3］刘玉平：《企业价值评估若干问题探讨》，《中国资产评估》2006年第1期。
［4］乔志敏、贾宁风：《资产评估学教程（第二版）》，立信会计出版社2008年版。
［5］裘宗舜、肖虹：《关于无形资产的特征、基本概念及其分类》，《财会月刊》1998年第3期。
［6］吴良海、陈昌龙：《资产评估学》，北京交通大学出版社2007年版。
［7］肖翔、何琳：《资产评估学教程》，清华大学出版社、北京交通大学出版社2004年版。
［8］赵仑：《资产评估学教程》，首都经济贸易大学出版社2004年版。
［9］朱萍：《资产评估学教程》，上海财经大学出版社1998年版。
［10］朱柯：《资产评估（第2版）》，东北财经大学出版社2008年版。
［11］周树大：《上市公司资产重组审计》，《中国内部审计》2007年第11期。

第三章

资产评估价值与价值理论

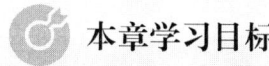 **本章学习目标**

通过本章内容的学习，使学生了解资产评估的价值理论和价值观，掌握资产评估的基本逻辑和基本理论，熟悉不同的价值理论在资产评估实务中的应用，为进一步学习相应的知识和实务操作夯实理论基础。

第一节 资产价值概述

一、商品、资产及其价值

根据马克思的分析和阐述,我们把价值概念定义为:价值是一般人类劳动在物品中的耗费或凝结。马克思关于价值的分析是从商品开始的。

(一) 商品

商品是指人们通过劳动生产的用于交换的产品。由此可见,作为商品,一是要通过人们的劳动产生的物品,即它是产品;二是这种产品是有用的,尤其是对他人是有用的,即它具备了交换的必要性;三是人们生产这种产品的目的是交换,因此还应当使其具有交换的可行性。

因此,一种物品要想成为一种商品,必须满足三个条件:该物品是劳动产品;这种产品有用;生产这种产品的目的是用于交换。

(二) 商品的价值

商品的价值,即商品中凝结的人类的抽象劳动。凝结在商品中的具体劳动为不同商品之间交换的必要性创造了条件,而将人类在不同的商品中的凝结的具体劳动抽象为一般劳动,即为商品的价值,商品价值的形成为不同商品间交换的可行性创造了条件。

(三) 资产及其价值

资产是在商品的基础上衍生出来的,具有商品的基本属性。即,资产是劳动的产品,资产是有用的,资产是用来交换的。资产又与商品有不同之处,具有自身的特殊属性,资产的价值随着持有时间的增加而发生变化。

资产的定义:商品是用于交换的产品,当一种商品的有用性体现为这种商品价值随时间的改变而改变时,这种商品即可称为资产。

实体资产与金融资产:如果商品的有用性包括实体经济中的有用性和价值的变化,这种商品即可称为实体资产,如设备、房屋、厂房、森林、矿山等;如果商品的有用性仅限于价值的变化,此即金融资产,如债券、股票等。

资产的价值:资产具有商品的属性,又不同于一般的商品,因此资产的价值,既包含凝结在其中的人类的抽象劳动,也包括在此基础上随时间的增加产生的价值增值部分。

二、资产评估中的价值

（一）资产评估

资产评估就是指通过对资产某一时点价值的估算，从而确定其价值的经济活动。具体来说，资产评估是指专门机构和人员，依据国家规定和有关资料，根据特定的目的，遵循适用的原则，选择适当的价值类型，按照法定的程序，运用科学的方法，对资产价值进行评定和估算的过程。

（二）资产评估的特点

（1）现实性：以评估基准日为时间参照，按这一时点的资产实际状况对资产的价值进行评估。资产评估价值反映的是特定时点的价值。评估基准日是资产评估报告的重要内容，而评估报告有效期的规定，则是对报告使用人的约束。资产评估中的价值不像自然科学和工程科学那样可以用一定的数学公式进行精确计算，也不同于会计制度规定的那样固定有序地记录计算，它是基于客观事实，凭借评估机构及操作人员的经验和专业知识，对资产价值进行系统分析和逻辑判断，从而根据资产的功能及评估师对该资产在某一时点的价值作出合理的结论。

（2）市场性：模拟市场条件，对资产进行确认、估价、报告。评估资料源于市场，评估结果接受市场检验。

（3）预测性：以资产未来时空的潜能说明现实，利用科学的程序与方法推断资产的未来价值。

（4）公正性：评估当事人具有的组织和技术，保证了评估的公正性。

（5）咨询性：评估结论仅是作价意见，成交价由双方决定。

（三）资产评估的目标

资产评估一般目标：指所有资产评估行为的目的，即获得公允价值。因此，资产评估对价值类型的约束是一种原则性约束，即所有评估结果都要公允。

资产评估特定目标：指某一项资产评估所要实现的目的，是该评估项目对某资产评估的具体要求。资产评估对价值类型的约束根据这种特定的目的来确定，不同的评估目的对评估的具体要求，不仅体现在评估的价值量上，而且会表现为与此目的要求相适应的评估结果的价值类型上。

三、资产评估的价值类型

（一）资产评估价值类型的定义

资产评估的价值类型是资产评估价值的质的规定性，是资产评估价值形式的具体化。

具体指评估价值的类别,是每一项评估价值的具体价值尺度。

(二)资产评估价值类型的作用

(1)价值类型是影响和决定资产评估价值的重要因素。资产评估价值是某项资产在特定条件下的价值表现,其价值类型不同,价值评估的结果也不一样。

(2)价值类型制约资产评估的方法。价值类型实际上是评估价值的一个具体标准,为了获得某种标准的评估价值,需要通过某种资产评估的方法。国际通行的评估方法主要有成本法、市场法和收益法。

(3)明确评估价值类型,可以更清楚地表达评估结果,避免报告使用者误用评估结果。任何评估结果都是有条件的,不同的评估目的、市场条件决定其价值含义是不同的,评估价值也不相同。评估师在评估报告中提出评估价值,并明确其价值类型,可以使报告使用者更清楚地使用评估价值,避免滥用评估价值。

(三)资产评估价值类型的划分及其依据

(1)从市场评估时所依据的市场条件划分,价值类型分为典型市场价值和非典型市场价值。

典型市场价值:自愿买方与卖方在评估基准日进行正常的市场营销之后所达成的公平交易中某项资产应当进行交易的价值估计数额,当事人双方应各自精明、谨慎行事,不受任何强迫压制。

非典型市场价值(市场价值以外的价值)包括:①在用价值,指特定资产在特定用途下对特定使用者的价值,该价值类型重点反映了作为企业组成部分的特定资产对其所属企业能够带来的价值,而并不考虑该资产的最佳用途或资产变现所能实现的价值量。②投资价值,指资产对于具有明确投资目标的特定投资者或某一类投资者所具有的价值。这一概念将特定的资产与具有明确投资目标、标准的特定投资者或某一类投资者结合起来。③持续经营价值,指在持续经营条件下公司的价值。持续经营价值假设现有资产将被用于产生未来现金流并且不会被出卖。投资者考虑持续经营价值,并将它与生产终止时的资产价值对比。如果持续经营价值超过生产终止时的生产价值,那么进行经营是有意义的。④清算价格,指在非公开市场上限制拍卖的价格。清算价格一般低于现行市场价格,这是由市场供求状况决定的:其一,因经营失利而导致破产的企业,必然会急于将资产转让或拍卖;其二,这种交易活动主要取决于买方,占有主动权的买方必定极力压低成交价格,以从中获取利益。⑤保险价值,指可能因危险造成损失的实体项目的重置或重建成本。保险价值是保险单条款中记载或认同的某项资产损失或资产群价值的一部分损失。⑥课税价值,指根据税法中规定的与征纳税收相关的价值定义所确定的价值。

(2)从资产评估的估价标准形式划分,价值类型分为:重置成本、收益现值、现行市价和清算价格。

（3）从资产评估假设角度划分，价值类型分为：继续使用价值、公开市场价值和清算价值。

（4）从资产评估业务的性质，即资产评估的特定目的划分，价值类型分为：抵押价值、保险价值、课税价值、投资价值、清算价值、转让价值、保全价值、交易价值、兼并价值、拍卖价值、租赁价值、补偿价值等。

（四）资产价值类型与公允价值

资产评估是专业人士对特定时点及特定约束条件下的资产价值评估的社会中介活动，其职能是为委托人提供合理的资产价值咨询意见。资产评估委托人所需要的是评估师在特定时点及特定条件约束下资产公允价值的判断。因此，资产评估结果及其价值类型或价值表现形式必须是公允的。

公允价值是一种相对于当事人各方的地位、资产的状况及资产面临的市场条件的合理的评估价值，是评估人员对被评估资产客观交换价值的合理估计值。

第二节 均衡价值论

一、供给与需求

在西方经济学中，均衡是指在经济事物中，有关变量在一定条件的相互作用下达到的一种相对静止的状态。市场均衡可以分为局部均衡和一般均衡[①]。局部均衡是以单个市场或者部分市场为媒介，分析供求和价格之间的关系及均衡状态。一般均衡是指在整个经济社会中，分析所有市场中的供求和价格之间的关系及均衡状态。在一般均衡假定中，所有商品的供求和价格之间的关系都是相互影响的，一个市场的均衡状态也必须是在其他所有的市场都达到均衡状态的前提下实现的。

均衡价格是指一种商品在市场需求量和供给量相等时对应的市场价格，均衡数量则是在此价格水平下的供求数量。从几何意义上讲，均衡状态应该出现在一种商品的市场需求曲线和供给曲线相交之处，此相交之处即为均衡点，均衡点对应的价格和数量即为均衡价格和均衡数量。市场的均衡状态也被称为市场出清状态。

马歇尔均衡价值理论认为：一种商品的价值，是在其他条件不变的前提下，由此商品的需求和供给状况共同决定的，即是由商品的均衡价格来衡量商品的价值。此均衡价值理

---

① 高鸿业：《西方经济学（微观部分）（第五版）》，中国人民大学出版社 2011 年版。

论的假定前提是局部均衡，也被称为均衡价格论。商品的均衡价格是指其需求量和供给量相等时的市场价格，即商品的需求价格和供给价格相一致时的价格。需求价格是指消费者购买一定数量的商品所愿意并且有能力支付的最高价格，是由消费者的边际效用决定的。在边际效用递减规律的作用下，边际效用随着商品供给的增加而减少，使需求价格随着数量的增加而下降。而供给价格恰好相反，供给价格是指生产者为提供一定数量的商品所能接受的最低价格，是由生产者的边际成本决定的。在边际成本递减规律的作用下，商品的供给随着需求量的增加而增加，供给价格随着供给数量的增加而上升。

马歇尔均衡价值论是利用商品的均衡价格来衡量商品的均衡价值，其认为均衡价值和均衡价格是一体的，在分别对需求和供给进行分析后，提出在需求和供给达到均衡状态的时候，产量和价格也同时达到了均衡。企业按照此处的均衡数量作为其生产量进行生产，必然能实现资源配置的最优化。

马歇尔的均衡价值论着重考察分析了时间因素对均衡价格的影响。他把时间分为瞬时、短期和长期三大类，瞬时价格是市场暂时均衡的结果，由于其时间的短暂性，需求便对价格起着调节的作用，供给则是以市场上现有的存货为基础。短期价格是市场短期均衡对应的价格，是在几个月或者是一年的时期内，市场上供求均衡的结果。在此时期内，供给和需求对价格起着同时、同等的效用，生产者可以在生产技术条件不变的前提下，改变工作时间或机器的利用程度增加或减少产量以适应市场的变化。长期价格是长期均衡状态下对应的价格，在此期间，各种生产设备可以随着需求的变化作出充分的变动，生产量可以进行自由的增长，此时商品的价格主要由生产成本决定，而交易的数量则是由需求决定。

（一）供给

供给是指一定时期内，生产者对一种商品在其可能的价格条件下，愿意并且有能力提供出售的此种商品的数量。假定生产者只有出售某种商品的意愿而没有提供出售的能力，此种形式的供给不能形成有效供给，所以不能称为供给。影响一种商品供给的因素有多种，主要有以下方面[1]：

商品的自身价格。商品的价格越高，对于追求利润最大化的生产者而言，其愿意且能够提供的产量就越大；反之，商品的价格越低，供给量就越小。

生产的成本。假定商品的自身价格不变，生产成本上升使生产者的利润减少，导致商品的供给量减少；反之，生产成本下降使生产者的利润增加，导致商品的供给量增加。

生产的技术水平。正常情况下，提高生产技术水平可以减少劳动时间，降低生产成本，增加生产者利润，促使生产者提供的商品的供给量增加。

---

[1] 高鸿业：《西方经济学（微观部分）（第五版）》，中国人民大学出版社2011年版。

相关商品的价格。假定商品的自身价格不变，而与其相关的商品价格发生变化，也会导致该商品的供给量发生变化。如：对于一个饲养家禽的农户来说，如果鸡蛋的价格上涨而鸭蛋的价格保持不变的情况下，此农户可能会增加鸡的饲养数量而减少鸭的饲养数量。

生产者对未来的预期。如果生产者看涨某种商品，即认为该种商品的价格会上涨，则生产者会扩大生产，增加商品的供给量。如果生产者对某种商品持悲观的态度，即认为该商品的价格会下降，则生产者会缩减生产，减少商品的供给量。

综上所述，一种商品的供给量是以影响这种商品供给量的所有因素为自变量的函数。假定其他因素均不发生变化，只考虑商品价格的变化对其供给量的影响，即把商品的供给量只看成是这种商品价格的一元函数，则供给函数可表示为：

$$Q_S = f(P)$$

式中，P 为商品的价格；Q_S 为商品的供给量。

供给函数 $Q_S = f(P)$ 表示在其他因素不变的情况下，商品的供给量和价格之间的一一对应关系。

（二）供给曲线

供给曲线是供给函数在平面坐标中的几何表现形式，描绘的是生产者供给商品数量与价格之间关系的曲线。在影响供给的其他因素不变的情况下，对于每一个给定的价格，生产者都有一个愿意生产的商品数量，每一对价格和数量都在供给曲线上清晰的表示出来。图3-1中的 S 曲线即为一条供给曲线。纵轴表示的是商品的价格 P，此价格是在一个给定的供给量的情况下，卖者所能接受的最低价格。横轴表示的是供给量 Q，是按每一时期的商品数量计量。

如图3-1所示，供给曲线向上倾斜，即供给曲线的斜率为正值，表示的是商品供给量和价格呈同方向变动。其原因在于，商品的价格越高，愿意且有能力出售该商品的生产者会增加。例如，较高的商品价格会使现有的生产者为追求利润，通过雇用额外的工人或者让现有的工人加班工作（当然，此情况也增加了生产者相应的成本），在短期内扩大生产；从长期来看，商品自身价格的上升会导致生产者扩大生产规模，以达到增产的目的。[①] 当然，较高的价格也可能吸引新的生产者进入，而这些新的生产者之所以选择在价格较高的时候进入市场是因为其没有经验且面临更高的成本，在价格较低的时候进入此市场是不经济的。

[①] 罗伯特·S.平狄克、丹尼尔·L.鲁宾费尔德：《微观经济学（第八版）》，李彬，高远，译，中国人民大学出版社2020年版。

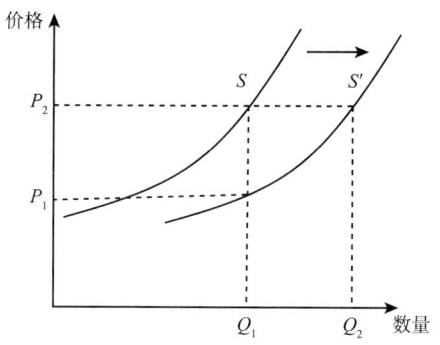

图 3-1 供给曲线①

注：供给曲线 S 显示了商品的供给量随着价格的变化而变化的过程。供给曲线向右上方倾斜表示：价格越高，更多的生产者有能力且愿意生产出售商品。如果生产的成本下降，生产者可以以一个更低的价格提供相同量的供给，或者是在同一价格水平下，生产者能提供更多的供给，此时，供给曲线向右移动，从 S 到 S'。

供给曲线 $Q_S = f(P)$ 表示在不同的价格水平下，生产者愿意并且能够出售的商品数量，它是以几何图形的形式来表示商品的价格和供给量之间的函数关系。供给曲线是建立在商品价格和相应供给量的变化具有无限分割性，即连续性假设上的一条平滑、连续的曲线。

根据实际情况的不同，供给曲线可以是直线型也可以是曲线型。如果供给函数是线性函数，则其对应的供给曲线为直线型；如果供给函数是非线性函数，则其对应的供给曲线就是曲线型的，如图 3-1 中的供给曲线。

（三）需求

需求是指一定时期内，消费者对一种商品在其各种可能的价格水平下，愿意且能够购买的此种商品的数量。假定消费者只有购买某种商品的欲望而没有支付能力，则其不能形成有效需求，也就不能算作是需求。

影响一种商品需求的因素有多种，主要有②：

商品的自身价格。商品的价格越高，消费者对于该商品的需求量就会减少；反之，商品的价格越低，消费者对于该商品的需求量就会增加。

消费者的收入水平。正常情况下，消费者对商品的需求量会随着其收入水平的提高而增加。反之，消费者收入水平降低时，其对商品的需求量会相应减少。

相关商品的价格。假定商品的自身价格不变，而与其相关的商品价格发生变化，也会导致该商品的需求量发生变化。通常情况下，将一种商品的价格上升导致另一种商品的需

---

① 罗伯特·S. 平狄克、丹尼尔·L. 鲁宾费尔德：《微观经济学（第八版）》，李彬，高远，译，中国人民大学出版社 2020 年版。

② 高鸿业：《西方经济学（微观部分）（第五版）》，中国人民大学出版社 2011 年版。

求量增加的两种商品称为替代品，一种商品的价格上升导致另一种商品的需求量下降的两种商品称为互补品。对于替代品而言，当其中一种商品的价格上涨时，大部分的消费者会将该商品的需求转移至另一种商品，比如牛肉和猪肉，当牛肉价格上涨时，大部分的消费者会将对牛肉的需求转移至猪肉，导致猪肉的需求量增加。而对于汽车和汽油这类互补品而言，其需要同时使用才能发挥效用，当汽油的价格下降时，会导致汽车的需求的增加。

消费者的偏好。当消费者偏好于某种商品时，此种商品的需求量会增加；反之，消费者对某种商品的偏好程度减弱时，其相对应的需求量就会减少。

消费者对商品价格的预期。如果消费者看涨某种商品，即认为该种商品的价格会在下一期上涨时，就会增加其对此种商品的当期需求量；反之，如果消费者对某种商品持悲观态度，即认为该商品的价格会下降，就会相应的减少对此种商品的当期需求量。

综上所述，一种商品的需求量是以影响这种商品需求的所有因素为自变量的函数。如果对所有影响需求量这个因变量的自变量全部同时进行分析，则此问题变得很复杂。一般情况下，可以将复杂的问题简单化，即假定其他的因素均不发生变化，只考虑商品价格的变化对其需求量的影响，即把商品的需求量只看成是这种商品价格的一元函数，则需求函数可表示为：

$Q_d = f(P)$

式中，P 为商品的价格；Q_d 为商品的需求量。

（四）需求曲线

需求函数 $Q_d = f(P)$ 表示的是在其他因素不变的情况下，商品的需求量和价格之间的一一对应关系。

需求曲线是需求函数在平面坐标中的几何表现形式，描绘的是消费者所愿意且有能力购买的商品数量和价格之间关系的曲线。在影响需求的其他因素不变的情况下，随着商品单位价格的变化，消费者所愿意购买的商品数量的变化，都在需求曲线上清晰的表示出来。如图3-2所示的需求曲线D，纵轴表示的是商品的价格P，横轴表示的是消费者愿意购买的商品数量Q，按每一时期商品的单位数进行计量。

如图3-2所示，需求曲线D向下方倾斜，即需求曲线的斜率为负值，表示商品的需求量和价格之间呈现的是反方向变动，即如果商品的价格下降，消费者将会购买更多的商品。例如，更低的价格鼓励更多的消费者（包含已经购买一定量的商品的消费者）去购买更多的商品；同时，也使以前有意愿但没有支付能力的消费者有能力来购买此种商品。

需求曲线 $Q_d = f(P)$ 表示在不同的价格水平下，消费者愿意并且有能力支付的商品数量。其是以几何图形来表示商品的价格和需求量之间的函数关系。与供给曲线一样，需求曲线是建立在商品价格和相应需求量的变化具有无限分割性，即连续性假设上的一条平滑、连续的曲线。

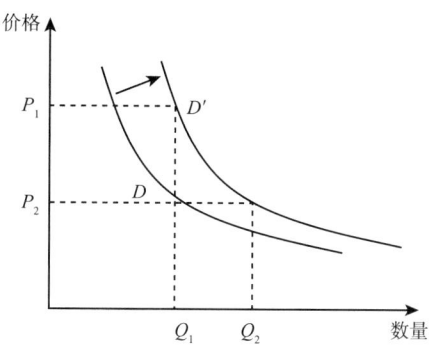

图 3-2 需求曲线①

注：需求曲线 D 显示了消费者对商品的需求量随着该商品价格的变化而变化的过程。需求曲线向右下方倾斜表示：在影响需求的其他因素不变的情况下，价格越低，消费者购买的商品越多。需求的变动取决于其他因素的变动，如收入、其他商品的价格等。正常情况下，消费者收入的上升，其对商品的需求会增加，同时使需求曲线向右移动，即从 D 移动到 D'。

根据实际情况的不同，需求曲线可以是直线型也可以是曲线型的。如果需求函数是线性函数，则其对应的需求曲线是直线型，直线上各点的斜率是相等的；如果需求函数是非线性函数，则其对应的需求曲线是曲线型的，如图 3-2 中的需求曲线，曲线上各点的斜率是不相等的。

二、市场机制

（一）供给—需求曲线与市场机制

如图 3-3 所示，将供给曲线和需求曲线放到同一个坐标体系中，纵轴表示商品的价格 P。P 是给定商品供给数量时卖方获得的价格，P 同时也是买方购买给定数量商品时所愿意支付的价格。横轴表示的是需求量 Q，同时也是供给量 Q，按每一时期的单位数量来计量。

上文已指出，均衡是指在经济事物中，有关变量在一定条件的相互作用下，达到的一种相对静止的状态。均衡价格是指一种商品的市场需求量和供给量相等时对应的市场价格，即供给曲线与需求曲线交点处的价格与数量称为均衡价格和数量或者市场出清价格和数量，即图 3-3 所示的 P_0 点处，供给量与需求量恰好相等，均等于 Q_0。

市场机制是指在一个自由市场里，商品的价格不断变动，直到市场出清为止的趋势，

---

① 罗伯特·S. 平狄克、丹尼尔·L. 鲁宾费尔德：《微观经济学（第八版）》，李彬，高远，译，中国人民大学出版社 2020 年版。

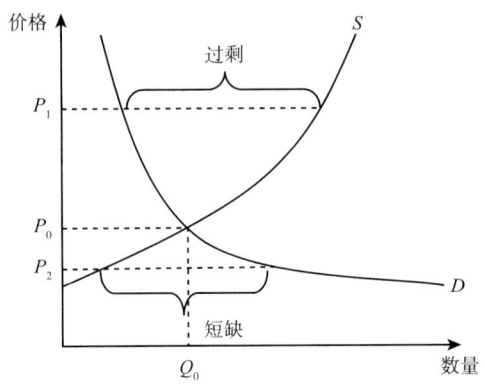

图 3-3 供给和需求①

注：市场在价格 P_0 和数量 Q_0 处出清，在更高的价格 P_1 处，存在过剩，会引起价格下降；而在更低的价格 P_2 处，存在短缺，导致价格上升。

即直到供给量与需求量相等为止。在市场出清即 P_0 这一点上，不存在超额需求和超额供给，此处也就不存在使价格发生变化的压力，无外在干扰②。在实际情况中，供给与需求并非总是处于均衡状态，并且，某些市场可能无法在市场条件发生变化时出清，但其向着出清靠拢的趋势是不变的。

假定最初的价格高于市场出清水平 P_0，如图 3-3 中的 P_1 点。此刻，生产者为了获得利润就会试图生产和销售更多的产品，从而超过了消费者意愿而且能够购买的数量。市场出现供给大于需求的状态，即过剩的状态。生产者为了能够出售这些过剩的商品或者至少为了减少其过剩的状态，其不得不开始降低售价，导致市场价格下降，需求量会上升，供给量将下降，直到达到市场出清水平的价格 P_0 为止。

假定最初的价格是低于市场出清水平 P_0 的，如图 3-3 中的 P_2 点。那么将会出现相反的情况，即出现需求大于供给的状态，也称为短缺状态。此时，消费者无法在 P_2 的价格上购买到他们愿意且有能力购买到的所有商品，便会尝试付出更高的价格，使价格有向上调整的趋势，生产者则会抬高价格，扩大生产，或者是新的生产者进入此市场，进行此种商品的生产，增加商品的供给，最后的结果是价格回到市场出清水平的价格 P_0。

市场出清价格和数量由供给—需求曲线所确定的，前提是市场至少大体上是竞争性的，即市场中的卖者和买者都几乎没有什么市场势力，不能独自去影响一个市场的价格。否则，市场价格与供给量就不是简单的一一对应的关系了。比如存在卖方垄断，垄断者为了自身的利益最大化会对供给量和价格进行控制，从而使市场不能达到出清状态，维持固定的供给量 Q 而改变价格 P，或者是将价格 P 固定，改变供给量 Q。因此，在运用供给—

---

①② 罗伯特·S. 平狄克、丹尼尔·L. 鲁宾费尔德：《微观经济学（第八版）》，李彬，高远，译，中国人民大学出版社 2020 年版。

需求曲线来确定市场出清价格和数量时，所蕴含的一个假定条件即为所分析的市场为竞争性市场[①]。

（二）市场机制的内涵

市场机制通过市场的自由竞争达到配置资源的目的，即资源在市场上是通过自由竞争和自由交换的方式来实现配置的，其也是价值规律的实现形式。当市场上某种商品量供过于求时，商品价格会下降，生产者就会减少生产，最后又导致这种商品供不应求，价格随之上涨，又促使生产者增加生产，如此循环往复，总是在市场出清价格和数量水平附近进行波动。具体来说，市场机制是指市场机制体内的供求、价格、竞争等要素之间的相互联系及作用机理。市场机制分为一般市场机制和特殊市场机制。一般市场机制是指存在并且发生于任何市场上的市场机制，主要包括供求机制、价格机制、竞争机制和风险机制。特殊市场机制是指在市场中，特定的并且发生独特作用的市场机制，主要包括金融市场上的利率机制、外汇市场上的汇率机制、劳动市场上的工资机制等。

本书主要介绍一般市场机制。具体而言：

供求机制是指通过商品、劳务和各种社会资源的供给和需求的矛盾来影响各种生产要素组合的一种机制。它通过价格、市场供给量和需求量等市场信号来调节社会生产和需求，最终实现供给和需求之间的基本平衡。供求机制在竞争性市场和垄断性市场中发挥的作用方式是不同的。

价格机制是指在市场竞争的过程中，市场上某种商品的价格变化与其供求关系变动之间存在着的关系。它通过市场价格的信息来反映供求关系，并且通过这种市场价格信息来调节生产和流通，从而达到资源配置的目的。此外，价格机制还可以促进竞争和激励，调节和决定收入分配等。

竞争机制是指在市场经济中，各个经济行为主体之间为了自身的利益而相互开展竞争，由此形成的经济内部的必然的联系和影响。它通过价格竞争和非价格竞争，按照优胜劣汰的法则来进行市场运行的调节。它能够形成企业的活力和发展动力，促进生产，使消费者得到更大的实惠。

风险机制是市场活动与企业盈利、亏损和破产之间相互联系和作用的机制，在产权清晰的条件下，风险机制对经济发展发挥着至关重要的作用。

通俗来讲，市场机制的实质内涵是在追求物美价廉。撇开市场的社会属性，一般意义上的市场机制是作为一种市场特有的自我调节方式，是始终存在并发生作用的，只是由于市场性质的变更及各种外在制约因素的不同，其作用的范围和程度在不同的时期有所区

---

① 罗伯特·S. 平狄克、丹尼尔·L. 鲁宾费尔德：《微观经济学（第八版）》，李彬，高远，译，中国人民大学出版社2020年版。

别。对于市场机制的内涵，需要把握以下三点：

第一，市场机制是市场三大基本要素（价格、供求、竞争）相互结合、相互制约的一个循环运动过程。

构成市场的物质内容是供求，即商品的供给和需求。商品的供求是相互对立和统一的。市场机制作为市场特有的调节方式、调节功能和特殊的运动过程，离不开供求这个基本要素。但是供求不是独立存在的，其运动局势和双方的变化直接受到市场价格及市场竞争状况的制约。因此，构成市场机制运动的三大基本要素为价格、供求、竞争，不论市场性质、规模和范围如何，这三个基本要素是不会改变的。这三大基本要素的组合及相互运动是商品经济的基本规律，即价值规律、供求规律、竞争规律、平均利润规律、货币流通规律等共同作用于市场的结果。市场价格作为商品价值的转化形式和实现形式处于一种运动状态，与价值不是机械的等量关系，相反，在供求、竞争等基本要素的制约下，价格总是围绕着价值上下波动，但是在时间、程度、方向上与价值有一定的背离。价格直接影响着生产者、经营者、消费者的切身利益，微观单位的市场经济行为一般都要先考虑价格问题。

由于价格受到供求的变动影响，市场活动参与者不断调节自己的市场行为。买者与买者之间、买者与卖者之间、卖者与卖者之间会依据市场价格状况的变化，为了自身的经济利益展开多种形式的竞争，而这种竞争又会引起供求的变化。如此就形成了"价格—竞争—供求—价格"三要素之间的相互组合、相互制约、互为条件的一种无限循环的过程。即价值规律通过市场竞争强行得到了贯彻，继而调节了供求关系；供求关系的变动反过来又会引起市场价格的变动，这便是一般意义上的市场机制运动过程。

价格是上述循环的标志，价格的变化是上一次市场机制要素循环运转的结束标志，也是下一次新的循环运转的开始，如此周而复始，实现着市场运动的自我调节。这种市场机制要素自发的、自动的循环，也可以视为市场的自然机制，在完全自由的市场上，其表现得尤为明显。

第二，市场是商品进行交换关系的总和，商品的供求背后是经济关系。

微观主体的市场行为之所以在价格、供求、竞争的制约下发生变化，根本原因是这种机制组合的原动力——市场经济人的利益。市场机制，从根本上来讲是由社会关系决定的，市场经济活动的参与者——生产者、经营者、消费者正是在商品经济的一系列的客观规律作用下，通过供求、价格、竞争的变化，在经济利益的引诱下，自动的采取不同的市场经济的行为，是进行自我扩张，即增大生产或经营规模；或者是进行自我收缩，即减少生产或者经营规模的行为；或者是自行终止其市场经济行为。总的来说，在经济利益推动和诱导下，市场机制强制性的制约着市场活动的参与者及时地调整自己的经济行为，自动的实现微观活动的自我平衡。

对于这种一般意义上的市场机制的原动力，并不由于市场规模或性质的变更而进行改变。在不同性质的市场上，或者是在不同的宏观控制机制的作用下，经济利益的性质及其作用是不同的。如在国家直接利用控制的手段把企业变成了行政机关附属物的情况下，割断了企业与市场的联系，则经济利益这种原动力对企业的市场行为也就没有太大的诱导力了。这个问题属于市场的宏观控制，具有一定的特殊性，不同国家、不同性质、不同时期的市场上，国家的宏观控制机制作为主观的外在的控制是不同的，此处着重研究的是一般意义上的市场机制，故不予以讨论。

第三，市场机制是一种开放的，受多因素影响和制约的一种社会经济机制。

市场机制不是一个纯自然的封闭机制，而是一种开放的社会经济机制。市场的本质就是开放的，作为社会分工发展和商品生产及商品交换扩大的必然产物，集中反映了社会经济活动中各种复杂的经济关系。市场作为商品流通的渠道，总体反映了商品流通的横向性、伸缩性、变动性、复杂性的特点。市场价格、供求、竞争这三大要素的组合及运动的变化，都会受到各种直接因素和间接因素以及社会因素和自然因素的制约和影响，外在因素的变化也会引起市场机制要素的关联。故而，不能孤立地看待市场机制的运作。社会经济结构的调整和变动，生产、分配和消费状况的变化，各种宏观经济杠杆的变动（如利率、税率、基建投资、货币流通与发行、汇率等），国家政治经济形式的变化，甚至是自然现象的变化都会在不同程度上对市场三大基本要素的组合及其运动发生影响。

（三）市场机制的有效与无效

市场经济是一种历经了几百年的发展，而逐步形成的复杂且精巧的制度。在市场经济这个环境中，市场机制发挥着基础性的资源配置功能，是市场经济能够实现资源有效配置的根本条件。

1. 市场机制的有效性

市场经济长期运行的效果，可证明市场机制的有效性[1]：

（1）信息的传递。传递信息是市场的一个基本功能，是指由于商品价值、供求状况的变化，引起商品价格的变化，从而向生产者和消费者传递商品信息。市场传递信息，就是市场发出的价格信号。因此，市场传递信息的功能也就是价格的功能，即价格充当了信号机制的功能。市场经济中信息传递的关键作用，是尽可能以较低的成本、便捷的信息传输渠道和方式给交易双方提供尽可能全面、客观、及时的信息，从而尽可能减少参与者与某种环境相联系时的不确定性，提高参与者从事经济活动的效率及效益。另外，市场传递信息的及时性、客观性、分散性，还会在一定程度上节省经济活动的参与者在搜集、加工、整理信息的各环节之间的成本费用。

（2）利益的刺激和竞争的激励。这种刺激和激励，对于企业、生产者和投资者来说，是利润的刺激；对于作为消费者的居民来说，就是选择有效的消费方式和消费结构，实现

---

[1] 洪功翔：《政治经济学》，中国科学技术大学出版社2019年版。

使用价值最大化的刺激；而对于作为劳动力供给者的居民来说，则是自愿接受进一步的培训和教育，不断提高自身素质和竞争能力，从而在激烈竞争的劳动力市场上谋求更好职位以及报酬的刺激。其结果反映到宏观上是为经济发展提供了源源不断的内在动力。

（3）调整、优化经济结构。调整、优化经济结构是指市场机制能够对经济结构（包括产业结构、产品结构、地区结构、企业组织结构、技术结构等）起到协调、平衡和优化的作用。第一，市场具有协调商品供求结构，使其趋于平衡的内在功能，这是通过价格杠杆的调节得以实现的；第二，市场机制具有优化企业效率结构和企业组织结构功能，这是通过市场竞争机制和风险机制发挥作用得以实现的；第三，市场机制具有优化产业结构的功能，这是通过价格机制（实质是利润率的高低）得以实现的，在价格和利润的诱导下，资源可自由和充分的流动，使产业结构、部门构件趋于均衡化和合理化。

（4）促进技术的进步。市场机制在推进技术进步方面有着其他机制不可替代的功能，主要原因是市场竞争的外在强制力。在市场经济条件下，竞争机制迫使经济活动参与者积极主动地在科技投入、研究开发、引进吸收先进技术设备等多方面努力进取，以便能在竞争中以更好的性能，更低廉的价格，在商品扩大市场里占有一定的份额，以获取更多的利润。在激烈的竞争中，劳动者和管理者不断地、自觉地接受培训，学习、掌握和运用现代科技知识促进了生产能力的提高，同时也有助于推进科技的进步。

（5）促进效率的提高。从理论上来讲，完全竞争的市场机制是能够实现帕累托最优状态的，即最优经济效率的状态。尽管现实的市场不能够达到完全竞争市场的各种严格假定条件的要求，也就达不到资源配置的最有效状态。但是，不能据此否认市场经济具有提高经济效率的客观功能。市场机制通过竞争机制和价格机制引导资源的合理流动和充分有效利用，为生产者和消费者提供及时的、客观有效的信息，使经济当事人能够对个别情况的千变万化作出迅速的反映。在市场经济国家中，所谓的"市场解决效率问题，政府解决公平问题"的大致分工，就是在一定的程度上说明了市场机制具有促进经济效率不断提高的功能。

在现实经济生活中，很难满足完全竞争市场所设定的各种严格的假设条件。或者说即使满足了这些严格的假定条件，市场机制能够实现帕累托效率，也不能解决如收入和财富分配不公、自发竞争导致的经济波动和宏观经济总量失衡及与此相关的失业和通货膨胀等问题。市场机制的失效与市场机制的有效性一样，都是客观存在的。

2. 市场机制的失效

市场机制的失效可表现在：

（1）不能提供公共产品和公共服务。公共产品是具有联合的、共同的、公用的消费性质，其产权无法清晰地进行界定。社会公众能够同时对公共产品进行消费，即消费的非排他性；新增的消费者不会减少公共产品和公共服务的既有数量和效用，也不会增加公共产品和公共服务的消费成本，即消费的非对抗性；并且不能把拒绝为公共产品付费的人排除在消费范围之外,即消费的非拒绝性。因此,难以形成公共产品及公共服务的市场价格,而是通过市场机制引导必要数量和质量的社会资源配置于公共产品和公共服务的供应商,如国防、治安安全、防洪排涝设施等。

(2) 存在外部效应。外部效应包括外部经济与外部不经济,即正的外部效应和负的外部效应,也就是说某个经济主体生产和消费物品或服务的行为,不以市场为媒介而对其他的经济体产生了附加效应。由于其"不以市场为媒介",具有外部性产品的市场价格是不完全的市场价格,是扭曲的市场价格,经济活动的参与者从事具有外部性的活动,是不通过市场价格信号来实现社会资源的有效配置的,如此便产生了市场机制失效的状态。

外部性的存在和公共品的属性是市场机制难以处理的问题,实际上也是市场机制的局限之处。市场机制在外部性和公共品的领域表现出无奈。新古典经济学认为,在私有制的条件下,完全竞争的市场机制在一定条件下(信息完全且对称、规模报酬不变、分散决策等)能保证资源配置的最优化,交易瞬间完成,交易费用为零。在一般性的领域,由于市场机制能有效地、长期地发挥作用于自发的交易过程中,交易的一些规则和体制,实质上已经自发地演化出来了,而不是人为设计处理的,故而市场机制在外部性和公共品领域碰了壁。

(3) 自然垄断性。由于资源的稀缺性和规模经济的作用,市场由一个或者数个卖者垄断。这也是由于规模报酬递增的特点所决定的天然垄断,从而排斥充分的市场竞争,破坏符合帕累托效率的资源配置。

(4) 信息的不对称。市场经济行为主体的独立性和分散性,使之不能够在任何时候,任何情况下,都能掌握充分和全面的信息,这必然会导致市场活动的盲目性。比较常见的现象是:交易主体中的一方(通常情况下是卖方)掌握了更多的信息,从而使交易的另一方(通常为买方)陷入了不确定的环境中。尤其是在最终的消费品的市场上,消费者对商品有着不充分的认知时,往往不能够实现效用的最大化。

(5) 风险的不确定性。市场经济以无数人的自发活动作为基础,通过市场机制的自发作用来实现社会资源的配置。市场经济也可以说是风险经济,市场风险以及各种不确定性,都造成了某种类型的投资活动不能够达到社会上要求的状态。

三、市场均衡的变动

一种商品的均衡价格是由此种商品的市场需求曲线和供给曲线的交点所决定的。因此,需求曲线和供给曲线的移动都会使均衡价格发生变动。

(一) 需求和需求量的变动

1. 需求量的变动

需求量的变动是指在影响需求其他因素不变的情况下,商品的需求数量随着商品的价格的变动而变动的情况①。在几何图形中,其表现为商品价格—需求数量组合点沿着一条既定的需求曲线运动。

如图3-4所示,当某种商品的价格由 P_0 增加至 P_1 时,所对应的商品的需求数由 Q_3 下降至 Q_4,其价格—需求量的组合是沿着既定的需求曲线 D_3 运动的。这种需求量的变化,是在同一条需求曲线进行的,并不表示整个需求状态的变化。

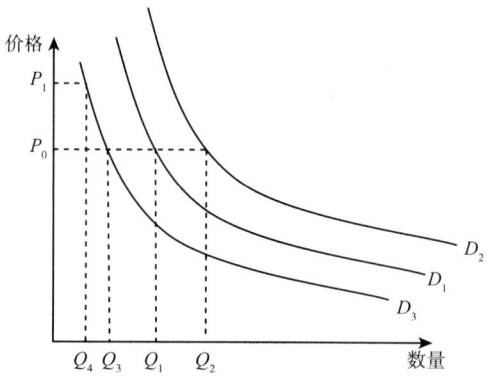

图3-4 需求(量)的变动和需求曲线的移动②

2. 需求的变动

消费者愿意购买的商品数量的影响因素除价格之外,收入水平也是一个重要的因素。当消费者的收入上升时,消费者会增加对商品的需求,即会在商品上花费更多钱。

此处仅分析的是由于消费者收入水平的上升导致需求曲线向右移动的情况,在实际情况中,替代品价格的上升或者互补品的价格的下降都可以导致需求曲线向右移动的现象发生,像这样在商品价格不变的条件下,商品的需求数量随着其他影响因素(如消费者收入水平、相关商品的价格、消费者偏好和消费者对商品价格预期等)变动而发生的变动的现象称为需求的变动③。在几何图形中,其表现为商品的价格—需求数量组合随着需求曲线位置的移动而发生变动。

如图3-4所示,需求随着其他因素的变化而变动引起了的需求曲线位置的移动表示在一个给定的价格水平条件下,需求数量都增加或者都减少了。例如,在图中给定的价格水平 P_0 下,原来的需求数量为需求曲线 D_1 上所对应的 Q_1,假如收入水平提高导致需求增加,需求曲线则变为 D_2,其对应的需求数量为需求曲线 D_2 上的 Q_2;假如收入水平降低导致需求减少,需求曲线变为 D_3,其对应的需求数量为需求曲线 D_3 上的 Q_3。因此,需求的变动所引起的需求曲线的位置的移动,表示的是整个需求状态的变化。

---

①③ 高鸿业:《西方经济学(微观部分)(第五版)》,中国人民大学出版社2011年版。
② 罗伯特·S. 平狄克、丹尼尔·L. 鲁宾费尔德:《微观经济学(第八版)》,李彬,高远,译,中国人民大学出版社2020年版。

综上所述,需求量随着价格的变化而发生变化的过程是沿着需求曲线的移动,而需求对于其他变量的变动的反应则是需求曲线本身的移动。故用需求的变动来表示需求曲线的移动,用需求量的变动来表示沿着需求曲线的移动。

(二) 供给和供给量的变动

1. 供给量的变动

供给量的变动是指在影响供给的其他因素不变的情况下,商品的供给数量随着商品的价格的变动而变化的情况叫作供给量的变动①。同需求量的变动一样,在几何图形中,其表现为商品的价格—供给数量的组合点沿着一条既定的供给曲线运动。

如图 3-5 所示,当某种商品的价格由 P_0 增加至 P_1 时,所对应的商品的供给数由 Q_1 增加至 Q_4,其价格—需求量的组合是沿着既定的需求曲线 S_1 运动的。这种供给量的变化发生在同一条供给曲线上,并不表示整个供给状态的变化。

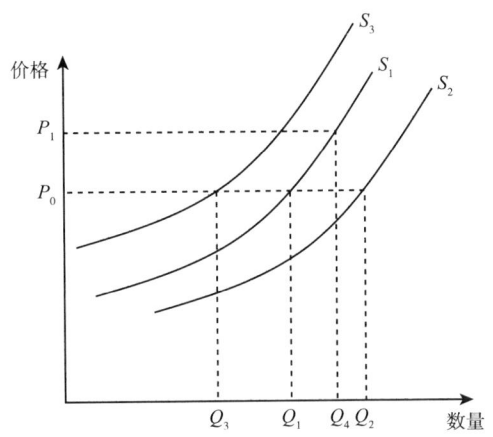

图 3-5　供给的变动和供给曲线的移动②

2. 供给的变动

除了价格之外,影响供给量的因素还有生产成本等,包括工资、利息、原材料成本等。当原材料成本下降,则生产带来的利润增加,使现有的生产者扩大产量,同时又促进新的生产者进入此市场,从而使供给增加。

在商品价格不变的条件下,商品的供给数量随着其他影响因素(如生产成本、生产技术、相关商品的价格和生产者对商品价格预期等)变动而发生变化,这种变动称为供给的变动③。在几何图形中,和需求曲线一样,其表现为商品的价格—供给数量组合点随着供

---

① ③ 高鸿业:《西方经济学(微观部分)(第五版)》,中国人民大学出版社 2011 年版。
② 罗伯特·S. 平狄克、丹尼尔·L. 鲁宾费尔德:《微观经济学(第八版)》,李彬,高远,译,中国人民大学出版社 2020 年版。

给曲线位置的移动而发生变动。

如图 3-5 所示,原有的供给曲线为 S_1,在商品除价格以外的其他因素的变动的情况下,即在给定的价格 P_0 处,供给增加,使供给曲线由图中的 S_1 向右平移至 S_2;反之,如果其他因素的变化使供给量减少,则供给曲线由 S_1 向左平移至 S_3。供给随着其他因素的变动而变动引起的供给曲线位置的移动表示在一个给定的价格水平条件下,供给数量都增加或者都减少了。例如,在图中给定的价格水平 P_0 下,原来的供给数量为供给曲线 S_1 上所对应的 Q_1,假如生产成本的下降引起供给增加,使供给数量由 S_1 曲线上的 Q_1 上升到 S_2 曲线上的 Q_2;反之,假如生产成本上升引起供给减少,使供给数量由 S_1 曲线上的 Q_1 下降到 S_3 曲线上的 Q_3。因此,供给的变动所引起的供给曲线的位置的移动,表示的是整个供给状态的变化。

综上所述,供给量随着价格的变化而发生变化的过程是沿着供给曲线的移动,而供给对于其他变量的变动则是供给曲线本身的移动。故用供给的变动表示供给曲线的移动,供给量的变动表示沿着供给曲线的移动。

(三) 需求变动和供给变动对均衡价格和均衡数量的影响

当生产者的供给保持不变的情况下,消费者的需求增加会导致需求曲线向右平移,从而均衡价格和数量出现同方向的增加情况;相反,消费者的需求减少会使需求曲线向左平移,从而使均衡价格和数量出现同方向的减少情况。

如图 3-6 所示,在给定的供给曲线 S 和期初的需求曲线 D 所形成的市场出清状态中,均衡价格为 P_1,均衡数量为 Q_1。由于消费者收入水平的增加,导致需求增加,使需求曲线向右平移至 D' 的位置,新的需求曲线 D' 和给定的供给曲线 S 相交,此时形成了新的市场出清,在新的市场出清状态中,新的均衡价格为 P_2,新的均衡数量为 Q_2。因此,消费者收入水平的增加引起的需求的增加,导致其需要支付一个更高的价格 P_2,而生产者则生产了一个更高的产量 Q_2。

当消费者的需求保持不变的情况下,生产者的供给的增加会使供给曲线向右平移,使均衡价格出现下降,均衡数量出现上升的情况;相反,生产者的供给的减少,导致供给曲线向左平移,使均衡价格出现上升,均衡数量出现下降的情况。

如图 3-7 所示,在给定的需求曲线 D 和期初的供给曲线 S 形成的市场出清状态下的均衡价格为 P_1,均衡数量为 Q_1。由于原材料价格(成本)的下降,致使供给的增加,使供给曲线由 S 向右移动至 S' 的位置,新的供给曲线 S' 和给定的需求曲线 D 相交,从而形成新的市场出清状态,此时,新的均衡价格为 P_2,新的均衡数量为 Q_2。新的市场出清水平相对于之前的出清状态来说,市场价格有所下降,而总的产量有所上升。原材料价格的下降,导致更低的成本,从而带来了更低的价格和更高的销售量。此种情况正是符合实际情况的。

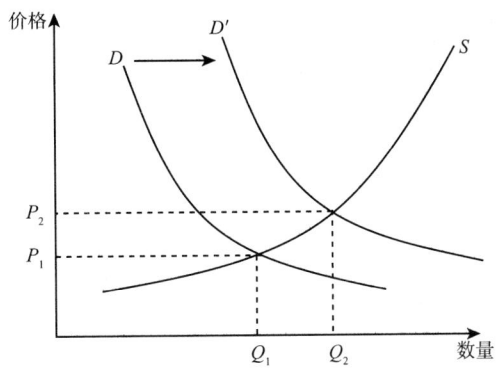

图 3-6　需求变动后的新均衡①

注：当需求曲线向右移动的时候，市场在更高的价格 P_2 和更高的交易量 Q_2 处出清。

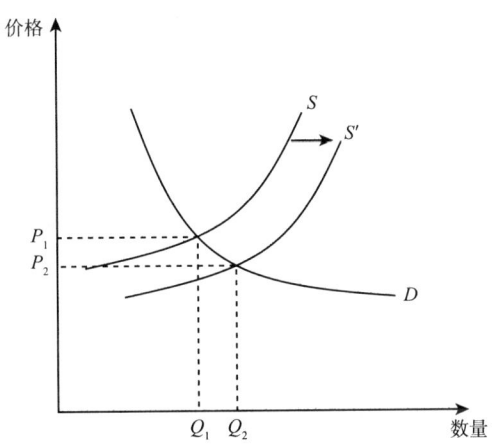

图 3-7　供给变动后的新均衡②

注：当供给曲线向右移动时，市场在一个更低的价格 P_2 和一个更高的交易量 Q_2 处得以出清。

在实际情况中，供给曲线和需求曲线是不会保持固定不变的，供给曲线和需求曲线都会随着时间的推移而发生移动的。消费者的收入水平会随着经济的增长（或者是经济的萧条）而发生相应的变化。同样的，工资率、资本成本、原材料的价格也在随时发生改变，都会导致供给发生变动。当然，针对这些变动，同样可以利用供给曲线和需求曲线来描绘这些变动的后果。

如图 3-8 所示，假定由于消费者收入水平的上升导致需求的增加，使需求曲线由 D 向右平移至 D'；同时，由于生产厂商的技术进步使成本降低，从而引起供给的增加，使供给曲线由 S 向右平移至 S'。

---

①②　罗伯特·S. 平狄克、丹尼尔·L. 鲁宾费尔德：《微观经济学（第八版）》，李彬，高远，译，中国人民大学出版社 2020 年版。

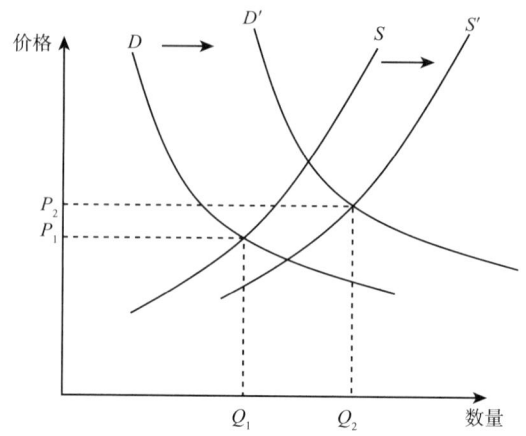

图 3-8 供给和需求变动后的新平衡[①]

注：在市场条件发生变化时，供给曲线和需求曲线都会随着时间的推移发生变动。此时，供给曲线和需求曲线都向右移动，导致了价格和数量的上升。一般来说，价格和数量的变化量取决于各自曲线的移动的幅度以及曲线的形状。

消费者收入水平的增加导致均衡价格和均衡数量上升；而成本的降低，会导致均衡价格的下降和均衡数量的上升。对于图 3-8 所示的情况，当供给曲线和需求曲线都发生变化时，重新形成的市场出清状态下，新的均衡价格有略微的上涨（由 P_1 上涨至 P_2）而均衡数量是呈现大幅度的上升（由 Q_1 上升至 Q_2），由此可见由于消费者的收入水平的增加引起的均衡价格的上升幅度是大于由于成本的降低而引起的均衡价格下降的幅度的。

总的来说，新的均衡点处的价格和数量的变化取决于供给曲线和需求曲线的移动幅度以及曲线的形状。这同时需要结合供给和需求变化的具体情况来确定并予以分析，所以，预测这类变化的大小和方向，必须能够定量地分析供给和需求对价格以及其他变量的依赖的程度[②]。

第三节 效用价值论

效用价值论是现代经济学的基石。长期以来效用价值与劳动价值，均是交换经济的基础，一直是经济学争论的焦点。建立在微观经济学基础之上的资产评估学，其重要的经济学原理之一就是效用价值论。资产评估中的效用价值论主要观点是，资产的价值在于资产为持有者带来的效用（由资产收益衡量）所决定。资产给持有者带来的效用越大，则该项

[①][②] 罗伯特·S. 平狄克、丹尼尔·L. 鲁宾费尔德：《微观经济学（第八版）》，李彬、高远，译，中国人民大学出版社2020年版。

资产对于持有者而言价值就越高。效用价值论是三大估值方法之一——收益法（或称为贴现现金流方法）的理论基础。

一、效用价值论的基本原理

所谓效用（Utility）指来自一项经济活动的满足程度，在金融市场中主要指来自一项投资活动的满足程度。这是一个建立在偏好（Preference）之上的概念。效用价值论的发展经历了一个漫长的历程，它不断与其他价值理论在斗争和融合，最终形成了价值理论的一个独立分支。

（一）效用价值论的形成

效用价值论的形成经过了三个时期。

1. 一般效用价值论时期

效用价值论发展史将其理论的发展主要分为两个时期：第一时期是 19 世纪 60 年代以前，这是效用价值形成的古典背景，被称为一般效用价值论。第二时期是在 19 世纪 60 年代以后，此后的效用价值论具体化为边际效用价值论。古典经济学家亚当·斯密（Adam Smith）在其名著《国富论》中首次区别了商品的使用价值（Value in Use）和交换价值（Value in Exchange）。斯密强调商品自然存在的使用价值，因此经济学说史将其观点归类为客观效用价值论。客观效用价值论强调商品价值来源于客观的物品本身的效用（使用价值）。但是受到劳动价值论思想的限制，他没法解释为什么交换价值可能超过或者低于使用价值的矛盾。斯密悖论最终由主观效用价值论所解决。主观效用价值论强调商品价值的本质是人的欲望满足程度，用个人对物品效用的主观评价来衡量。

使用价值和交换价值之间的矛盾由主观效用论解决，即价值不是客观存在，而是人的主观感受。英国哲学家边沁（1789—1832 年）第一次揭示了使用价值和交换价值之间的矛盾。在 19 世纪初，边沁引入了效用原理的概念，从主观角度来衡量商品的价值。在他的《道德和立法原理导论》（Introduction to the Principles of Morals and Legislation，1789）一书中，他提议衡量快乐和痛苦的数量，并且快乐和痛苦的数量可以在人们之间进行加总。尽管边沁引入效用原理的主要目的是想要构建一套更加理性的社会立法体系，但是他作为亚当·斯密思想的接受者，提出了效用可以用数量衡量，其思想对后来的经济学家如杰文斯、马歇尔、埃奇沃思产生了深刻影响。边沁同时期的著名经济学家李嘉图及其继承人穆勒等忽略了边沁的效用原理，尽管李嘉图是边沁的朋友。李嘉图的效用观点与现代效用观点完全相反，他认为边际效用递增，而总效用受到供给限制而递减。当时，仅仅法国实用主义者赛伊试图在经济理论中给予效用理论更高的地位。

2. 边际效用价值论萌芽时期

早在边沁之前，格利高里·金和查尔斯·戴维南特在 17 世纪已经发现商品价格和数量之间的负相关关系，边沁与格里高利的需求理论可以被视为边际效用的萌芽。实际上，边沁研究的效用主要指总效用（Total Utility），它指消费某种商品带来的总主观感受。到了19世纪，边际效用这一概念逐渐为研究者所重视。所谓边际效用，是增加一个单位的商品消费所带来的效用大小。19世纪中期一些西方经济学家如劳埃德（1833）、西尼尔（1836）、詹宁斯（1855）等虽然清楚地陈述了边际效用递减原理，但没有将其运用到解决经济问题上。瓦尔拉斯（1831）和朗菲尔德（1834）等相反，他们将效用理论运用到经济事件中，但没有清楚地发展边际效用递减原理。这一时期有两位经济学家在效用价值论的运用方面取得了成功，第一位是迪普特（1844）。迪普特是一位声名显赫的工程师，他通过调查一座大桥的最优收费问题，构建了效用最大化下的价格理论。他非常清楚地区别了总效用和边际效用，并发现了当今经济学所定义的消费者剩余（Consumer Surplus）。他指出消费者剩余就是总效用超过边际效用的部分与商品的单位数量之积。另一位则是奠定了效用价值论理论基础的德国经济学家戈森（1854）。戈森以面包带来的效用为例，探讨了个人消费行为和效用最大化问题，并提出了著名的"戈森定理"。乔治·斯蒂格勒（1950）将戈森赞誉为清楚地形成边际效用理论基本原理公式的第一人。

3. 现代效用价值论完成形成时期

在英国的杰文斯、奥地利的门格尔和法国的瓦尔拉斯对边沁效用理念的大力发展和推广下，效用价值论最终在19世纪70年代在经济学中赢得一席之地并形成完整的体系。上述边际效用价值论的三位先驱在批评长期被作为教条的李嘉图价值理论缺陷的基础上，证明了效用的存在，并各自独立提出了效用最大化公式。杰文斯（1871）在其《政治经济学理论》中，提出了"最后效用程度"价值论。他的效用最大化基本公式是两种商品的边际效用之比等于两种商品的价值之比。他认为理性人应以这个效用最大化公式作为消费决策的基础。这个基本原理对于面临着固定价格的个人来说是满足的，但是如何将它用在所有商品相互影响和制约条件下的竞争市场中，瓦尔拉斯成功地解决了这个问题，建立了商品数量与所有价值之间的瓦尔拉斯需求函数，求解了效用与需求之间的关系。最终效用价值论的这三位发现者推导出了正式的效用函数，引领了经济学历史上著名的"边际革命"。他们将某种商品的效用处理为仅仅是该商品数量的一个函数。因此个人的总效用是市场中每一种商品数量函数之和。在每一种商品产生递减的边际效用假设下，每一种商品的需求曲线斜率为负数。它也意味着收入的每一单位上升将导致对每一种商品的购买力的增加。此后，19世纪80—90年代边际效用价值论得到了很大的发展，并且分成了两个流派：着重心理分析的奥地利学派和强调数学分析的洛桑学派。前者以奥地利学派门格尔的继承人维塞尔、庞巴维克、克拉克为代表，后者以瑞士洛桑学派奠基人瓦尔拉斯及其直接继承人帕累托为代表。马歇尔（1890，1891，1995）从杰文斯-瓦尔拉斯假设出发，进一步完善了效用价值论。最终，经济学家萨缪尔森等（1975）成为这一理论的集大成者，20世纪初边际学派已从异端跃升为西方经济学的主流。

(二) 效用价值论的内容

在理性人假设和偏好公理上,形成了以效用函数为核心的效用价值论基本内容。为了使效用价值论可以用抽象的数学理论表述,该理论必须建立在一系列理性人偏好的基本公理之上。偏好与效用紧密联系:如果商品不能为消费者带来效用,则消费者对商品就不会有偏好。偏好正是消费者对商品效用进行比较后得出的关于各种消费方案优劣的评价。

对于偏好的描述,首先需要定义二元关系。二元关系是一个集合中两个元素之间的关系。对于一个集合中两两元素之间的二元关系可以进行一个完全排序,这个排序关系就被称为偏好关系(Preference Relation),用符号 > 表示。给定一个消费者的偏好,相应地在其可行的商品集合 C 中,对于该集合中任意两个商品(或商品组合,一般称为"商品束") x、y,消费者对 x 和 y 之间的偏好排序为下面三种情况之一:

(1) $\forall x, y \in C, x > y \Leftrightarrow x \geq y, y \not\geq x$。即相对于 y,投资人偏好 x,这是对 C 中成对元素的一个排序。集合 C 中任意两个元素之间还可能有另一种排序关系:即相对于 y,弱偏好于 x。

(2) $\forall x, y \in C, x \geq y$。此外,集合 C 中任意两个元素还存在第三种排序关系,即同时相对于 x,弱偏好于 y,即 x 与 y 等价。

(3) $\forall x, y \in C, x \sim y \Leftrightarrow x \geq y, y \geq x$。商品(束) x 与 y 等价,意味着从给定消费者角度看,这两种商品(束)无差异。

二、货币的时间价值

效用(Utility)是所有经济决策制定的价值意图,在资产评估中一项资产的价值很大程度上取决于该待估资产给其持有人或投资者带来的满足能力。因此,在资产评估中,市场参与者仍然为最大化资产效用的要求所驱动。人们考虑资产的效用,从而确定资产的价值。根据现代效用价值论,资本的效用是其收益衡量的。在现代经济中,收益的衡量工具通常表现为一定数量的货币收入。货币具有时间价值,其当前价值与未来价值不同。为了估计资产的当前价值,必须估算资产未来价值的现值。因而,资产效用的一个重要标准就是货币时间价值(Time Value of Money)。

(一) 货币时间价值的含义

货币时间价值指当前持有一定量的货币比未来预期持有同等数量的货币价值更高,这一概念可以追溯到16世纪。造成这种情况的原因有很多,主要原因包括:第一,存在替代的消费机会:如果将当前的货币存在一个储蓄账户,未来可以在这些货币上产生利息;

或者投资到另一个有利可图的项目上,获得更高的回报。第二,货币的价值是它的购买力,相应地也被称为其交换价值(Exchange Value),将随着时间变化而发生变化,特别是存在通货膨胀时。第三,当前是确定的,而未来面临着许多不确定性或伴随风险(博迪等,2010)。

在对货币时间价值进行计算之前,必须首先要弄懂一个术语"现金流"(Cash Flow)。现金流,是流入或流出一个企业或一项投资的货币。度量一个投资项目、一项资产或者一个企业的价值标准就是现金流。因为所有的经济交易都以货币进行,不论是投资活动还是经营活动、交易活动;又因为现金流是最有流动性的资产,创造了经济价值和增加了财富。因此,一项现金流可能是正的(即一项收入),也可能是负的(即一项支出)。同时,任何一个企业或一项资产的现金流入和现金流出会发生在不同时期,因此人们对待这些现金流如同对待普通商品一样,有时间上的偏好。正是现金流的时间性影响了企业或资产的价值。预期越早收到现金流,其价值越大;相反,预期越晚收到现金流,则价值越小。这样现金流的时间性和其价值之间存在反向关系:随着在获得现金流入之前的时间增加,价值下降。因此,现金流的时间直接影响资产的价值,货币时间价值原理在本质上"揭示了不同时点上资金时间的换算关系"[①]。

(二)货币时间价值的两个方面——未来值和现值

一项现金流可以从两方面来看它的时间价值:未来值和现值。下面分别谈谈如何计算现金流的这两种价值。

1. 未来值

未来值(Future Value)是初始本金或一项现金流的现值,以一定的利率,预期经过一段时间后增值的数额。在计算未来值时,需要确定3个关键因素:本金的数额、投资利率和投资期限。利率是使用货币的费用,即使用货币的租金。利率以两种不同的频率增值:单利和复利。采用不同的利率频率计算方式,则得到不同的未来价值。

第一,单利。单利(Simple Interest)是指整个投资期间,仅到了期末才在初始的本金上产生利息。在单利的条件下,将来值的计算公式为:

$$FV = PV + PV \times r \times n$$
$$= PV(1 + r \times n) \tag{3-1}$$

其中,FV 为投资期末的未来价值;r 为利率,通常指年利率;n 为初始本金投资的时间期数;PV 为投资的初始本金金额,即现值。

但是值得注意的是,在现代生活中,几乎不使用单利。因此如果没有特别说明,一般计算资金的价值采用复利。

---

① 张彩英:《资产评估:理论、方法、实务》,中国财政经济出版社2008年版。

第二，复利。复利（Compound Interest）指在利息上产生的利息，即在投资的本金上每一期所获得的利息成为本金的一部分。对于复利来说，计息频率不同，未来值的计算公式略有区别，因而需要区别离散复利和连续复利。

离散复利支付在每一期期末产生利息。如果一年复利一次，则未来值的表达式为：

$$FV = PV(1+r)^n \tag{3-2}$$

[例 3-1] 假设一笔初始资金当前价值 1000 元，在按 10% 的年复利条件下，2 年后的价值应该是：

$$\begin{aligned} FV &= PV(1+r)^2 \\ &= 1000 \times (1+10\%)^2 \\ &= 1210(元) \end{aligned}$$

即在年复利为 10% 时，1000 元在 2 年后的未来值为 1210 元。

如果在一年内复利 m 次，未来值的表达式变为：

$$FV = PV\left(1+\frac{r}{m}\right)^{mn} \tag{3-3}$$

其中，m 为一年计息的次数；其他符号的含义同上。

在现实中，还有一种复利方式即连续复利。连续复利投资者在每一时刻获取在前一瞬间产生的利息上的利息。连续复利相当于式（3-3）中 m 趋近于无穷大时的结果。此时 $\left(1+\frac{r}{m}\right)^{mn}$ 趋近于 e^{rn}（其中，e 为常数 2.718），因此连续复利产生更高的利息。在连续复利下，未来值的表达式为：

$$FV = PV \cdot e^{rn} \tag{3-4}$$

2. 现值

人们更感兴趣的是在未来某个时间收到的一笔货币，其当前的价值即现值是多少。这个计算现值的过程就是贴现的过程。在贴现中使用的利率通常被称为贴现率（Discounting Rate）。该贴现率也可以用投资者要求的回报率、机会成本或市场资本化比率来代替。机会成本或市场资本化利率就是，如果把今天收到的现金流投资到另一个有利可图的项目上而不是当前评估的项目上，可以赚取的更高收益率。可见机会成本就是货币时间价值。

现值（Present Value）可以被定义为在未来某一日获得的一定数额货币，已知回报率贴现后得到的当前等额现金。因此，现值的计算也依赖 3 个重要因素：投资到期时投资者所获得的现金流数量；投资到期日；投资者要求的回报率或贴现率。但是根据现值的定义，现值是未来值的逆运算，因此可以根据前面的未来值计算公式来很方便地推导现值公式。假设利率的频率是一年复利一次，则可以根据未来值计算公式（3-4），得出离散贴现情况下的现值计算公式为：

$$PV = FV(1+r)^{-n} \tag{3-5}$$

其中上式中的乘数 $\frac{1}{1+r}$ 通常被称为贴现因子，它是一定数量的货币折合到一年前等价价值的比例。

类似地，连续贴现的计算公式为：

$$PV = FVe^{-rn} \tag{3-6}$$

贴现现金流方法是一种自下而上的现值估值方法，充分考虑了货币时间价值和不确定性，具体而言，既补偿了随时间流逝的价值，同时又补偿了预期收益和实际收益之间可能存在的差异。

[例3-2] 你被告知从现在起的一年后你将获得1000元。如果你现在在类似的投资上可以获得7%的回报率，今天为这个机会最多应准备支付多少元？

$$PV = FV(1+r)^{-n}$$
$$= 1000(1+7\%)^{-1}$$
$$\approx 935(元)$$

即为了在一年后得到1000元，按照7%的回报率，当前需投入935元。

3. 未来值和现值的关系

随着时间变化，未来值会增加而现值会下降——未来值和现值之间关系存在一个逆向关系。

这种关系可以用一个图简单表示（见图3-9）。假设初始资金为1000元，在未来3年里年利率为7%。[①] 那么从现在（通常被设为时间0）到第3年年末，每一年的未来值在图3-9中为黑色折线上对应的点，计算方式为 $1000(1+7\%)^n$ （$n=1, 2, 3$）。相应地，每一年末时期计算该时点处1000元按7%的利率贴现到当前的现值，在图3-9中为灰色折线上的对应点，计算方法为 $1000(1+7\%)^{-n}$（$n=1, 2, 3$）。显然，将来值在未来3年里逐年增加，而现值在未来3年里逐年递减。其根本原因仍然是货币时间价值：由于机会成本的存在，未来一定数量货币的价值低于当前同等数量货币的价值。

三、贴现现金流分析——货币时间价值原理运用

对金融工具的估值是证券分析和资产管理的重要内容。货币时间价值原理是金融工具估值的基本理论基础。而建立在货币时间价值原理上的贴现现金流估值方法是决定一项金融工具理论价格的基本工具，并且也得到了很好的理论支持。美国会计协会曾经评论：

---

① Lutolf – Carroll Constancen, Antti Pirnes, Withers LLp. From innovation to cash flows: value creation by structuring high technology alliance. 2009: 381 – 439.

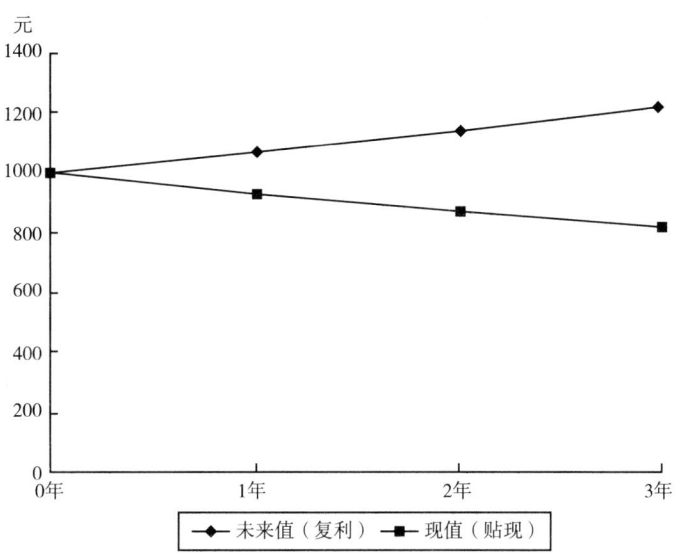

图 3-9 未来值与现值的关系

"……最理想的估值基础（是）未来现金流的……值"[①]。20 世纪 50 年代，贴现现金流分析方法被引入企业，迄今为止仍然是最重要的资产评估手段。货币时间价值原理告诉我们，一项金融工具的公平价格等于持有者所有未来收益的贴现值。下面以两种代表性的基本金融工具——债券和普通股来说明如何运用货币时间价值原理对金融工具估值。

（一）贴现现金流方法

贴现现金流方法在 20 世纪 50 年代被引入企业的资产评估实践中。人们之所以投资一项资产，是因为该项资产在未来能够带来收益。怎么评价这项资产？那就是资产的内在价值，即资产未来预期现金流的现值之和（布莱恩·克特尔，2005）。这个思想正体现在贴现现金流方法中：一项资产的价值是用反映了相关风险的贴现率进行贴现的期望现金流现值。

贴现现金流方法的基本公式：

$$资产价值(或市场公允价格)_{t=0} = \sum_{t=1}^{n} \frac{现金流}{(1+r)^t}$$

其中，t 为产生现金流的时间，n 为投资总期限，r 为贴现率。

贴现现金流方法的基本公式也可以用时间线（Time Line）或现金流量图来表示。时间线表示一项投资活动中随着时间变化收到现金或支出现金的图示。它是一种形象地描述投资活动收益和支出的简便方法。图 3-10 是时间性对于贴现现金流的描述。横轴表示时

---

① American Accounting Association. Report of the American Accounting Committee on accounting and auditing measurement. Accounting Horizons, 1991 (09).

间，每一项现金流前面的正号表示现金流入该项目，负号表示现金流出该项目。图中表明如下例子[①]：

[例 3-3] 一个项目开始初期的初始成本是 15 万元，在项目持续的 5 年内产生如下回报：

第 1 年：20 万；

第 2 年：10 万；

第 3 年：5 万；

第 4 年：7.5 万；

第 5 年：-12.5 万。

第 5 年现金流为负数，表明项目结束后的处置成本。假设贴现率为 9%。用时间线表示，该项目各年的现金流情况如图 3-10 所示。

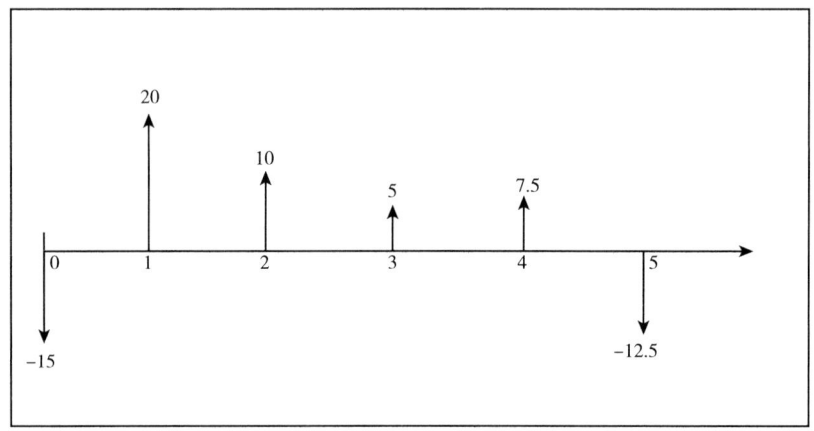

图 3-10　时间线

该项目当前的价值为未来各期现金流按 9% 贴现率贴现的现值之和，即

$$项目价值 = -15 + \frac{20}{1+9\%} + \frac{10}{(1+9\%)^2} + \frac{5}{(1+9\%)^3} + \frac{7.5}{(1+9\%)^4} + \frac{-12.5}{(1+9\%)^5}$$
$$= 12.815(万元)$$

例 3-3 表明，贴现现金流分析方法需要对公式中以下几个参数赋值：预期的未来现金流、贴现率和投资时期。其中前两个参数即未来现金流和与未来现金流相关的风险问题需要估值，是贴现现金流方法运用的关键所在。它相当于需要回答两个问题：（1）有多少现金将进入投资人的口袋？这个问题与决定可持续的现金流相关。（2）如何保证它将进入投资人的口袋？这个问题与决定可持续现金流相关的要求回报率有关（Bogdan，Villiger，2010）。

贴现率必须反映投资一项资产的风险和投资者承担风险的意愿，前者体现在贴现率需

---

① 本例来自：Hastings, N. A. J.. Physical asset management. Springer London Ltd, 2009：108.

要弥补随时间推移的价值损失，后者体现在贴现率需要弥补投资者预期回报率和真实回报率之间的差异。由于债务资本和权益资本取得成本和风险来源不同，因此一般以权重调整资金成本（Weight - Adjusted Cost of Capital，WACC）来确定贴现率。权重调整资本成本是企业的债务比例及债务利息和权益资本比例及权益上预期回报率的平均值：

$$WACC = \frac{D}{D+E}r_D(1-T) + \frac{E}{D+E}r_E$$

其中，D 是债务资本的市场价值，r_D 是债务利息，E 是权益资本的市场价值，r_E 是权益资本的回报率，T 是税率。但是在实践中，很少用权重调整资金成本，投资者更关注权益资本即股票的价值，因此资产评估界往往建议使用权益资本的成本来估计贴现率。权益成本的估计主要有三种方法：第一种方法是使用风险收益模型，如资本资产定价模型（CAPM）[1] 和套利定价模型（APT）[2]，以模型中的 β 表示所有市场风险[3]，再加上无风险利率，即为权益成本的期望收益率。这个方法运用比较广泛，它实质上假设在完美市场上，收益率可以通过观察复制这些预期现金流在所有自然状态和所有未来时期的证券组合的市场价格推断出来。第二种方法是观察所有股票的长期趋势，根据某只股票所处的行业、经营杠杆和财务杠杆等特征因素调整 β 值，然后估计预期收益。最后一种方法是基于企业的会计收益而不是交易价格来推算预期收益（艾斯沃斯·达摩达兰，2010）。

运用贴现现金流方法，第二个关键步骤是估计预期未来现金流。艾斯沃斯·达摩达兰（2010）总结了估计预期未来现金流的三种方法，其中最简单且使用最广泛的方法是预期价值法，即资产评估人员分别估计一个企业所在行业和其资产在各个时期的预期未来价值。第二种方法是情景分析法，在最好、中等和最坏的各种情景下，分别估计预期现金流。第三种方法是模拟分析法，输入企业增长率、市场份额、经营利润、β 值等参数的概率分布，进行模拟运算。在每一种方法中，必须决定可持续现金流水平和终值。一般假设一个企业在破产清算前可以无限期地以不变增长率增长，加上投资期末的终结点价值，就等于企业所有预期未来现金流。

贴现现金流方法的估值过程和两个关键因素——预期现金流及贴现率，可以用图 3-11 很好的展示。

---

[1] 资本资产定价模型（Capital Asset Pricing Model，CAPM）是由美国学者威廉·夏普（William Sharpe）、林特尔（John Lintner）、特里诺（Jack Treynor）和莫辛（Jan Mossin）等于 1964 年在资产组合理论和资本市场理论的基础上发展起来的，主要研究证券市场中资产的预期收益率与风险资产之间的关系，以及均衡价格是如何形成的，其公式为：$E(r_i) = r_f + \beta_{im}[E(r_m) - r_f]$，其中，$E(r_i)$ 是资产 i 的预期回报率，r_f 是无风险利率，β_{im} 是 Beta 系数，即资产 i 的系统性风险，$E(r_m)$ 是市场 m 的预期市场回报率，$E(rm) - r_f$ 是市场风险溢价，即预期市场回报率与无风险回报率之差。

[2] 套利定价模型（Arbitrage Pricing Theory，APT）由罗斯在 1976 年提出。模型表明，资本资产的收益率是各种因素综合作用的结果，诸如 GDP 的增长、通货膨胀的水平等因素的影响，并不仅仅只受证券组合内部风险因素的影响。

[3] 注意 APT 模型和 CAPM 模型中的 β 表现形式稍有不同。但在以市场指数作为唯一风险因子时，这时 APT 的市场模型中的 β 与 CAPM 模型中的 β 是一致的。

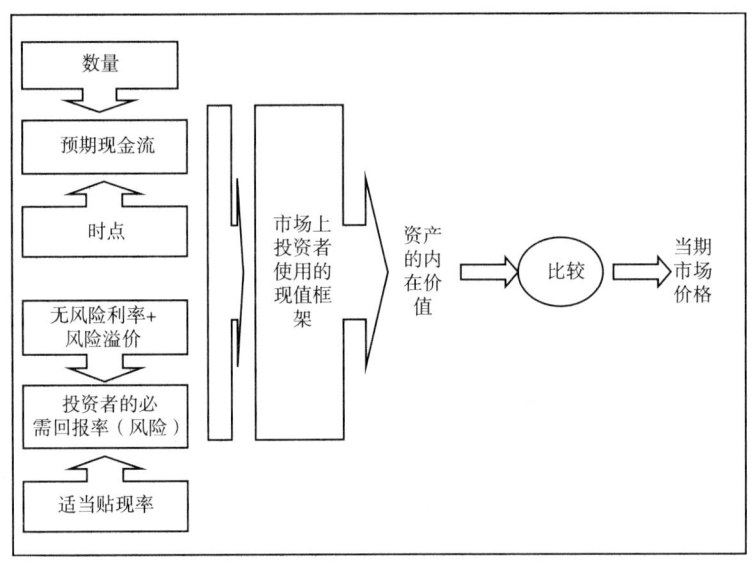

图 3-11　贴现现金流分析方法的流程

资料来源：布莱恩·克特尔：《金融经济学》，刘利，等，译，中国金融出版社 2005 年版，第 151 页。

（二）已知现金流的评估——债券

基于货币时间价值原理相对性，博迪等（2010）对债券和普通股进行了精确的分类：债券、年金等固定收益证券属于已知未来现金流的金融工具，而普通股属于未来现金流不确定的金融工具。两类金融工具的评估思想都是对其产生的未来现金进行贴现，但因为它们的现金流特征不同，因此具体的估值公式稍有差别。

首先看如何运用货币时间价值原理对债券进行评估。为了简单起见，先考虑拥有单一贴现率的基本债券——零息债券（Zero-Coupon Bonds）估值方法，其他更为复杂的债券都可以转换为零息债券。零息债券等固定收益证券的特征是：当前投资者可以准确地知道这类证券承诺的到期现金流。零息债券是一类特殊的债券，在债券续存期内不支付任何利息，其唯一的现金流是在到期日票面金额的赎回。它强调债券持有者在到期日之前不能得到任何的回报，持有者的收益来自到期时票面价值与购买价值之差。零息债券涉及几个重要概念：零息债券承诺的已知未来现金流，被称为票面价值；零息债券的收益率被称为到期收益率或最终收益率，指债券持有人购买并持有到期时所获得的、承诺以复利计算的回报率，换言之就是使持有人按承诺所获得的期末现金流的现值等于债券市场价格的贴现率。因此，零息债券当前的市场价格就是其票面价值的现值，计算公式为：

$$PV = \frac{FV}{(1+r)^n} \tag{3-7}$$

其中，FV 为零息债券的票面价值；r 为零息债券的到期收益率；n 为零息债券的投资期限。

比零息债券更为复杂并且现实生活中运用更为广泛的是附息债券（Coupon Bonds），如美国政府债券在到期前，每6个月支付利息。与零息债券不同，附息债券在债券续存期内定期支付利息，并且在到期日时偿还面值（本金）。这种定期支付的利息被称为息票价值。从定义上可以看出，附息债券的价值应该等于每期支付的利息的贴现值与到期偿还本金的贴现值之和，即：

$$PV = \sum_{t=1}^{n} \frac{PMT}{(1+r)^t} + \frac{FV}{(1+r)^n} \qquad (3-8)$$

其中，PMT为每期固定支付的利息，r为投资者投资于此类债券所要求的回报率，其他字母的含义同式（3-7）。

表3-1展示了零息债券和附息债券产生的未来现金流的区别。表的第一行为债券的计息时期，第二行和第三行分别表示不同债券未来现金流情况。

表3-1　　债券的偿付

年	第1年	第2年	第3年	第4年	第5年	……
零息债券				F		
附息债券	PMT	PMT	PMT	$F+PMT$		

资料来源：布莱恩·克特尔：《金融经济学》，刘利，等，译，中国金融出版社2005年版，第121页。

[例3-4] 假设2013年11月，某美国投资人准备投资于美国政府债券。根据公开信息，他发现有一种2017年11月到期、票面利率为13%、面值为1000美元的国库券。该国库券在每年的5月和11月各支付一次利息。假设当前的市场利率为10%。[①] 求该国库券的价格。

解：本例为半年支付一次利息，因此各期固定支付的利息为：

$1000 \times (13\% \div 2) = 65$（美元）

从2013年11月到2017年11月共有8个半年，因此该债券的价格为：

$$\begin{aligned} PV &= \sum_{t=1}^{n} \frac{PMT}{(1+r)^t} + \frac{FV}{(1+r)^n} \\ &= \sum_{t=1}^{8} \frac{65}{(1+10\%/2)^t} + \frac{1000}{(1+10\%/2)^8} \\ &= 1097.095（美元） \end{aligned}$$

（三）未知现金流的评估——普通股

第二类基本金融工具是普通股。与固定收益证券不同，普通股在投资期末产出的现金

---

① 布莱恩·克特尔：《金融经济学》，刘利，等，译，中国金融出版社2005年版，第122-123页。

流带有极大的不确定性,是事先无法准确预测的。普通股上预期到的现金流收入包括两大部分:第一,股东持有股票而获得的红利。红利分配的多少取决于企业的运营状况和董事会对红利分配的决议。第二,股东所有权续存期间,因为出售所持有股票而赚取的资本利得。所以红利和资本利得是普通股估值的基础,对这些预期现金流进行贴现构成普通股的收入资本化,即著名的红利贴现模型(Discounted – Dividend Model,DDM)。

假设对某只普通股进行单期投资(投资期限为1年),假设年底每股预期红利为 d_1,并且预期每股出售价格为 P_1,则当前每股股票的价格 P_0 将等于每股预期红利现值和每股预期出售价格现值之和:

$$P_0 = \frac{d_1 + P_1}{1 + k} \tag{3-9}$$

其中,k 是考虑购买普通股的投资者经过风险评估后要求的最低预期回报率,它与由风险调整的贴现率、市场资本化比率是可相互替代的。

类似地,第1年年末股票价格 P_1 可以用第2年年末预期的每股红利 d_2 和股票价格 P_2 表示:

$$P_1 = \frac{d_2 + P_2}{1 + k} \tag{3-10}$$

将式(3-10)代入式(3-9),则推导出两期投资的股票价格表达式:

$$P_0 = \frac{d_1}{1 + k} + \frac{d_2}{(1 + k)^2} + \frac{P_2}{(1 + k)^2} \tag{3-11}$$

在理论上,股东可以无限期持有一个企业的股票,只要该企业一直续存。因此不断重复上面的置换过程,在无限投资时期的股价模型为:

$$P_0 = \sum_{t=1}^{\infty} \frac{d_t}{(1 + k)^t} \tag{3-12}$$

其中,d_t 为第 t 年年末预期支付的红利。式(3-12)就是红利贴现模型。它的基本含义是一只股票当前的价格是预期的所有未来红利的现值之和。

普通股估值的贴现现金流方法原理清晰,操作上也相当简单,关键是要充分考虑影响企业未来现金流的所有因素,从而得到一个恰当的股票市场价格。当然红利贴现模型也存在一些缺点,它过于强调针对单个企业的估值,排除了资产组合概念和全体市场指数相互作用对股票价格的影响,而且这个模型是静态的,忽略了红利的动态增长。但是红利贴现模型的其他形式,如零增长模型、不变增长模型、多元增长模型都是基于基本的红利贴现模型而衍生的。

[例3-5] 某公司从现在起未来3年的预期增长率和红利收益率如表3-2所示。估计该公司各年年初的股票价格。

表 3-2　　　　稳定增长公司的预期未来红利和增长率

年度	年初价格（美元）	预期红利（美元）	预期红利增长率（%）	要求回报率（%）
1	?	1	10	15
2	?	1.1	10	15
3	?	1.21	10	15

解：以 $D_t(t=1,2,3)$ 为各年预期红利，g 为不变的预期红利增长率，k 代表投资者的要求回报率。由于在预期红利增长率 g 不变的情况下，第 t 期预期的红利 D_t 为：

$$D_t = D_1(1+g)^{t-1} \tag{3-13}$$

将式（3-13）代入到（3-12）并简化得：

$$P_0 = \frac{D_1}{k-g} \tag{3-14}$$

式（3-14）就是不变红利增长率的红利贴现模型。因此各年期初股票价格为：

$$P_0 = \frac{D_1}{k-g} = \frac{1}{15\% - 10\%} = 20(元)$$

$$P_1 = \frac{D_1(1+g)}{k-g} = P_0(1+g) = 20 \times 1.1 = 22(元)$$

$$P_2 = \frac{D_1(1+g)^2}{k-g} = P_1(1+g) = 22 \times 1.1 = 24.2(元)$$

通过计算第 1—3 年期初的股票价格，还可以发现一个有趣现象：在不变红利增长率的情形下，各年价格增长的比率恰好等于不变红利增长率。本例中，各年股票的增长率为 10%，与红利增长率一致。

贴现现金流估值的优势在于，操作相对简单并且可理解性强，而且要准确进行贴现现金流分析，需要资产评估人员深入了解被评估公司，这样能够对该公司的现金流和风险做出恰当估计，使评估出的资产价格更能反映资产的内在价值。但是贴现现金流方法也一直受到批评。其主要局限是：第一，从前面的分析可知，正确估计预期现金流和贴现率并不是容易的事。第二，不专业的资产评估人员依据贴现现金流公式计算出一个与资产内在价值毫无关系的价格（艾斯沃斯·达摩达兰，2010）。第三，近年来对贴现现金流最主要的批评是它隐含了一个假设，即一旦企业承担一个项目，它只能在立刻投资和永远不投资二者进行选择，该项目的结果将不受企业未来决策的影响，因此忽略了项目可能拥有的任何管理灵活性（Brandao，Dyer，2005）。

第四节　劳动价值论

劳动价值论是关于价值由抽象劳动所创造的理论，即价值由凝结在商品中的无差别的一般人类劳动所创造。劳动价值理论是人们在长期的历史过程中逐渐认识到的，马克思以及古典经济学派代表人物威廉·配第、亚当·斯密、大卫·李嘉图都认为价值是由劳动决定的。

劳动价值论认为，价值实体是客观的，衡量价值的尺度也是客观的。劳动决定价值，而价值决定价格。劳动是一个历史范畴，价值是一个商品经济范畴，劳动价值论是关于商品生产与交换的历史理论。在商品经济条件下，物质资料生产采取了商品生产的形式，产品成为商品以交换为前提。马克思对劳动价值论进行了深入阐述，明确地区分了价值与使用价值，把人类劳动分为具体劳动和抽象劳动，具体劳动构成了商品的使用价值，抽象劳动则形成了商品的价值。

马克思主义的劳动价值论包括商品的二因素和劳动的二重性等主要内容。

一、商品的二因素

商品是用于交换的劳动产品。任何商品都具有使用价值和价值两个因素。商品是使用价值和价值的统一体。

（一）使用价值

使用价值是指物品和服务能够满足人们某种需要的属性，即物品和服务的有用性。物品的使用价值反映的是人与自然之间的物质关系，而不体现特定的社会经济关系，不随社会生产关系的变化而变化。比如小麦，无论是奴隶、农奴还是雇佣工人生产的，其营养物质的使用价值并无不同。

与一般物品的使用价值相比，商品的使用价值必须是劳动产品的使用价值，必须对别人有用，是社会的使用价值，且必须通过交换让渡给别人。

商品必须具有某种使用价值，能够满足人们某种需求，无论是物质需求还是精神需求。如有的商品（如粮食、衣物等）可以作为生活资料直接满足人们生活消费的需要，有的商品（如机器设备、电力等）可以直接作为生产资料满足人们生产消费的需要。

商品的使用价值是自身所固有的，是由它的物理、化学等自然属性决定的，"同人取得它的使用属性所耗费的劳动的多少没有关系"。

不同的商品的自然属性不同，其使用价值也会不同。例如粮食具有食用的使用价值，木材具有制造家具的使用价值。石头可用于建筑，但不能用作饮用，这是石头自身的属性所决定的，劳动无法违背这一事实。

同一种商品还可以兼有各种自然属性，具有多种使用价值。如煤可以作为燃料，又可以作为化工原料等。商品的多方面的使用价值，是随着人们生产经验的积累和科学技术的发展而逐步被发现的。

商品的使用价值总是和一定的量联系在一起，度量商品使用价值量的尺度一方面由商品本身的自然属性决定，另一方面则取决于人们的约定俗成，如粮食使用质量单位计量，布匹使用面积单位计量等。

商品通过交换让渡给他人使用进入消费环节，最终实现商品的使用价值，因此商品的使用价值是交换价值的物质承担者。

（二）价值

具有使用价值的商品一旦进入市场交换，就具有了交换价值。交换价值首先表现为一种使用价值同另一种使用价值相交换的数量关系或比例。日常生活中的商品交换五花八门，但都可以用等式 $xA = yB$ 表示，即 x 数量的商品 A 可以交换 y 数量的商品 B。例如，在古代物物交换的集市上，某个生产者用 10 千克盐换了另一生产者的 40 千克谷物，那么这 40 千克谷物就是 10 千克盐的交换价值。或者该生产者还可以用 10 千克的盐换回其他使用价值，比如从织布者那里换了 3 米布，这时 10 千克盐的交换价值又表现为 3 米布。一种商品与其他多种商品相交换时，会形成不同的数量比例关系，因而可以有多种交换价值。交换价值是相对的，不同的交换对象有不同的交换价值，并且会因时因地而发生变化。但是，一般来说，在同一时间的统一市场上，每一种商品都有为众多交换者共同认可的统一的交换价值。

不同使用价值的商品之间之所以能够按照一定比例相交换，表明它们存在着某种可以相互比较的共同属性。这种共同属性显然不是使用价值，因为不同商品的使用价值是不同质的，衡量尺度也不一样，在量上是无法进行比较的。在考察商品交换时，如果把商品的使用价值撇开，剩下的就是商品的劳动属性，即商品是劳动的产品这种属性。事实上，任何商品在被生产出来的时候，都耗费了人类劳动，在商品中凝结着一定数量的无差别的一般人类劳动。这种凝结在商品中的无差别人类劳动性质相同，因而在数量上可以比较，它构成了商品的价值。不同使用价值的商品之间之所以能够按一定数量比例进行交换，原因就在于其所耗费的一般人类劳动量是相等的，或者说其价值是相等的。

由此可见，价值是交换价值的内容或基础，而交换价值是价值的表现形式。没有价值的东西，也就没有交换价值。商品按价值交换，从本质上看，是生产者之间的劳动交换，反映的是商品生产者之间的生产关系。

（三）使用价值和价值的关系

商品是使用价值和价值的矛盾统一体。缺少这两个因素中的任何一个，物品都不可能成为商品。商品的使用价值和价值的统一性是互相依存、互为条件的。这主要表现在：(1) 任何物品如果没有使用价值就没有价值，因而不是商品。例如，生产中产生的废品没有使用价值，即使花费了大量劳动也不会形成价值，因而也不能成为商品。(2) 未经人类劳动创造的物品虽有使用价值但没有价值，也不能成为商品。例如，空气、阳光、天然草地等。（3）有些物品虽有使用价值也是劳动产品，但不是为了交换，而是用于自己的消费或无偿提供给别人消费，这种只具有使用价值而无价值的物品也不是商品。例如，农民自己生产用来满足自己需要的农产品以及用于馈赠的农产品。由此可见，任何商品必须同时具有使用价值和价值两个因素。

商品的使用价值和价值既是统一的，又是互相矛盾的，即相互对立、相互排斥的。这主要表现在：（1）使用价值是商品的自然属性，价值是商品的社会属性，它体现商品生产者相互交换劳动的社会关系。（2）商品的使用价值和价值对于生产者和购买者来讲，只能实现其中一种属性，不能同时两者兼而有之。商品生产者生产商品是为了交换，商品对他来讲，有意义的不是使用价值，而是价值；但他要实现价值，就必须把使用价值让渡给购买者。商品购买者购买商品是为了消费，商品对他来讲，有意义的是使用价值；但他要获得使用价值，就必须支付商品的价值。这就是马克思主义政治经济学里所说的使用价值和价值的矛盾。（3）商品使用价值和价值的矛盾只有通过交换才能解决。一旦交换失败，就意味着商品的价值不能实现，使用价值也不能进入消费，商品的内在矛盾也就充分地暴露出来了。

二、劳动的二重性

商品是由劳动创造的。商品之所以是使用价值和价值的统一体，是因为生产商品的劳动具有二重性。生产商品的劳动可以区分为具体劳动和抽象劳动。

具体劳动是特定形式下进行的劳动。在商品生产中，为了生产能满足各种不同需要的商品，就要进行各种特定形式的劳动，这些劳动的目的、对象、工具、方法和结果都是不同的。比如，木匠的劳动目的是制作某种木器，劳动对象是木料，劳动工具是斧子、锯子、刨子等。经过木匠特有的制作方法，生产出人们所需要的木制品。而裁缝的劳动形式与木匠的劳动形式完全不同。

具体劳动是劳动的自然属性，体现着人与自然的关系。具体劳动同物质要素相结合创造使用价值，但是劳动并不是使用价值的唯一源泉。各种不同的具体劳动生产不同的使用价值。不同商品之所以具有不同的使用价值，除了其构成的物质要素各有其特殊的自然属性外，还因为生产它们的劳动各有其特殊的具体形式。作为创造使用价值的具体劳动是人类生存和社会发展的基础和条件，是不以社会形态的变化为转移的。但是具体劳动的种类和形式随着社会生产力的发展、科学技术的进步和人们需要的改变相应地发生变化。

抽象劳动是撇开其具体形式的同质的、无差别的一般人类劳动。生产商品的劳动，还有共同的一面，那就是它们都是人类劳动力在生理学意义上的支出，都是人的脑、肌肉、神经、骨骼等的耗费。从这个意义上讲，它们都是无差别的人类劳动或一般人类劳动。

抽象劳动是劳动的社会属性，反映了商品生产者之间的社会关系，是社会劳动在商品生产中的特殊形式。抽象劳动形成商品价值，是形成商品价值的唯一源泉。商品价值是无差别的一般人类劳动的凝结，实际上就是抽象劳动的凝结。人类劳动的质的同一性，决定了抽象劳动在商品交换中进行量上比较的可能性。作为价值实体的抽象劳动凝结在商品内，看不见摸不着，只有在商品交换的过程中才能表现出来，只有在交换价值上才能得到独立的体现。

具体劳动和抽象劳动是生产商品同一劳动的两个方面，而不是两次支出的劳动。抽象劳动和具体劳动在时间上、空间上都是不可分割的。商品的二因素是由生产商品的劳动二重性决定的。具体劳动创造使用价值，它解决的是人与自然之间的物质交换，但它并不是所生产的使用价值的唯一源泉。抽象劳动形成价值，它体现的是人与人之间的社会关系，它是创造价值的唯一源泉。

具体劳动是人类社会生存和发展的永恒条件，它是劳动的自然属性。抽象劳动则体现劳动的社会属性，并非任何时候的抽象劳动都形成价值且采用交换价值的形式。从生产商品的具体劳动中抽象出同质的抽象劳动，是由商品经济关系决定的。如果没有商品交换关系就不需要作这种抽象。只有在商品生产和商品交换的经济关系中，具体劳动才需要抽象为抽象劳动，人类体力和脑力的耗费才形成价值，才以价值的形式表示。

具体劳动和抽象劳动是对立统一的。一方面，二者是统一的。商品生产者在从事具体劳动的同时，也耗费了抽象劳动。具体劳动和抽象劳动不是各自独立存在的两种劳动或两次劳动，它们在时间上和空间上是统一的，是生产者在生产商品的同一劳动过程中不可分割的两个方面。另一方面，二者又是有差别、有矛盾的。具体劳动是从生产商品的劳动具有某种特定的有用性和具体形式这一角度来考察的，与抽象劳动相比具有不同的形式和特点；而抽象劳动则是抽掉了劳动的有用性和具体形式，单纯从劳动是人类的体力和脑力的耗费这一角度来考察的。

三、商品的价值构成

商品的价值有质的规定性和量的规定性两方面。从质的规定性讲，它是物化在商品中的抽象劳动，是无差别的人类劳动的凝结。从量的规定性讲，它是由实现在商品中的劳动量决定的。劳动量又是由劳动时间来衡量的。要考察商品价值量的规定性，必须研究以下几个问题：

（一）个别劳动时间与社会必要劳动时间

商品价值量不是由个别劳动时间决定的，而是由社会必要劳动时间决定的。

个别劳动时间，是指个别商品生产者生产某种商品实际耗费的劳动时间。由于各个商品生产者的生产技术条件、劳动熟练程度和劳动强度不同,他们生产同一种商品所耗费的个别劳动时间也各不相同。这种千差万别的个别劳动时间不能决定商品的价值量,商品的价值量只能由社会必要劳动时间决定。

社会必要劳动时间,是指"在现有的社会正常的生产条件下,在社会平均的劳动熟练程度和劳动强度下制造某种使用价值所需要的劳动时间"①。所谓"现有的社会正常的生产条件",是指当时社会上某一生产部门内大多数生产者普遍使用的生产条件。在这种条件下,社会必要劳动时间以大多数生产者所能达到的熟练程度和劳动强度为准。

个别劳动时间与社会必要劳动时间的矛盾运动,对于商品生产者的成败具有决定性的意义。如果某个商品生产者的个别劳动时间等于社会必要劳动时间,他的商品按社会必要劳动时间决定的价值量进行交换,那么他生产这种商品所耗费的劳动就会得到完全的补偿;如果个别劳动时间高于社会必要劳动时间,他的商品也只能按社会必要劳动时间决定的价值量进行交换,那么他生产这个商品所耗费的劳动就有一部分得不到补偿,从而在竞争中处于不利地位;如果个别劳动时间低于社会必要劳动时间,他的商品按社会必要劳动时间决定的价值量进行交换,那么他的劳动不仅能全部得到补偿,而且还可以得到更多的收益,从而在竞争中处于有利的地位。由此可见,个别劳动时间高于或低于社会必要劳动时间,直接关系到商品生产者的利益、地位和命运。

(二) 简单劳动和复杂劳动

不同生产者的劳动不是均质的。生产商品的劳动可以区分为简单劳动和复杂劳动。简单劳动是指在一定社会条件下,不需要专门训练和学习,一般劳动者都能轻松胜任的劳动。复杂劳动则是需要经过专门训练和学习,必须有一定技术专长的劳动。

简单劳动和复杂劳动在同一时间内所创造的价值是不相同的。一个小时的复杂劳动所创造的价值往往高于几个小时简单劳动所创造的价值,因而复杂劳动是倍加的简单劳动。复杂劳动的报酬要比简单劳动的报酬高一些也就理所当然了。在商品交换中,不仅要把不同的具体劳动还原为抽象劳动,而且也要把复杂劳动还原为简单劳动。商品的价值量是由复杂劳动换算成简单劳动的社会必要劳动时间决定的。

简单劳动与复杂劳动的区别是相对的。随着科学技术的发展以及文化教育水平的提高,过去的复杂劳动在现在可能成为简单劳动。整个社会区分复杂劳动与简单劳动的标准会不断提高,但就一定时期而言,复杂劳动与简单劳动的区分标准,仍然是客观存在的。

(三) 劳动生产率和商品价值量

商品价值量是由社会必要劳动时间决定的,生产商品的社会必要劳动时间不变,商品

---

① 马克思、恩格斯:《马克思恩格斯全集(第23卷)》,人民出版社1972年版,第52页。

的价值量也不变。但是，生产商品的社会必要劳动时间并不是一个不变的量，它是随劳动生产率的变化而变化的。因此，研究商品价值量，还必须考察劳动生产率和商品价值量的关系。

劳动生产率是指具体劳动生产使用价值的能力或效率。劳动生产率可以用两种方法来表示：一是用同一劳动在单位时间内生产某种产品的数量来表示，单位时间内生产的产品数量越多，劳动生产率就越高；反之，单位时间内生产的产品数量越少，劳动生产率就越低。二是用生产单位产品所耗费的劳动时间来表示，生产单位产品所需的劳动时间越少，劳动生产率就越高；反之，生产单位产品所需的劳动时间越多，劳动生产率就越低。

在人类历史发展过程中，劳动生产率呈现不断提高的趋势。劳动生产率的高低取决于多种因素：劳动者的平均熟练程度、生产过程的社会组织、科学技术的发展及其在生产中的应用程度、生产资料的规模和效能、各种自然条件等。

无论劳动生产率怎样变化，同一劳动在同一时间内所形成的价值总量是相同的。劳动生产率的变化，只影响单位商品内包含的价值量。劳动生产率越高，在同一时间内生产的使用价值就越多，生产单位商品所耗费的劳动时间就越少，该商品的价值量就越小；反之，劳动生产率越低，在同一时间内生产的使用价值就越少，生产单位商品所耗费的劳动时间就越多，该商品的价值量就越大。例如，某个劳动者原来每小时生产 2 件产品，每件产品价值为 1/2 劳动小时。现在劳动生产率提高一倍，每小时生产 4 件产品，每件产品的价值是 1/4 劳动小时。因此，马克思说："商品的价值量与体现在商品中的劳动的量成正比，与这一劳动的生产力成反比。"[①]

劳动价值论是分析社会主义市场经济的理论基石和有效办法。社会主义市场经济条件下劳动价值论呈现出新的特点：脑力劳动在社会生产中的地位和作用越来越重要；个别劳动平均化为社会必要劳动的外延进一步扩大；管理部门成为价值创造中的重要部分；科学技术在价值创造中的作用越来越大。

第五节　期权定价理论

期权又称为选择权，是购买方（持有者）在未来特定时间内按某一事先约定价格（执行价格）买进或卖出一定数量的特定标的资产的权利。

期权可以分为金融期权和实物期权。金融期权的标的资产是股票、汇率、利率等金融资产，根据执行时间的不同又可分为欧式期权和美式期权；实物期权的标的资产是实物资产。

[①] 马克思、恩格斯：《马克思恩格斯全集（第23卷）》，人民出版社1972年版，第53-54页。

期权是有价值的，其价值源于可以对冲其对应的基础资产的风险。期权的价值与其基础资产价格的不确定性（风险）成正比，即基础资产的风险越大，期权的价值就越大，其价格也就越高。风险的价值就是为规避风险所要付出的成本，期权价值即期权权利金（保证金或保险金）价值，期权价格是期权权利金的货币表现，它是期权购买者付给期权出卖者用以换取期权所赋予权利的代价。

期权价值由两部分构成，包括内涵价值和时间价值。内涵价值（又称为内在价值）是履行期权合约时可获取的总利润，反映了期权执行价格与市场价格之间的关系。内涵价值可以表现为正值，也可以表现为负值，还可以表现为零，并由此形成实值期权（执行期权能产生利润）、虚值期权（执行期权不能产生利润）和两平期权（执行价格等于标的资产市场价格）。时间价值（也称为外在价值）是指由期权合约的有效期的长短等时间因素所决定的标的资产合约价格波动风险的估计值，可以看作是期权价格高于内在价值的部分，期权时间价值就是期权价格减去内在价值。

一、期权定价理论核心

期权可以让投资者付出少许代价，在控制或有损失的基础上扩大获利空间。期权的核心思想主要表现在以下四个方面：

（一）权利和义务不对称

期权是一种权利，至少涉及买方和和卖方两方。期权持有者（买方）在获得期权后拥有选择权，在有利的条件下可以行使权利，在不利的条件下可以选择放弃权利。持有人享有权利但不承担相应的义务，期权持有者在支付权利金后即取得履行或不履行买卖期权合约的权利，而不必承担义务。期权持有者有买进（看涨期权）或卖出（看跌期权）标的资产的权利，但不负有必须买进或卖出的义务。而期权的出卖方只有义务，没有不履行义务的权利。因此，期权相关的权利和义务是不对称的。

（二）成本和收益不对称

投资者付出一定成本可以获得期权，条件不利时不执行期权，收益随市场价格的波动而波动，其最大亏损只限于购买期权的成本（权利金）；条件有利时行使权利，获得差价收益。也就是说，期权持有者付出的成本是固定的，而获得的收益则有很多可能，既可能是零，也可能很大。期权卖方的亏损随着市场价格的波动而波动，最大收益（即买方的最大损失）是期权的权利金。因此，期权的成本与其收益是不对称的。

（三）价值与不确定相关

期权买卖双方都面临着权利金不利变化的风险，需要全面客观地认识期权的不确定性。期权持有者通过支付权利金锁定了其所购买期权不确定的下界风险,其风险限制在权利金范围内,但其亏损的比例却有可能是100%。但不确定程度越高,标的资产的波动越大,期权投资者获得上界收益的可能性就越大,期权价值越高。期权卖方可以收到权利金,能够为其提供相应的担保,从而在市场发生不利变动时,能够抵消期权卖方的部分损失。

(四) 资产复制组合对冲不确定

期权可通过标的资产与无风险资产动态复制而得,期权定价通过标的资产动态反应。决策者可以通过复制组合对冲不确定性,这使决策者的效用函数不对期权定价产生影响。

二、期权定价理论基础

期权定价的理论基础是一般均衡,即投资者在追求个人福利最大化的过程中通过市场相互作用从而实现的平衡状态。严格意义上的一般均衡很少在现实世界出现,但一般均衡原理是投资者行为决策的基准。

(一) 无套利定价原理[①]

无套利定价原理是从单个经济行为者追求利益最大化的假定推导得出的,即一个有效的均衡市场中不存在无风险的套利机会。无套利均衡分析是1958年莫迪利安尼(Modigliani)和米勒(Miller)在研究MM理论时提出来的。套利定义为"保证在某些偶然情况下无需净投资即可获取正报酬而没有负报酬的可能性"(Dybvig和Ross),强调获得无风险收益采用"自融资策略",即无需自有资本,完全通过贷款融资。但是套利行为在市场上具有很大的便捷性,因此套利机会总是暂时存在,因为一旦有套利机会,投资者就会很快实施套利而使市场又回到无套利机会的均衡中。在"无套利均衡"状态下,金融资产的价格等于其价值,因此无套利均衡被用于期权定价。

无套利定价原理要求套利活动在无风险的状态下进行,但在实际的交易活动中纯粹零风险的套利活动比较罕见,因此实际的套利活动有相当大一部分是风险套利。无套利定价的关键技术是所谓"复制"技术,其要点是使复制组合的现金流特征与被复制组合的现金流特征完全一致,从而导致套利活动推动市场走向均衡,即获取相同资产的资金成本一定相等,在市场上交易时有相同的价格,否则就会发生套利活动。无风险的套利活动从即时现金流看是零投资组合,即开始时套利者不需要任何资金的投入,在投资期间也没有任何的维持成本。

[①] 约翰·C. 赫尔:《期货、期权及其他衍生品》,机械工业出版社2007年版。

(二) 风险中性定理

风险中性原理是约翰·考克斯和斯蒂芬·罗斯于 1976 年推导期权定价公式时建立的。风险中性是相对于风险偏好和风险厌恶的概念，风险中性的投资者对自己承担的风险并不要求风险补偿。在每个人都是风险中性的经济环境中，投资者不要求风险补偿或风险报酬，证券的期望收益率是无风险利率，市场的贴现率也是无风险利率，所以证券的任何盈亏经无风险利率的贴现就是其现值。

在风险中性假设下，以状态价格表示到达不同状态的概率，不管个体投资者各自的风险偏好水平和期望收益率的差异，统一以风险中性偏好和无风险利率代替，进行定价。风险中性假设下得到的估值同样可以应用于非风险中性假设的情形。真实世界里的投资者尽管在风险偏好方面存在差异，但当套利机会出现时，投资者无论风险偏好如何都会采取套利行为，消除套利机会后的均衡价格与投资者的风险偏好无关。

(三) 市场完全性与有效性的假设

完全市场意味着每一种不确定性因素都存在对应市场，所有的不确定因素都可以在市场上交易，市场中买者和卖者的数量都足够多，每个参与者与市场相比都足够小，没有任何一个单独的市场机构能够影响商品价格。完全市场存在唯一的均衡点，金融资产可以根据风险中性定价原理获得唯一的价值，但在现实中纯粹的完全市场几乎不存在。

有效市场假说起源于 20 世纪初，由尤金·法玛（Eugene Fama）于 1970 年提出并深化。有效市场假说认为资本市场确定的资本价格充分反映了全部信息，除非存在市场操纵，否则投资者不可能通过分析以往价格获得高于市场平均水平的超额利润。如果金融资产的价格不能充分反映所有信息，那么金融资产的基本价值与市场价格之间就出现差别，市场会出现套利机会。套利行为使金融资产的价格与其基本价值相一致，达到"无套利均衡状态"即"有效市场状态"。

三、期权定价理论模型

期权价格的影响因素主要有标的资产价格、执行价格、标的资产的价格波动率、到期时间、无风险利率、股息支付政策等。期权定价模型是将影响期权价格的诸多因素作为参数建立起来的数学模型，以利用各种因素正确评估资产风险和期权价格。

最早的期权定价模型是巴舍利耶模型（Bachelier，1900），其运用随机过程理论中的布朗运动和鞅（Martingale）等工具来描述证券价格在连续时间域上的动态变化，该模型的主要缺陷是绝对布朗运动允许股票价格为负和平均预期价格变化为零的假设，这与现实不符，且没有考虑资金的时间价值。之后斯普恩科（Sprenkle，1961）修正了巴舍利耶模型，提出了买方期权价格模型，其假设股票价格服从几何布朗分布，考虑了货币的时间价值且避免了股票价格为负。博内斯（Boness，1964）、萨缪尔森（Samuelson，1965）和卡苏夫（Kassouf，1969）也分别给出了看涨期权定价公式。

随着 MM 定理（Modigliam 和 Miller，1958）、资本资产定价模型（Markowitz，1952；Sharpe，1964；Limner，1965；Mosin，1969）、有效市场假说（Fama，1973；Samuelson，1965）的提出，布莱克和休斯（Black 和 Scholes，1973）提出了 B–S 模型，默顿（Merton，1973）证明了 B–S 模型中一处关键假设，并多方面发展了 B–S 模型。

目前期权定价模型主要有 B–S 期权定价模型和二叉树期权定价模型，以及蒙特卡罗模拟模型、确定性套利模型、ε–套利定价模型、区间定价模型、有限差分法、鞅方法、效用无差别定价法、Merton 跳扩散法等。[1]

（一）B–S 期权定价模型

B–S 期权定价模型由布莱克（Black）和斯科尔斯（Scholes）提出，其假设条件如下：(1) 标的资产价格变动比例遵循一般化的维纳过程，该假定等价于标的资产价格服从对数正态分布；(2) 允许使用全部所得卖空衍生资产；(3) 没有交易费用和税收；(4) 不存在无风险套利机会；(5) 无风险利率 r 为常数且对所有到期日都相同。

B–S 期权定价模型认为资产价格及其所依赖的标的资产价格都受同一种不确定因素的影响，二者遵循相同的维纳过程。如果通过构建无风险的资产组合可以消除维纳过程，在不存在无风险套利机会的情况下，该资产组合的收益应等于无风险利率，由此可以得到衍生资产价格的 B–S 模型。

$$C = SN(D_1) - Le^{-rT}N(D_2) \tag{3-15}$$

$$D_1 = \frac{\ln\dfrac{S}{L} + (r + 0.5\sigma^2)T}{\sigma\sqrt{T}}$$

$$D_2 = D_1 - \sigma\sqrt{T}$$

其中，C 为期权初始合理价格，L 为期权交割价格，S 为所交易金融资产现价，T 为期权有效期，r 为连续复利计无风险利率，σ^2 为年度化方差，$N(\ )$ 为正态分布变量的累积概率分布函数。该模型中 $SN(D_1)$ 和 $Le^{-rT}N(D_2)$ 可以理解为一个投资组合的两个组成部分，即 $N(D_1)$ 份正股和 $Le^{-rT}N(D_2)$ 元的无息贷款的组合。

执行价格对期权价值有负面效应，执行价格越低期权价值就越高。期权当前价格对期权价值有正面效应，期权价格越高，期权最后被执行的概率越高。期权收益率的方差对期权价值有正面效应，期权价格的波动率越大，期权价值越高。期权成熟期对期权价值有正

---

[1] 滋维·博迪，等：《投资学（第8版）》，汪昌云，等，译，机械工业出版社 2012 年版。

面效应，期权成熟期越长意味着期权价值越高。无风险利率对期权价值有正面效应，无风险利率越高，期权成熟期越长，延迟支付就越有价值。如果存在期权分红，红利支付会减少期权的未来价值，进而减少看涨期权的价值，红利支付可从期权价格中扣除，直接体现在定价公式之中。

（二）二叉树方法期权定价模型

二叉树方法由约翰·考克斯、斯蒂芬·罗斯和罗宾斯坦提出，把期权的有效期分为若干个足够小的时间间隔，在每一个非常小的时间间隔内假定标的资产的价格从开始的 C 运动到两个新值：运动到比现价高的值 C_u 的概率为 p，运动到比现价低的值 C_d 的概率为 $1-p$。

二叉树方法期权定价模型基本假设：（1）期权生成的过程是几何随机游走过程，期权价格服从二项分布；（2）风险中立。

单期二叉树期权定价公式为：

$$C = \frac{\frac{R-d}{u-d}C_u + \left(1 - \frac{R-d}{u-d}\right)C_d}{R} = \frac{\frac{SR-Sd}{Su-Sd}C_U + \left(1 - \frac{SR-Sd}{Su-Sd}\right)C_d}{R} \tag{3-16}$$

$$C_u = \max[S(1+u) - X, 0]$$

$$C_d = \max[S(1+d) - X, 0]$$

$$R = (1+r)^h$$

其中，C 表示期权的价值，S 为标的资产当前价值，u 和 d 表示到期时的价值上涨或下跌的比率，C_u 和 C_d 表示到期日的期权价值，r 为无风险利率，r 为复利的年数（单期情况下，$h=1$）。

两期二叉树模型或多期二叉树模型可以利用同样的方法推导出它们的期权定价公式。

（三）其他期权定价模型

除了上面介绍的期权定价方法外，在期权定价中往往还有可能用到下面的一些期权定价方法。

1. 蒙特卡罗模拟模型

蒙特卡罗模拟模型是假设已知标的资产价格的分布函数，然后把期权的有效期限分为若干个小的时间间隔，通过从分布的样本中随机抽样来模拟每个时间间隔股价的变动和股价一个可能的运行路径，从而计算出期权的最终价值。根据无套利定价原则，把未来 T 时刻期权的预期收益 X_T 用无风险利率折现就可以得到当前时刻期权的价格 P。

$$P = e^{-rT}E(X_T) \tag{3-17}$$

其中，r 表示无风险利率，$e^{-rT}E(X_T)$ 为 T 时刻期权的预期收益。

蒙特卡罗模拟方法能够用于标的资产的预期收益率和波动率的函数形式比较复杂的情况，但局限于欧式期权的估价而不能用于美式期权，且估价精度与模拟次数有关。

2. 确定性套利方法

确定性套利的期权定价方法假设广义完全市场存在，即市场中的衍生资产存在强复制策略。记期权 v 的强复制策略构成的集合为 $H(v) = \{\theta : v - D^T\theta \geq 0\}$，则期权 v 的价格 $p^*(v)$ 定义为：

$$p^*(v) = \min_{\theta \in H} q^T\theta \tag{3-18}$$

其中，$q = [q_1, q_2, \cdots, q_n]^T \in R^n$ 为标的资产期初价格向量，D 表示风险资产在不确定状态下的价格矩阵，$\theta = [\theta_1, \theta_2, \cdots, \theta_n]^T \in R^n$ 表示风险资产组合向量。一般来说，期权的卖方要构造一个强复制策略来对他的潜在负债进行套期保值，因此期权的卖方要求期权价格不低于它的套期保值成本。

3. ε-套利定价模型

在非完全市场不存在完全复制策略的情况下，B-S 期权定价模型、二叉树期权定价模型和有限差分模型等不再适用。套利机会是保证在某些偶然情况下获取正报酬而没有负报酬的投资策略，也无需有净投资，套利机会就代表了一个货币泵。

ε-套利是 ε 下构造的期权组合 θ 满足 $q^T\theta \leq 0$ 和 $D^T\theta + \varepsilon I \geq 0$，$I$ 为单位向量。对于任意期权 v，若给定 ε，期权 v 的价格 $p^*(v)$ 如下：

$$p^*(v) = \{q^T\theta : \min_{\theta \in H_X(v)} \| D^T\theta - v \| \} \tag{3-19}$$

其中，$q = [q_1, q_2, \cdots, q_n]^T \in R^n$ 为标的资产期初价格向量，D 表示风险资产在不确定状态下的价格矩阵，$\theta = [\theta_1, \theta_2, \cdots, \theta_n]^T \in R^n$ 表示风险资产组合向量。

4. 区间定价模型

期权价格在非完全市场中不能确定，但可以给出期权价格的相应的区间 $[a, b]$。

区间定价模型仍采用无套利定价原理，用买方无套利 $b = \max_{\theta \in G(v)} q^T\theta$ 和卖方无套利 $a = \max_{\theta \in H(v)} q^T\theta$ 确定区间的两个端点，其中期权 v 的买方强复制策略构成的集合为 $H(v) = \{\theta : v - D^T\theta \geq 0\}$，期权 v 的卖方强复制策略构成的集合为 $G(v) = \{\theta : D^T\theta - v \geq 0\}$。

第六节 价值理论在资产评估中的运用

一、均衡价值论在资产评估中的运用

市场法是资产评估的基本方法之一，其理论基础为均衡价值论，即引入均衡价格的观点来确定资产的价值，被较多地运用于机器设备、房地产等资产价值的评估。市场法所选

取的参照物与被评估资产之间总是存在时间、空间、环境等方面的差异,会导致买卖双方心理预期的差异,需要充分搜集交易案例,模拟市场过程。

二、效用价值论在资产评估中的运用

收益法估计资产未来预期收益的现值,其理论基础是经济学中的效用价值论。根据效用价值理论,商品的效用会随着时间的推移、数量的增加而降低。产品的效用逐渐累积,在效用达到饱和状态时完全体现出来。资产评估中的每年的预期收益相当于边际效用。

企业发展会经历繁荣、平稳、萧条、衰退的经济波动周期,即资产收益不会无限期的增长下去。收益法评估企业价值时,企业的未来收益并不会达到饱和后就停止,而是会继续以这种平稳状态发展下去。在持续经营条件下,企业整体资产一般情况下要求采用收益法;对于无形资产,因为交易案例较少,可比性较差,因此评估实践中一般也采用收益法。

三、劳动价值论在资产评估中的运用

根据劳动价值理论,商品价值(W)可以由三部分组成,即不变成本(C)、可变成本(V)、剩余价值(M),$W = C + V + M$。重置成本即指构建资产时的成本耗费,因此资产的价值可以通过资产的重置成本来体现。

在资产评估中,构成重置成本的不变成本即原材料,可变成本就是人力成本。无论是不变成本还是可变成本,都可以看作是成本耗费,而由可变成本和不变成本的耗费所带来的额外价值可以称为利润。因此,经过劳动价值理论的分析,重置成本 = 成本费用(D) + 利润(P)。

构成重置成本的利润因为被评估对象所处的行业地位不同,其意义也各不相同。在完全竞争市场条件下,利润就是在社会必要劳动时间条件下形成的合理利润;在垄断市场条件下,超额利润就是由于其在生产或流通的垄断性产生的超过平均利润的那部分价值。

根据劳动价值理论,不变成本投入是以实物形态投入生产运作当中,随着固定资产的消耗,其耗损的价值转移到生产的产品中去,最终以销售形式实现资金的回收,所以在评估资产价值时,被转移部分的不变资本投入应当排除在外,即重置成本应当减去实体性损耗。

科学技术进步是提高劳动生产率的重要因素,劳动生产率的差别导致了功能性损耗的产生。功能性贬值随着时间的推移、技术的进步是不可避免的,功能性贬值额可以通过生产能力求得。

在非持续经营条件下,对于企业整体资产一般情况下考虑成本加和法,以此体现企业资产价值最大化原则,对于有形资产特别是房地产、机器设备只有在交易案例较少或者没有可比性的情况下,评估师才使用重置成本法,反映其现行成本价值。

四、期权定价理论在资产评估中的运用

期权定价理论较好地刻画了未来的不确定和风险,被应用到了在许多资产评估领域,诸如外汇期权、股指期权、期货期权、投资评价及企业价值等领域。

在评估柔性制造设备价值时,企业要计算设备的现有价值,还要结合市场情况计算其调整产品的灵活性的价值,将其作为柔性制造设备的实物期权价值。

自然资源会随着时间的变化而变化,考虑其实际运营成本与固定成本的变化情形,可以对自然资源进行实物期权价值的评估,综合分析其不确定因素,考虑资源投资期限问题。

在房地产资源的价值评估中,可以利用期权理论,着重考虑多种不同用途的土地价值,考虑其中的不可逆性,通过评估土地资源随着不确定性的增加而增加的价值波动,完成资产评估行为。

无形资产往往具有时间周期较长、风险较高、投资金额巨大、阶段性明显等特点,可以将一些多阶段的无形资产作为复合期权,利用期权法进行评估。

思考题

1. 试阐述资产与商品的区别与联系,资产与财产的区别与联系。
2. 资产评估价值类型的作用及其划分依据是什么?
3. 试阐述资产评估的均衡价值理论。
4. 试阐述资产评估的效用价值理论。
5. 试阐述资产评估的劳动价值理论。
6. 试阐述资产评估的期权定价理论。
7. 试阐述资产评估实务中价值理论的运用。

本章参考文献

[1] 马克思:《资本论》,人民出版社 2004 年版。
[2] 马克思、恩格斯:《马克思恩格斯全集(第 23 卷)》,人民出版社 1972 年版。
[3] 中国资产评估协会:《资产评估基础》,中国财政经济出版社 2021 年版。
[4] 中国资产评估协会:《中国资产评估行业规范汇编》,经济科学出版社 2012 年版。
[5] 刘萍、贺邦靖:《中国资产评估制度与准则》,中国财政经济出版社 2013 年版。

［6］汪海粟：《资产评估（第二版）》，高等教育出版社 2007 年版。

［7］姜楠、王景升：《资产评估（第三版）》，东北财经大学出版社 2013 年版。

［8］高鸿业：《西方经济学（微观部分）》，中国人民大学出版社 2011 年版。

［9］Robert S. Pindyck、Daniel L. Rubinfeld：《微观经济学》，李彬、高远，译，中国人民大学 2013 年版。

［10］洪功翔：《政治经济学》，中国科学技术大学出版社 2008 年版。

［11］贺邦靖：《中国资产评估国际交流与借鉴》，中国财政经济出版社 2013 年版。

［12］张彩英：《资产评估：理论、方法、实务》，中国财政经济出版社 2008 年版。

［13］马德功：《资产评估理论与方法》，四川大学出版社 2015 年版。

［14］布莱恩·科特尔：《金融经济学》，刘利，等，译，中国金融出版社 2005 年版。

［15］黄凯：《期权定价理论的基本思路、方法及其在企业战略投资领域的应用》，《中国管理科学》1998 年第 2 期，第 15 – 22 页。

［16］刘海龙、吴冲锋：《期权定价方法综述》，《管理科学学报》2002 年第 2 期，第 67 – 73 页。

［17］刘诗白：《马克思主义政治经济学原理（第 4 版）》，西南财经大学出版社 2011 年版。

［18］罗开位、侯振挺、李致中：《期权定价理论的产生与发展》，《系统工程》2000 年第 6 期，第 1 – 5 页。

［19］《马克思主义政治经济学概论》编写组：《马克思主义政治经济学概论》，人民出版社、高等教育出版社 2011 年版。

［20］孙敬水：《论期权定价理论》，《数量经济技术经济研究》1998 年第 4 期，第 44 – 50 页。

［21］夏健明、陈元志：《实物期权理论评述》，《上海金融学院学报》2005 年第 1 期，第 4 – 13 页。

［22］约翰·C. 赫尔：《期货与期权市场导论》，北京大学出版社 2006 年版。

［23］约翰·C. 赫尔：《期货、期权及其他衍生品》，机械工业出版社 2007 年版。

［24］张经强、夏恩君：《实物期权定价理论研究综述》，《生产力研究》2009 年第 3 期，第 174 – 176 页。

［25］朱顺泉：《金融衍生工具》，清华大学出版社 2014 年版。

［26］滋维·博迪，等：《投资学（第 8 版）》，汪昌云，等，译，机械工业出版社 2012 年版。

［27］郑振龙：《金融工程（第 2 版）》，高等教育出版社 2008 年版。

［28］郑振龙：《衍生产品》，武汉大学出版社 2005 年版。

第四章

资产评估程序与原则

 **本章学习目标**

学习知识点：资产评估程序的基本内容、主要程序和履行要求，资产评估程序的履行目的，主要的工作步骤等相关内容的掌握和应用；资产评估原则的基本内容。

学习重点：掌握资产评估基本程序及其主要内容，掌握资产评估业务基本事项的内容和要求，掌握资产评估委托合同的主要内容和要求，以及合同的订立、变更、终止和解除。掌握资产评估的工作原则和经济技术原则。

学习难点：资产评估程序具体执行的过程及其主要相关内容。

第一节 资产评估程序概述

一、资产评估程序的概念和内容

资产评估程序是对资产评估过程工作次序的安排。《资产评估法》和《资产评估基本准则》均对资产评估程序进行了规范。中国资产评估协会也制定了《资产评估执业准则——资产评估程序》。

《资产评估法》第四章评估程序中的第二十二条至第三十二条,对评估程序作出了规定,其中包含的内容主要有:评估机构的选择,评估委托合同的订立,评估人员的指定,评估对象的现场调查、评估资料的收集、核查验证和分析整理,评估方法的选择和评估结论的形成,评估报告的编制和内部审核,评估报告的出具,评估档案的保存以及评估报告的使用等。

《资产评估基本准则》和《资产评估执业准则——资产评估程序》规定了需要履行的八项基本评估程序:明确业务基本事项;订立业务委托合同;编制资产评估计划;进行评估现场调查;收集整理评估资料;评定估算形成结论;编制出具评估报告;整理归集评估档案。八项基本评估程序中,前三项程序是项目承接和前期组织阶段需要履行的工作,第四项至第七项程序是评估项目的实施阶段,第八项程序是评估内容的归纳和整理阶段。

本书按照《资产评估执业准则——资产评估程序》编写,资产评估程序是指执行资产评估业务所履行的系统性工作步骤。评估准则规定资产评估机构及其资产评估专业人员可以根据资产评估业务的具体情况及重要性原则确定所履行各基本程序的繁简程度,但不得随意减少资产评估基本程序。

二、资产评估程序的作用

一是,保证资产评估行为的合法性。如果评估机构和评估专业人员未按照《资产评估法》的要求,履行必要的评估程序,将可能导致违反《资产评估法》,需要承担相应的法律责任。

二是,保障资产评估业务的质量。从接受委托到出具资产评估报告,评估专业人员必须履行必要的工作步骤,才能保障评估结论的合理性,有效服务于评估目的。比如评估程序中的现场调查,如果评估专业人员未能履行或未能恰当履行现场调查程序,仅根据企业申报的资料进行评估,可能会出现评估中的资产不存在或者评估结论不合理等情况,评估质量将难以得到保障。

三是，防范评估执业风险。如果评估业务引起法律纠纷，评估机构和评估专业人员要依法承担相应的责任，法院、国务院行政管理部门、资产评估行业协会等对评估机构和评估专业人员应承担的法律责任进行认定时，一个重要的方面是看其是否履行了必要的评估程序。

第二节 资产评估的具体程序

一、明确业务基本事项

资产评估机构在受理评估业务之前，应当了解评估业务的背景、基本情况、评估目的、评估的内容等必要的信息，对项目进行风险评估，以决定是否受理该评估项目。

（一）资产评估业务基本事项的内容

根据《资产评估执业准则——资产评估程序》第八条的规定，资产评估机构受理资产评估业务前，应当明确下列资产评估业务基本事项：（1）委托人、产权持有人和委托人以外的其他资产评估报告使用人；（2）评估目的；（3）评估对象和评估范围；（4）价值类型；（5）评估基准日；（6）资产评估项目所涉及的需要批准的经济行为的审批情况；（7）资产评估报告使用范围；（8）资产评估报告提交期限及方式；（9）评估服务费及支付方式；（10）委托人、其他相关当事人与资产评估机构及其资产评估专业人员工作配合和协助等需要明确的重要事项。

（二）明确业务基本事项的具体内容及要求

1. 明确委托人、产权持有人和委托人以外的其他资产评估报告使用人

明确委托人及产权持有人的基本情况，一般包括但不限于下列内容：（1）委托人及产权持有人的全称；（2）委托人及产权持有人类型、注册地址和注册资本；（3）委托人和产权持有人所属行业、经营范围等；（4）委托人与产权持有人的关系；（5）委托人的诚信记录，是否有能力支付合理的评估费用等。

评估机构应当了解除委托人和国家法律法规规定的评估报告使用人外，是否还存在其他的评估报告使用人。如果存在，应当在适当及实际可行的情况下了解：（1）其他评估报告使用人的全称或类型；（2）其他的评估报告使用人与委托人和被评估企业或资产的关系；（3）其他评估报告使用人使用评估报告的理由及方式；（4）其他的评估报告使用人的诚信记录；（5）评估报告使用人之间是否存在利益冲突；（6）是否存在法律禁止性规定的情形等。

了解委托人与相关当事人的关系，评估机构洽谈人员应当清晰了解委托人与产权持有人、委托人与其他评估报告使用人、产权持有人与评估报告使用人之间的关系。委托人与产权持有人可能是同一主体，也可能不是同一主体，资产评估的委托人并不一定是评估对象的产权持有人，这通常关系到评估业务有关资料收集与现场调查等工作的配合程度。例如，按照国有资产评估管理法规的规定，对国有企业法人财产转让时需要由产权持有人委托评估机构，委托人与产权持有人为同一主体；国有企业收购非国有资产，如果被收购方不同时作为委托人，评估委托人与评估对象的产权持有人则不是同一主体。

2. 评估目的

资产评估目的是由引起资产评估的特定经济行为所决定的，对价值类型、评估方法、评估结论等有重要影响。评估机构洽谈人员应详细了解委托人具体的评估目的及与评估目的相关的事项，如计划实施的经济行为对评估目的的要求、经济行为是否需要有关部门的审批等，尽可能从委托人处取得经济行为文件、合同协议、商业计划书等与评估目的相关的资料。在订立委托合同约定评估目的时，应尽量细化评估目的和用途，避免使用比较笼统的词语作为评估目的。

3. 评估对象和评估范围

评估范围的界定应服从于评估对象的选择。评估对象和评估范围是一个事物的两个方面，从不同侧面对评估客体进行反映和描述：评估对象反映了评估客体的质的规定性，即评估客体的共性，评估范围则反映了评估客体的量的规定性，即具体表现形态。评估对象规定了评估价值是该特定财产权利的价值。评估范围则从另一个侧面反映了被评估资产的具体存在形态，一是资产的外在特征如种类、数量、规格等，使得被评估资产区别于评估范围之外的资产，二是资产的获得能力如生产的数量、质量和成本、费用等，这些指标为确定评估价值提供了数量基础。

评估机构应凭借对评估目的的把握和专业经验，建议委托人合理确定评估范围，并要求所委托的评估范围与评估目的相适应。为明确责任，避免日后产生纠纷，应由委托人（或经其授权被评估资产产权持有人或被评估企业）就具体评估对象所对应的评估范围明细清单进行确认。

4. 价值类型

执行资产评估业务，选择和使用价值类型，应当充分考虑评估目的、市场条件、评估对象自身条件等因素。在接受委托环节就价值类型与委托人达成一致理解，目的是让委托人认识到资产评估专业人员拟出具的评估报告是在双方已明确的评估目的下，按照何种标准体现资产价值，以利于委托人合理理解评估结论，实现评估目的。因此，评估机构洽谈人员应告知委托人拟设定哪种价值类型，它的具体定义是什么，其基于哪些可能存在的各种明显或隐含的假设及前提，为在订立资产评估委托合同时界定项目适用的价值类型做好铺垫。

5. 评估基准日

评估机构洽谈人员洽商业务时应当了解委托人选择的评估基准日,并从有效服务评估目的和满足其对报告使用要求的角度,对评估基准日的确定提供专业建议。

6. 资产评估项目所涉及的需要批准的经济行为的审批情况

如果资产评估项目所涉及的经济行为需要有关部门的审批,评估机构洽谈人员应当了解该经济行为获得批准的相关情况。获得有关部门批准的文件应当载明批件名称、批准日期及文号。

7. 评估报告的使用范围

评估报告的使用范围包括评估报告使用人、目的及用途、使用时效、报告的摘抄引用或披露等事项。评估机构洽谈人员在前期洽商时,应与委托人就评估报告的使用范围加以明确。

8. 评估报告提交期限和方式

资产评估报告提交时间受多方面因素的限制与约束,如评估工作量、委托人和相关当事人的配合力度、评估所依据和引用的专业或单项资产评估报告(专项审计报告、土地估价报告等)的出具时间等。评估机构洽谈人员应了解委托人实现评估所服务经济行为的时间计划,根据对上述限制与约束因素的预计和把握,与委托人约定提交报告的时间和方式(当面提交或邮寄),并在评估委托合同中加以明确。

9. 评估服务费及支付方式

评估机构洽谈人员根据了解的情况提出评估收费标准及报价,并与委托人就评估费用、支付时间和方式进行沟通。委托人需要了解评估机构报价确定依据和口径,除专业服务费以外,差旅及食宿费用、现场办公费用等是否也在预计数额之内以及如何负担等,应在双方达成一致后,体现在评估委托合同中。

10. 委托人、其他相关当事人、资产评估机构、资产评估专业人员工作配合和协助等其他需要明确的重要事项

评估机构洽谈人员应当根据评估业务具体情况与委托人沟通,明确委托人与资产评估专业人员工作配合和协助等其他需要明确的重要事项。包括落实资产清查申报、提供资料、配合现场及市场调查,协调与相关中介机构的对接和交流等。评估机构洽谈人员需要特别关注委托人能否对评估人员履行正当评估程序给予必要的理解、尊重和配合。当委托人不是评估对象的产权持有人时,需约定委托人协调产权持有人协助配合评估工作的责任。

二、订立业务委托合同

评估机构在决定承接评估业务之后,应当与委托人订立资产评估委托合同。

(一) 资产评估委托合同的形式

由于资产评估往往涉及重大财产权益,为明确双方当事人的权利义务,避免评估工作的纠纷,《资产评估执业准则——资产评估委托合同》规定,资产评估委托合同应当以书面形式订立。

(二) 资产评估委托合同的主要内容及要求

根据《资产评估执业准则——资产评估委托合同》,评估委托合同通常的内容及要求包括:

1. 资产评估机构和委托人的名称、住所、联系人及联系方式

委托合同应准确列明签约各方的名称、住所以及联系人、联系方式。名称(或姓名)应使用全称,不可简化或使用代号。

2. 评估目的

2017年9月修订发布的《资产评估执业准则——资产评估委托合同》里写明"资产评估委托合同载明的评估目的应当表述明确、清晰"。允许双方在合同里约定评估目的不同的一揽子评估业务。

3. 评估对象和评估范围

资产评估机构应当与委托人进行沟通,根据资产评估业务的要求和特点,在资产评估委托合同中明确表述评估对象和评估范围。

4. 评估基准日

资产评估基准日应当明确到年月日。

5. 资产评估报告使用范围

《资产评估执业准则——资产评估委托合同》修改后准则的第十条明确"使用范围包括资产评估报告使用人、用途、评估结论的使用有效期及资产评估报告的摘抄、引用或披露",并根据《资产评估法》《资产评估基本准则》具体规范了评估报告的使用责任。

6. 资产评估报告提交期限和方式

为明确评估双方的权利与义务,双方应共同协商,在委托合同中明确提交评估报告的期限。评估报告提交方式包括当面提交或邮寄方式等,双方也应协商后约定。

7. 评估服务费总额或者支付标准、支付时间及支付方式

评估服务费是评估机构为委托人提供评估服务收取的费用,实行市场调节价,由评估机构和委托人协商确定。评估服务费可以约定为服务费总额,也可以约定为支付标准。支付标准通常适用于按提供服务时间收取费用的情形。

服务费协商时主要考虑以下因素:(1)资产规模和资产分布情况;(2)评估机构拟投入的人力资源、耗费的工作时间以及不同人力资源的综合成本;(3)评估业务的难易程

度；（4）评估机构和评估专业人员可能承担的风险和责任；（5）评估机构和评估专业人员的社会信誉工作水平等。

在收费条款中，还需要约定评估服务费的支付时间。评估机构可以根据项目特征、委托人信用等因素，约定委托人一次性支付或者分期支付评估服务费。评估机构可以要求委托人按照评估服务进度，采用分期付款的方式支付评估费。由于资产评估机构及评估专业人员无法左右委托人经济行为的进程，也没有承担保证经济行为实现的义务，因此评估服务费的支付不应当与委托人经济行为是否完成相联系。

8. 资产评估机构和委托人的其他权利和义务

《资产评估执业准则——资产评估委托合同》的第十三条、第十四条、第十五条规定了应当在委托合同中约定资产评估机构和委托人的其他权利和义务。委托人应当为资产评估机构及资产评估专业人员开展资产评估业务提供必要的工作条件和协助，根据评估业务需要，负责评估机构及其评估专业人员与其他相关当事人之间的协调。规定对评估对象在评估基准日特定目的下的价值进行分析和估算并出具资产评估报告，是资产评估机构其资产评估专业人员的责任。依法提供资产评估业务需要的资料并保证资料的真实性、整性、合法性，恰当使用资产评估报告是委托人和其他相关当事人的责任，委托人或者其他相关当事人拒绝提供或者不如实提供开展评估业务所需要的相关资料的，资产评估机构有权拒绝履行资产评估委托合同。

9. 违约责任和争议解决

违约责任是指当事人一方或者双方不履行或者不适当履行委托合同，依照法律规定按照当事人的约定应当承担的法律责任。在委托合同中，除约定纠纷解决方式、地点外，也应当约定违约责任的承担条件、承担方式（如违约金、赔偿金额及其计算方法）等。

10. 合同当事人签字或者盖章的时间

资产评估委托合同的成立日期是资产评估委托人和资产评估机构双方均完成签名并盖章的日期。

在评估实务中，存在评估委托合同完成签字并盖章之前，资产评估机构已经开始提供资产评估服务的情形，如果该服务已经取得了委托人的配合及认可，该情形应视为评估委托合同在资产评估机构提供服务之时已经成立。

11. 合同当事人签字或者盖章的地点

当事人采用合同书形式订立合同的，最后签名、盖章或者按指印的地点为合同成立的地点，但是当事人另有约定的除外。订立评估委托合同时尚未明确的内容，评估委托合同签约方可以采取订立补充合同或法律允许的其他形式作出后续约定。

（三）资产评估委托合同的补充或变更

资产评估委托合同签订后，发现相关事项存在遗漏、约定不明确，或者合同履行中约定内容发生变化的，资产评估机构与委托人可以协议订立补充委托合同或者重新订立评估委托合同，或者协商一致以法律允许其他方式，如传真、电子邮件等形式，对评估委托合同的相关条款进行变更。

（四）资产评估委托合同提前终止及解除

由于人为或客观原因，可能会导致提前终止、解除资产评估委托合同的情形。

《资产评估法》的第十八条和第十九条分别赋予了资产评估机构在法定情形下可以拒绝履行或单方解除资产评估委托合同的权利。包括：

（1）委托人和其他相关当事人如果拒绝提供或者不如实提供开展资产评估业务所需的权属证明、财务会计信息或其他相关资料的，资产评估机构有权拒绝履行资产评估委托合同。

（2）委托人要求出具虚假资产评估报告或者有其他非法干预评估结论情形的，资产评估机构有权单方解除合同。

除此之外，还存在非资产评估机构及其评估专业人员原因，导致资产评估委托合同解除的其他情形：

（1）委托人提前终止资产评估业务、解除资产评估委托合同。

（2）因委托人或其他相关当事人原因导致资产评估程序受限，资产评估机构无法履行资产评估委托合同，在相关限制无法排除时资产评估机构单方解除资产评估委托合同。

对上述因法定情由提前终止和解除资产评估委托合同的情形，以及其他非资产评估机构及其评估专业人员原因导致资产评估委托合同解除的情形，资产评估机构可以依据法律规定和相关资产评估准则要求，在洽商、订立资产评估委托合同时与委托人约定：当法定或特定的资产评估委托合同提前终止、解除的情形发生时，由委托人按照已经开展资产评估业务的时间、进度，或者已经完成的工作量支付相应的评估服务费。

三、编制资产评估计划

资产评估计划是评估机构和评估专业人员为执行资产评估业务所拟定的资产评估工作思路和实施方案。资产评估计划通常包括评估业务实施的主要过程及时间进度、人员安排等内容。

（一）资产评估计划编制的总体要求

《资产评估执业准则——资产评估程序》规定，资产评估专业人员应当根据资产评估业务具体情况编制资产评估计划，并合理确定资产评估计划的繁简程度。具体包括评估目的、评估基准日、评估对象的资产规模和资产分布特点、评估报告提交期限等。对于复杂、庞大的资产评估项目，需要编制详尽的评估计划，尽可能考虑各种不确定性因素；简单的资产评估项目，评估过程比较简单，资产评估计划可以相应进行简化。

（二）编制资产评估计划需考虑的主要因素

资产评估专业人员在编制资产评估计划的过程中，应当同委托人及相关当事人就相关问题进行沟通，以保证资产评估计划的可操作性。编制资产评估计划时，应当考虑以下因素：(1) 资产评估目的以及相关管理部门对资产评估开展过程中的管理规定。(2) 评估业务风险、评估项目的规模和复杂程度。(3) 评估对象及其法律、经济、技术、物理等因素。(4) 评估项目所涉及资产的结构、类别、数量及分布状况。(5) 委托人及相关当事人的配合程度。(6) 相关资料收集状况。(7) 委托人、评估对象产权持有人（或被评估单位）过去委托资产评估的情况、诚信状况及其提供资料的可靠性、完整性和相关性。(8) 资产评估专业人员的专业能力、经验及人员配备情况。(9) 与其他中介机构的合作、配合情况。

（三）资产评估计划的主要内容

资产评估计划一般包括资产评估业务实施的主要过程、时间进度、人员安排等内容。

1. 资产评估业务实施的主要过程

资产评估计划应当涵盖现场调查、收集评估资料、评定估算、编制和提交资产评估报告等资产评估业务实施的主要过程。

编制资产评估计划时首先确定各主要过程的具体步骤，需考虑以下因素：(1) 评估项目的背景和相关条件，包括评估目的、评估对象和评估范围、价值类型、评估基准日、本次评估操作的重点和难点、参与本项目的其他中介机构等。(2) 采用的评估方法。(3) 资产清查的工作重点及具体要求，如现场调查工作目标、现场调查工作总体时间安排、现场调查主要工作内容、现场调查的协调方式等内容。(4) 与参与本项目的审计、律师等其他中介机构的对接安排及注意事项等。

2. 资产评估业务实施的时间进度安排

资产评估专业人员编制资产评估计划时，应当结合评估报告的提交期限、评估业务主要过程的具体步骤、业务实施的重点和难点等来制订评估业务实施的进度安排。

3. 资产评估业务实施的人员安排

资产评估专业人员编制评估计划时，应当根据评估项目的资产规模、资产分布、资产专业结构、业务风险因素以及业务实施的时间安排、费用预算等，综合考虑评估业务实施对评估专业人员的工作经验、技术水平、专业分工、人员数量等配置要求，组建项目团队。

(四) 资产评估计划的调整

如果原编制的评估计划不能适应项目要求，资产评估机构应当对评估计划进行必要的调整。

导致评估计划调整的原因通常为两大类：一类是评估工作本身遇到了障碍，出现了在编制评估计划时没有预料到的操作层面或者技术层面的情况，造成评估工作未能按照原计划推进，需要调整评估计划。另一类通常是由于委托人经济行为涉及的评估对象、评估范围、评估基准日发生变化而导致的评估计划的调整。遇到需要调整评估计划的情况时，资产评估专业人员应尽快与委托人、其他相关当事人进行沟通，根据已确定的方案及时调整评估计划。调整计划要兼顾评估效率和工作质量的原则，充分利用已有的工作成果，将评估计划调整导致的成本降低到最低水平。

四、进行评估现场调查

(一) 现场调查的目的

现场调查是了解资产状况的重要方法。资产状况包括资产的存在性、存在状态及法律权属。存在性是指资产是否真实存在，存在状态是资产以何种条件和状态存在，法律权属是指评估对象的所有权和与所有权有关的其他财产权利状况。

现场调查针对评估对象，在法律允许的范围内，由评估专业人员通过勘查、询问、核对等手段，收集资产状况相关的信息，对影响资产价值的物理、技术、法律、经济等因素进行客观、全面的了解，为判断资产整体状况、估算资产价值提供合理依据。

(二) 现场调查的内容

现场调查主要包括了解评估对象的现状和评估对象的法律权属两项内容。

1. 了解评估对象现状

(1) 核实评估对象的存在性和完整性。对于存货、动产、不动产等实物资产，评估专业人员可通过实地查看、核查合同、盘点、函证等方式核实其存在性；对于知识产权类无形资产，可通过核查权属文件、申请登记材料、技术文件、第三方证明文件等核实其存在性；对于应收款、股权或其他经济权益，可通过核查会计记录、公司章程、权益证明、股权转让协议函证等方式核实其存在性。

评估对象的完整性要求评估对象符合相关经济行为对资产范围的要求，能够有效实现其预定功能。评估专业人员核实资产的完整性时，既要关注资产物理意义上的完整性，也要关注资产功能上的完整性。

(2) 了解评估对象的现实状况。对于不同的资产，资产价值的影响因素也有所不同，因此，评估专业人员要根据评估对象的类型和特点，判断资产价值的影响因素，进而确定资产状况的现场调查内容。对于整体企业，现场调查通常应该包括：企业的历史沿革、主要股东及其持股比例主要的产权和经营管理结构；企业的业务、资产、财务、经营管理状况；企业的经营计划、发展规划；影响企业经营的宏观、区域经济因素；企业所在行业现状与发展前景等。对于房屋建筑物，现场调查通常应了解取得方式、建筑物结构、建成时间、地址、用途、建筑面积、长度、宽度、层高、层数等；对于机器设备，现场调查通常应了解设备名称、生产厂家、规格型号、安装地点、规定使用年限、购置日期、启用日期、已经使用年限、设备使用状况、设备维修情况等；对于存货，现场调查通常应了解名称及规格型号、计量单位、存放地点、数量、单价等；对于应收账款等债权债务，现场调查通常应了解债权债务人名称、业务内容、发生日期、履约及回收情况等。

2. 关注评估对象的法律权属

资产的法律权属，包括所有权、使用权及其他财产权利。从某种意义上讲，对资产的评估也就是对资产权利的评估。

资产的权属状态会影响资产的价值，资产的权属状态不同，资产的价值通常也不相同。评估专业人员在现场调查时，应当取得评估对象的权属证明，并根据资产评估法的规定，对取得的权属证明进行核查验证。评估专业人员应当针对不同类别的评估对象，取得相应的有效的权属证明文件。对于不动产、专利权、商标权、著作权、矿业权、车辆等实行产权登记制度的资产，其权属证明就是相应的产权登记文件，比如不动产权证书、专利权证、著作权登记证书、采矿许可证、勘探许可证、机动车登记证书等；对于机器设备、存货等资产，其权属证明主要包括购置合同、购置发票、付款证明、出库入库记录等；对于企业价值评估涉及的股东全部权益和股东部分权益，其权属证明主要包括公司章程、工商登记材料、股东登记名册、出资证明、出资协议等，涉及国有资产的，还包括国有资产产权登记证。

（三）现场调查的手段

根据《资产评估执业准则——资产评估程序》第十二条的规定，现场调查手段通常包括询问、访谈、核对、监盘、勘查等。

询问是指资产评估专业人员在阅读、分析评估申报资料的基础上，向评估对象的管理、使用、采购、营销等相关人员提问，以了解资产规模、来源、使用现状、未来利用方式等基本情况，或者企业经营状况、历史经营业绩、行业地位、未来发展规划等企业整体相关信息。

访谈是资产评估专业人员通过对特定人员或者相关人员的访问并交谈，从被访对象的答复中获取相关评估信息的调查方法。可以面对面交流，也可以通过电话等工具进行，可以个别访谈，也可以团体访谈。访谈更有助于资产评估专业人员及时获得全面、综合性的信息，做出合理的判断。

核对是资产评估专业人员对书面资料的相关记录、书面资料的记录与相关实物进行审核查对，以查证其是否相符的调查手段。

监盘即资产评估专业人员通过现场监督企业对现金、存货等资产的清点核对工作，判断盘点结果能否反映实际状况，并根据盘点结果对资产的数量、质量、金额等作出恰当的判断。

勘查主要是指对实物资产的数量、质量、分布、运行和利用情况（经营情况）等做的实地调查或查看，对相关技术检测结果的收集、观察，对其运行记录和定期专业报告的收集和分析等工作。在评估实务中，对特殊资产实施勘查，可以聘请行业专家开展工作，但应当采取必要措施确信专家工作的合理性。

（四）现场调查的方式

资产评估专业人员对评估对象进行现场调查时，采用的调查方式包括逐项调查和抽样调查。

1. 逐项调查

逐项调查是指对纳入评估范围的所有资产及负债进行逐项核实，并进行相应的勘查和法律权属资料核实。当存在下列情形之一时，资产评估专业人员应当考虑进行逐项调查：（1）评估范围内资产数量少、单项资产的价值量大，比如不动产评估项目。（2）资产存在管理不善等风险，产权持有人或被评估单位提供的相关资料无法反映资产的实际状况，并且从其他途径也无法获取充分、恰当的评估证据。

2. 抽样调查

抽样调查是指按一定程序从研究对象的全体（总体）中抽取一部分单位（样本）进行调查或观察获取数据，并以此对总体的一定目标量作出推断。抽样调查的基本方法包括简单随机抽样、分层抽样、系统抽样、整群抽样、不等概率抽样、多阶段抽样、重点抽样等。

对于无法或不宜对评估范围内所有资产、负债等有关内容进行逐项调查的，如资产项数庞大、同质性强，可以采用抽样调查方式进行现场调查。重点项目抽样是对纳入评估围内的资产及负债，遵循重要性原则，对价值量大的、关键或重要的资产进行调查。

（五）现场调查工作受限及其处理

在评估实务中，经常会遇到因客观原因无法正常进行现场调查的情形。这时，资产评估专业人员应当在不违背资产评估准则基本要求前提下，采取必要的替代程序，并保证程序和方法的合理性。

1. 现场调查受限的情形

现场调查受限的原因主要来自法律法规、资产特殊性能或其置放地点、调查技术手段和相关当事人等方面的限制,导致资产评估专业人员无法正常开展现场调查工作。资产自身原因导致的现场调查受限,是指由于资产本身的特征、存放地点、法律限制等导致评估专业人员无法采用常规的调查技术手段对资产的数量、品质等进行实地勘查的情形。因资产自身原因无法进行勘查的情形通常有:

(1) 受法律法规限制的情形。军工企业等涉及国家秘密的资产,因《中华人民共和国保守国家秘密法》等涉密管理法律法规的要求,可能会对评估开展现场调查的人员,以及能够调查的范围、内容和方式等存在限制。

(2) 受资产特殊性能或其置放地点限制的情形。地下深埋的管线、养殖的水产、海上航行的船舶、生产过程中的在产品、异地置放的资产、分散分布的资产、置放在危险地带的资产等,属于此类受限情形。

(3) 受调查技术手段限制的情形。空中架设输配电线路的长度和材质、输油管道中的存货、鉴定环境危害性和合规性、建筑结构强度测定、建筑面积测量、房屋建筑物沉降测试、白蚁蚁害检测、危房鉴定等事项,属于此类受限情形。

(4) 受委托人或者其他相关当事人等方面限制的情形。此类受限情形通常是由于相关当事人不配合导致资产评估专业人员不能进入现场工作,或者不提供进行现场调查所需要的资料等。

2. 现场调查工作受限的处理

当现场调查工作受限时,资产评估专业人员应当从对评估结论的影响程度和替代程序两个角度,判断是否继续执行或终止评估业务。

如果无法采取替代程序对评估对象进行现场调查,或者即使履行替代程序,也无法消除原定程序受限对评估结论产生重大影响的事实,或者无法判断其影响程度,评估机构应当终止执行评估业务。如果通过实施替代程序之后,受限事项并不会对评估结论产生重大影响,评估机构可以继续执行评估业务,但是资产评估专业人员应当在工作底稿中予以说明,分析其对评估结论的影响程度。并在资产评估报告中说明所受限制情况、所采取的替代程序及其对评估结论合理性的影响。

五、收集整理评估资料

收集评估资料是指资产评估专业人员根据评估项目的具体情况收集评定估算所需要的相关资料的过程。

(一) 评估资料及其分类

1. 评估资料的概念

评估资料是指资产评估专业人员在执行资产评估业务时可以通过合法途径获得并使用

的有关文件、证明和资料。

2. 评估资料的分类

根据评估资料的内容划分，评估资料可划分为：权属证明、财务会计信息和其他评估资料。权属证明资料是指资产的法律权属凭证、权威部门出具的权属证明资料以及能够间接证明资产归属的其他资料。财务会计信息是指财务报表及附注、会计凭证、会计账簿及其他财务会计资料。其他评估资料包括询价资料、交易案例、检查记录、鉴定报告、行业资讯、专业报告等。

根据评估资料的来源划分，评估资料可划分为：直接从市场等渠道独立获取的资料；从委托人和产权持有人等相关当事人处获取的资料；从政府部门、司法机关及各类专业机构和其他组织获取的资料。

（二）评估资料核查验证的一般要求

1. 核查验证的概念

评估资料的核查验证，是指资产评估专业人员依法对资产评估活动中所使用资料的真实性、准确性和完整性，采取适当的方式进行必要的、审慎的核查审验，从中筛选出作为评估依据的资料，以保证评估结果的合理性。

《资产评估法》第二十五条要求评估人员"收集权属证明、财务会计信息和其他资料并进行核查验证"，第十三条规定评估人员应当履行的义务中包括"对评估活动中使用的有关文件、证明和资料的真实性、准确性、完整性进行核查和验证"。

《资产评估基本准则》第十条规定"资产评估专业人员应当依法对资产评估活动中使用的资料进行核查和验证"。《资产评估执业准则——资产评估程序》还在此基础上对核查验证的方式，以及超出资产评估专业人员专业能力范畴的核查验证事项和因法律法规规定、客观条件限制无法实施核查验证的事项的处理进行了规范。

2. 核查验证的常用方式

根据《资产评估执业准则——资产评估程序》第十五条规定，对评估资料进行核查验证的方式通常包括观察、询问、书面审查、实地调查、查询、函证、复核等。

（1）评估专业人员采用观察方式进行核查验证，应当关注观察方式的有效性和充分性。对重要的观察事项，应当记录观察对象、观察时间、观察地点、观察人员和观察结果，并对观察到的现象与核查验证对象是否一致发表明确意见。

（2）评估专业人员采用询问方式进行核查验证，应当形成询问记录，并要求询问人和被询问人对询问记录采用签字或者盖章等方式予以确认，被询问人拒绝签字或者拒绝以其他方式确认的，评估专业人员应当在书面记录中注明。

（3）评估专业人员采用书面审查方式进行核查验证，应当分析相关书面信息来源的可靠性，并通过核对原件等方式对书面信息的准确性和完整性进行核查，同时要求提供方在原件复印件上盖章。

（4）评估专业人员采用实地调查方式进行核查验证，应当将实地调查情况形成书面记录，由相关当事人签字。如果实地调查涉及的单位为企业法人，需要根据调查事项的重要性和相关性判断是否需要单位盖章确认。当事人拒绝签字或者盖章的，评估专业人员在书面记录中注明。

（5）评估专业人员采用查询方式进行核查验证，应当查询公告、网页或者其他载体相关信息，并就查询的信息内容、时间、地点、载体等有关事项形成查询记录。

（6）评估专业人员采用函证方式进行核查验证，可以采用邮寄、快递、跟函、电子形式函证（包括传真、电子邮件、直接访问网站等）等方式发出和收回。信件回执、查询信函底稿和对方回函应当由经办资产评估专业人员签字。被询证者以传真、电子邮件等方式回函的，可以要求被询证者寄回询证函原件。被询证人未签署回执、未予签收或者在函证规定的期限内未回复的，由经办的评估专业人员对相关情况做出书面说明。

（7）评估专业人员采用复核方式进行核查验证，应当结合核查验证对象的特点，采取验算、校对等具体措施判断核查验证对象的真实性、准确性和完整性。对于重要的复核事项，应当记录复核过程、采取的措施、复核依据和复核结果，并由复核人员进行签字确认。

3. 核查验证受限及处理方式

（1）如果计划采用的核查验证实施方式无法执行，资产评估专业人员应当对该具体事项进行评判，确定是否需要采取其他替代措施完成核查验证工作。

（2）对超出资产评估专业人员胜任能力的核查验证事项，资产评估机构可以委托或者要求委托人委托相关专业机构出具专业意见，具体参照《资产评估执业准则——利用专家工作及相关报告》。

（3）对于因法律法规规定、客观条件限制无法实施核查和验证的事项，资产评估专业人员应当在工作底稿中予以说明，分析其对评估结论的影响程度，确信不足以对评估结论产生重大影响的前提下，在资产评估报告中予以披露。如果无法核查验证事项对评估结论产生重大影响或者无法判断其影响程度，评估机构不得出具资产评估报告。

（三）主要评估资料及其核查验证

1. 法律法规资料

资产评估专业人员收集的与被评估业务相关的法律、行政法规、部门规章和规范性文件等材料分别由立法机关、政府及相关部门颁布，具有权威性，符合规定适用条件的可以在评估中直接使用。

2. 权属证明资料

资产类别不同，权属证明不同，核查验证适用的方法也不同。例如：投资性股权、债权的权属证明，可以通过书面审查、查询工商档案、查询股东登记名册等方式进行核查验证；对于专利技术资产的产权证明文件，如技术购买合同、技术开发协议、专利证书、专利申请文件等，可以通过书面审查以及通过国家知识产权局网站查询核实专利的产权状态等信息进行核查验证；对于银行存款，可以通过复核银行对账单、向银行函证等方式进行核查验证。

3. 财务会计资料

财务会计资料通常由委托人及其他相关当事人提供。

（1）采用询问、书面审查、复核等方式对已经审计的财务报表及其附注进行核查，应当了解出具审计报告的会计师事务所的执业资质和独立性。

（2）采用询问、书面审查以及复核等方式对未经审计的财务资料进行核查，应当对财务报表变动趋势、财务指标构成比例进行分析，将财务报表各项目的数据与有关的账簿进行核对。根据重要性原则采用抽样方法对相关会计凭证进行查阅，结合对评估对象的调查结论或者其他文件、证明和资料的核查验证结论检查财务数据的一致性。

（3）采用实地调查、书面审查等方式对现金、票据以及实物性资产等涉及的各类资料进行核查，应当将相关调查或者审查情况形成书面记录，由参与的资产评估专业人员、被评估单位的相关人员签字确认。

（4）采用函证方式对银行存款、异地存货、往来账款、交易性金融资产等涉及的各类资料进行核查的，对利用第三方机构询证函结果的，应当记录取得第三方机构函证结果的过程、分析该函证行为的目的、核实函证基准日、了解第三方机构对函证的控制措施等。无法获取上述信息的，应当实施替代程序并获取相关证据，对该函证结果的可靠性进行分析判断。

4. 专业报告、单项资产评估报告

（1）专业报告。资产评估机构及其评估专业人员利用的专业报告通常包括：公开发表的相关专业报告；已经正式出具的相关专业报告；专门聘请专业机构完成的相应专业报告。资产评估机构聘请专业机构出具专业报告，必要时应当征得委托人同意。

资产评估专业人员采用询问、书面审查以及复核等方式对其他专业机构提供的专业报告进行核查，应当了解专业机构的业务范围、执业资质以及独立性，检查专业报告出具的时效性，分析是否满足资产评估业务的需要。

根据《资产评估执业准则——利用专家工作及相关报告》，评估专业人员利用专业机构出具的专业报告还应当关注其披露的、对专业报告结论存在重大影响的事项；将所利用的专业报告作为工作底稿，必要时将其作为资产评估报告附件。

（2）单项资产评估报告。引用单项资产评估报告是指资产评估机构根据法律、行政法规等要求，引用其他评估机构出具的单项资产评估报告，作为资产评估报告的组成部分。评估专业人员引用单项资产评估报告应当与委托人事先约定，获取正式出具的单项资产评估报告。

资产评估专业人员采用询问、书面审查以及复核等方式对拟引用的由其他专业机构出具的单项资产评估报告进行核查,应当了解专业机构的业务范围、执业资质以及独立性,检查引用的单项资产评估报告出具的时效性,分析是否满足资产评估业务的需要。

5. 其他资料

(1) 宏观经济资料、区域经济资料、行业现状和发展前景资料。来自政府部门、行业协会的,应当从有关权威发布平台取得,一般可以视为具有权威性,可以直接引用,但应当关注该类资料的时效性。

(2) 来自市场的有关资料。直接从上市公司年报获取的数据资料,由于该数据资料已经经过注册会计师审计,资产评估专业人员在进行必要分析调整后可以直接采用。来自不同资讯网站的数据或者研究成果,资产评估专业人员可以结合网站的知名度和权威性综合判断获取的数据或者研究成果的可靠性。对于询价资料、交易案例等资料,资产评估专业人员采用查询、查阅、核对方式进行核查,应当将通过文献查阅以及查询相关网址信息等获取的结论形成书面记录。

(3) 涉及诉讼、仲裁、担保的资料。资产评估专业人员采用书面审查、查询、复核等方式对被评估单位涉及诉讼仲裁和对外担保的材料的资料进行核查,应当查阅被评估单位出具的有关诉讼、仲裁事项声明书,对外担保事项声明以及担保合同、协议,并与公司或者网站披露的信息进行核对,以了解被评估单位诉讼、仲裁和担保事项发生的背景、涉及的金额以及可能对评估结论产生的影响。

六、评定估算形成结论

资产评估专业人员在收集整理评估资料的基础上,进行评定估算形成结论。该程序主要包括恰当选择评估方法、形成初步评估结论、综合分析确定资产评估结论等具体工作。

(一) 评估方法的选择

资产评估方法主要包括收益法、市场法和成本法三种基本方法及其衍生方法,资产评估专业人员应当根据评估目的和价值类型、评估对象、评估方法的适用条件、评估方法应用所依据数据的质量和数量等影响评估方法选择的因素恰当选择评估方法。

(二) 评定估算形成结论

在选定评估方法之后,资产评估专业人员还需要合理选择技术参数,应用评估模型等,形成初步评估结论。资产评估专业人员应当对形成的初步评估结论进行分析,判断采用该种评估方法形成的评估结论的合理性。当采用两种以上评估方法时,资产评估专业人员应当对采用各种方法评估形成的初步结论进行分析比较，对所使用评估资料、数据、参数的数量和质量等进行分析，在此基础上，分析不同方法评估结论的合理性以及不同方法评估结论差异的原因，综合考虑评估目的、价值类型、评估对象现实状况等因素，最终形成合理的评估结论。

七、编制出具评估报告

资产评估专业人员在履行评定估算程序后，应当编制初步资产评估报告，并进行内部审核；出具资产评估报告前，在不影响对评估结论进行独立判断的前提下，可以与委托人或者委托人同意的其他相关当事人就评估报告有关内容进行沟通；最终出具、提交正式资产评估报告。

《资产评估执业准则——资产评估报告》《企业国有资产评估报告指南》《金融企业国有资产评估报告指南》对相关资产评估报告的内容和编制有具体的规范要求。

（一）资产评估报告的审核

资产评估专业人员完成初步评估报告编制后，资产评估机构应当根据相关法律、行政法规、资产评估准则的规定和评估机构内部质量控制制度，对资产评估报告进行必要的审核。

1. 评估报告审核的形式与要求

（1）审核的形式。按照审核人员是否到达现场，审核分为非现场审核及现场审核。按照审核人员与项目团队的关系，审核又分为项目团队内部的审核及项目团队之外的独立审核；根据评估机构的审核制度和审核岗位安排，项目团队之外的审核人员可以是专职的质控部门（或岗位）的审核人员，也可以是项目团队之外的具有相应审核能力和经验的其他评估专业人员。

（2）审核的级次。目前资产评估准则并未对审核级次做出具体的规定，评估机构可以根据评估机构的项目管理要求和质量控制制度确定其内部审核的级次。实践中，评估机构通常采用多种层次和形式的制度安排，具体项目适用的审核级次会结合项目类型、规模、复杂程度、监管要求和风险水平等因素有所区别。有的实行两级审核制度，有的实行三级审核制度。总体而言，评估机构的质量审核体系应当包括项目团队内部相关层级的审核以及质量控制部门（岗位）等独立于项目团队之外的审核，必要时，也可引入外部审核资源。

（3）对项目审核人员的要求及其职责。项目审核人员应当符合的要求：具备履行职责的技术专长；具备审核业务所需要的经验和权限；保证审核工作的客观性。

项目审核人员承担的职责为：审核评估程序执行情况；审核拟出具的资产评估报告；

审核工作底稿；综合评价项目风险，提出出具资产评估报告的明确意见。

2. 对资产评估报告审核的主要内容

（1）评估程序的履行情况。

（2）评估资料的完整性、客观性和适时性。

（3）评估方法、评估技术思路的合理性。

（4）评估目的、价值类型、评估假设、评估参数以及评估结论在性质和逻辑上的一致性。

（5）计算公式及计算过程的正确性。

（6）技术参数选取的合理性。

（7）计算表格之间链接关系的正确性。

（8）采用多种方法进行评估时，对各种评估方法所依据的假设、前提、数据、参数进行审核，并对不同评估方法结论的合理性以及差异合理性进行审核。

（9）最终评估结论的合理性。

（10）评估报告的合规性。

3. 项目团队层级审核的主要内容

（1）被评估资产自身的状况是否进行了必要的了解，对评估风险是否有正确的评价。

（2）评估程序是否按计划要求进行。

（3）原始资料及收集的评估资料是否满足评估要求，是否由资料提供方以盖章等方式确认。

（4）评估调查过程是否记录在工作底稿中。

（5）评估依据是否充分。

（6）评估方式的选择及运用是否正确。

（7）评估模型应用、数据勾稽关系是否正确。

（8）评估报告的格式、内容是否符合规定要求。

（9）评估结论是否合理，表格与报告的相关数据和信息是否一致。

（10）重大问题是否按规定进行请示汇报和处理，重大问题的处理结果是否合理。

（11）各项内容是否完整，有无遗漏、缺陷事项。

4. 质量控制部门（岗位）等审核的主要内容

（1）评估程序是否完整履行，是否形成了相应的工作底稿。

（2）整体报告的内容及格式是否符合相关法规及评估准则的规定。

（3）评估目的、价值类型、评估假设、评估方法、评估结论是否逻辑一致。

（4）重大问题的处理是否适当。

（5）评估结论是否有合理的依据支持，影响评估结果的特别事项是否完整披露。

（6）对于外部审核的意见答复和报告修改是否合理有据。

(二) 与委托人或者相关当事人沟通

《资产评估执业准则——资产评估程序》第二十四条规定，资产评估机构出具资产评估报告前，在不影响对评估结论进行独立判断的前提下，可以与委托人或者委托人同意的其他相关当事人就资产评估报告有关内容进行沟通，对沟通情况进行独立分析，并决定是否对资产评估报告进行调整。

1. 沟通的作用

资产评估机构及评估专业人员与委托人或者相关当事人进行必要的沟通，既有助于了解委托人或者相关当事人对评估结论的反馈意见，也有助于委托人或者相关当事人合理解读评估结论，正确使用评估报告。

2. 沟通的时间

通常在评估报告由评估机构内部审核后，项目团队可以安排相关沟通工作。

3. 沟通的主要内容

与委托人或者委托人许可的相关当事人沟通的内容包括但不限于：（1）是否存在与评估对象实际情况不一致的情况；（2）是否履行了评估委托合同约定的内容；（3）评估方法的适用性，参数选取的合理性，模型计算的正确性，评估目的、评价类型和评估方法的匹配性等；（4）评估报告披露信息的正确性和恰当性。

4. 沟通后的调整

沟通如导致评估专业人员修改评估结论或者评估报告，需要详细说明理由，并履行必要的内部审核程序。

5. 沟通时应注意及禁止的事项

资产评估机构及评估专业人员与委托人或者委托人许可的相关当事人就评估报告的内容所进行的沟通，应在不影响其对最终评估结论进行独立判断的前提下进行。

资产评估机构和评估专业人员保证其独立性的措施通常包括：（1）在沟通时，评估专业人员需要表明：目前沟通的意见为初步结果，最终资产评估报告完成后，内容与结果可能会发生变化；建议沟通的信息仅为委托人内部使用，初稿不能对外公布或者披露。（2）在沟通过程中，如果发现差错或者疏漏，评估专业人员可以同意对相关内行查证、核实。（3）对沟通内容形成必要的记录。

(三) 提交评估报告

评估机构应当以资产评估委托合同约定的方式向委托人提交正式资产评估报告。

八、整理归集评估档案

资产评估档案整理归集工作，是指评估机构建立评估档案并进行收集、整理、保管和提供利用等活动。评估档案归集是《资产评估法》和资产评估准则规定的资产评估必备程序。

(一) 评估档案整理归集的范围

按照评估程序的阶段划分，整理归集阶段是评估业务前两个阶段——准备阶段、实施阶段形成的工作底稿、评估报告和其他相关资料，按照相关规定进行收集、整理工作。

1. 资产评估准备阶段应归入评估档案的文件材料

准备阶段包括明确业务基本事项、订立业务委托合同、编制资产评估计划等三个程序，所形成的文件资料主要是对应的管理类工作底稿。

2. 资产评估实施阶段应归入评估档案的文件材料

实施阶段包括评估现场调查、收集整理评估资料、评定估算形成结论、编制评估报告四个程序，所形成的文件资料主要是与之对应的管理类工作底稿和操作性工作底稿、评估报告和其他相关资料。

(二) 评估档案整理归集的要求

评估机构应当按照《资产评估法》和《资产评估执业准则——资产评估档案》的规定建立健全资产评估档案管理制度。资产评估档案应当由本机构的档案管理部门集中统一管理，不得由原制作人单独分散保存。

1. 实行评估档案整理归集责任制

根据《资产评估机构业务质量控制指南》，评估项目负责人应当组织整理归集评估档案。

2. 评估档案的介质要求

资产评估委托合同、资产评估报告应当形成纸质文档。评估明细表、评估说明可采用纸质文档、电子文档或者其他介质形式的文档。资产评估机构及其资产评估专业人员根据资产评估业务具体情况和工作底稿的特性，谨慎选择工作底稿的介质，同时以纸质和其他介质形式保存的文档，其内容应当相互匹配，不一致的以纸质为准。

3. 移交评估档案的时间要求

资产评估专业人员通常应当在资产评估报告日后90日内将工作底稿、资产评估报告及其他相关资料归集形成资产评估档案，并在归档目录中注明文档介质形式。重大特殊项目的归档时限为评估结论使用有效期届满后30日内，资产评估机构可以在制度中规定适用的项目标准。

第三节 资产评估的原则

资产评估原则是调节资产评估委托者、评估业务承担承当者以及资产业务有关权益各方在资产评估中的相互关系,规范评估行为和业务的准则。具体包括资产评估工作原则和资产评估经济技术原则两个方面。

一、资产评估工作原则

资产评估工作的性质决定了资产评估机构及其资产评估师在执业过程中应坚持独立、客观公正和专业服务等工作原则:一方面,资产评估机构及其资产评估专业人员以专业知识和技能为社会提供资产评估服务,需要从专业和职业道德角度规范其从业行为,保障委托人的合法权益、保护公共利益。另一方面,有利于资产评估机构及其资产评估专业人员维护专业形象,赢得社会信任,促进资产评估行业健康可持续发展。

(一)独立性原则

资产评估中的独立性原则包含两层含义:一是,评估机构本身应该是一个独立的、不依附于他人的社会公正性中介组织(法人),在利益及利害关系上与资产业务各当事人没有任何联系。二是,评估机构及其评估人员在执业过程中应始终坚持独立的第三者地位,评估工作不受委托人及外界的意图及压力的影响,进行独立公正的评估。

(二)客观公正性原则

客观公正性原则要求资产评估工作实事求是,尊重客观实际。资产评估机构及其评估人员在评估工作中必须以实际材料为基础,以确凿的事实和事物发展的内在规律为依据,以求实的态度为指针,实事求是地得出评估结果,而不可以以自己的好恶或其他个人的情感进行评估。资产评估结果是评估人员认真调查研究,通过合乎逻辑的分析、推理得出的具有客观公正性的评估结论。

(三)科学性原则

科学性原则要求资产评估机构和评估人员必须遵循科学的评估标准,以科学的态度制订评估方案,并采用科学的评估方法进行资产评估。在整个评估工作中必须把主观评价与客观测算、静态分析与动态分析、定性分析与定量分析有机结合起来,使评估工作做到科学合理、真实可信。

(四)专业性原则

专业性原则要求评估机构必须是提供资产评估服务的专业技术机构。资产评估机构必须拥有一支由各方面专家组成的资产评估专业队伍。他们应当具有良好的教育背景、专业知识和丰富经验,这是确保资产评估方法正确、评估结果公正的技术基础。

(五) 可行性原则

根据评估对象的特点和性质以及当时所具备的条件，制定切实可行的评估方案并采用合适的评估方法进行评估，同时使得评估程序可以科学合理地节约人力物力和财力，提高评估的效率。

二、资产评估经济技术原则

资产评估中的经济技术原则，是指在资产评估执业过程中的一些技术规范和业务准则。它们为评估人员在执业过程中的专业判断提供技术依据和保证。这些技术原则主要包括：

(一) 预期收益原则

预期收益原则是以技术原则的形式概括资产及其资产价值最基本的决定因素。资产之所以有价值是因为能够为其拥有者或控制者带来未来经济利益，资产价值的高低不在于过去的生产成本或销售价格，而主要取决于它能够为其所有者或控制者带来的预期收益量的多少。预期收益原则是评估人员判断资产价值的一个最基本的依据。

(二) 供求原则

供求原则是经济学中关于供求关系影响商品价格原理的概括。假定在其他条件不变的前提下，商品的价格随着需求的增长而上升，随着供给的增加而下降。尽管商品价格随供求变化并不成固定比例变化，但变化的方向都具有规律性。供求规律对商品价格所形成的作用力同样适用于资产价值的评估，评估人员在判断资产价值时也应充分考虑和依据供求原则。

由于均衡价格是需求和供给共同作用的结果，在均衡价格中，生产费用和效用是影响价格的两个均等因素，因此，资产评估既需要考虑资产的购建成本，又需要考虑资产的效用。

(三) 贡献原则

根据经济学边际收益原理，各生产要素价值的大小可依据其对总收益的贡献来衡量。从一定意义上来讲，贡献原则是预期收益原则在某种情况下的具体应用原则。贡献原则主要适用于构成某个整体资产的各组成要素资产的评估，它要求要素资产价值的高低要由该要素资产对整体资产的贡献来决定，或者是由当整体资产缺少该项要素资产将蒙受的损失来决定。即主要适用于：确定构成整体资产的各组成要素资产的贡献；当整体资产缺少该要素资产将蒙受的损失。

（四）替代原则

替代原则是指价格最低的同质商品对其他同质商品具有替代性，即相同效能的资产，最低价格的资产需求最大。作为一种市场规律，在同一市场上，具有相同使用价值和质量的商品，应有大致相同的交换价值。如果具有相同使用价值和质量的商品具有不同的交换价值或价格，买者会选择价格较低者。当然，作为卖者，如果可以将商品卖到更高的价格水平上，他会在较高的价位上出售商品。在资产评估中确实存在着评估数据、评估方法等的合理替代问题，正确运用替代原则是资产评估公平性的重要保证。

（五）最高最佳利用原则

所谓最高最佳利用，是指法律上允许、技术上可能、经济上可行，经过充分合理的论证，使估价对象的价值最大的一种利用。该原则依据价值理论原理，强调商品在交换时，应以最佳用途及利用方式实现其价值。由于资产的使用会受到市场条件的制约，因此最高最佳用途的确定一般需要考虑以下几个因素：

（1）确定该用途法律上是否许可，必须考虑该项资产使用的法律限制。
（2）确定该用途技术上是否可能，必须是市场参与者认为合理的用途。
（3）确定该用途财务上是否可行，必须考虑在法律上允许且技术上可能的情况下，使用该资产能否产生足够的收益或现金流量，从而在补偿使资产用于该用途所发生的成本后，仍然能够满足市场参与者所要求的投资回报。

（六）评估时点原则

市场是不断变化的，资产的价值会随着市场条件的变化而不断改变。为了使资产评估得以操作，同时又能保证资产评估结果可以被市场检验，在进行资产评估时，必须假定市场条件固定在某一时点，这一时点就是评估基准日，或称估价日期。它为资产评估提供了一个时间基准。资产评估的评估时点原则要求资产评估必须有评估基准日，而且评估值就是评估基准日的资产价值。

评估时点原则也是对交易假设和公开市场假设的一个反映。市场是变化的，资产的价值会随着市场条件的变化而不断改变。从理论上说，资产评估是对动态资产价格的现实静态反映。这种反映越准确，评估结果越科学。评估基准日为"特定的时间点"，评估专业人员的价值意见为该时点的价值意见，价值标准是该时间点适用的价值标准。

（七）外在性原则

"外在性"会对相关权利主体带来自身因素之外的额外收益或损失，从而影响资产的价值，对资产的交易价格产生直接的影响。资产评估应该充分关注"外在性"给被评估资产带来的损失或收益以及这种损失或收益对资产价值的影响。

例如，对房屋建筑物评估时，一个重要的价格影响因素是环境因素。房屋周边开发的程度、环境状况等因素与房屋本身的所有权无关，但对价格有重要影响。有时环境因素影响的权重，甚至不亚于房屋本身的造价。这实际上就是"外在性"对价值影响的体现。优良的环境会对房屋使用功能产生溢出效应，增加转让价值或使用收益；恶劣的环境则会对使用功能产生波及效用，减损转让或持有价值。

思考题

1. 资产评估程序通常包括哪些环节？
2. 接受委托前，资产评估师需要接受的资产评估业务基本事项有哪些？
3. 履行资产评估程序的作用有哪些？
4. 资产评估现场调查的内容、手段和方式有哪些？
5. 如何理解资产评估的工作原则与经济技术原则？
6. 评估师将景观状况作为评估房屋建筑物价值的影响因素之一，体现了资产评估的什么原则？
7. 在同一市场上具有相同使用价值和质量的商品，应该有大致相同的交换价值，以此确立的评估原则是什么？
8. 强调商品在交换时，应以较高最佳用途及利用方式实现其价值的是什么原则？

本章参考文献

［1］中国资产评估协会：《资产评估基础》，中国财政经济出版社 2021 年版。
［2］李谦、潘华：《资产评估》，立信会计出版社 2017 年版。
［3］姜楠、王景生：《资产评估》，东北财经大学出版社 2019 年版。
［4］《中华人民共和国资产评估法》。
［5］《资产评估执业准则——资产评估程序》。
［6］《资产评估基本准则》。

第五章

资产评估的基本方法

本章学习目标

关于本章,需要在掌握所列举的每种主要评估方法的基础上,最终能够融会贯通,根据评估的条件和目的选择恰当的评估方法和方法组合。

在成本法和市场比较法中,需要掌握两种方法的基本原理、方法应用前提,各估算参数内涵和基本估算方法,并了解方法应用中存在的缺陷及局限性。

在收益法中,要掌握主要的现金流折现模型和折现率模型,并掌握后者主要参数的测度方法。同时,还要理解收益法的缺陷及其和其他方法结合使用的必要性。

对于金融期权,需要掌握期权的基本特征、主要平价关系、基本定价方法和价值变动规律。在此基础上,需要进一步理解项目评估中实物期权的概念,并了解其主要的分类。

根据 2017 年财政部颁发的《资产评估基本准则》的规定，确定资产价值的评估方法包括成本法、市场比较法和收益法三种基本方法及其衍生方法。资产评估专业人员应当根据评估目的、评估对象、价值类型、资料收集等情况，分析上述三种基本方法的适用性，依法选择评估方法。而根据现行《中华人民共和国资产评估法》的规定，评估专业人员应当恰当选择评估方法，除依据评估执业准则只能选择一种评估方法的外，应当选择两种以上评估方法。以下我们分别介绍这几种方法，其中衍生方法主要介绍期权法。

第一节　成本法

一、成本法概述

（一）基本概念

成本法是指通过估算被评估资产的重置成本，并扣减各项贬值，从而确定被评估资产价值的一种资产评估方法。这里的成本并非会计成本，其含义是经济学中的机会成本，即资产在最佳利用方式下的价值。

成本法是从成本取得和成本构成的角度对被评估资产价值进行的分析和判断。资产的价值取决于其构建资产时的成本耗费，由于资产价值会随时间发生动态变化，导致其价值发生变化的因素除市场价值以外，还来源于自然形态的损耗、功能的落后以及利用程度下降带来的价值贬损。资产价值评估应用成本思路时，需要充分考虑这些导致价值下降的因素，并从重置成本中予以扣除。这些需要扣减的损耗包括因使用磨损和自然力作用所导致的实体性损耗、因技术进步导致被评估资产技术落后产生的功能性损耗以及外部环境因素导致被评估资产利用不充分产生的经济性损耗等。

（二）基本原理

采用成本途径对资产进行评估的理论基础是生产费用价值理论，资产的价值取决于其构建资产时的成本耗费。资产的取得成本越高，相应的资产价值越大。同时认为资产的价值是一个变量。资产的价值会随资产本身的运动和其他因素的变化而相应变化。

成本法依据机会成本理论，即在条件允许的情况下，任何一个潜在的投资者在决定投资某项资产时，他所愿意支付的价格不会超过购建该项资产的现行购建成本。如果投资对象并非全新，投资者所愿支付的价格会在投资对象全新的现行构建成本基础上扣减各种贬值。成本法思路的计算过程为：

资产评估价值 = 资产的重置成本 − 资产实体性贬值 − 资产功能性贬值 − 资产经济性贬值

(三) 基本前提

只有当资产能够继续使用并且在持续使用中为潜在所有者或控制者带来经济利益时，资产的重置成本才能为潜在的投资者和市场接受，因此，成本法主要适用于继续使用前提下的资产价值估算。应用成本法评估资产价值时应具备的前提条件有：

（1）被评估资产处于继续使用状态或假设继续使用状态，继续使用又可分为现状续用、转用续用和移地续用。

（2）应当具备可利用的历史成本资料。成本法的重置成本估算是建立在历史资料基础上的，许多信息资料需要通过历史资料获得和分析。

（3）形成资产价值的耗费是必要的。成本法是从资产成本耗费的角度评估资产价值的方法，但这些成本的耗费是必需的，应能体现社会或行业平均水平。

二、成本法的操作程序

成本法的操作程序主要有：

（1）明确评估对象及其范围，估算全新被评估资产的重购或重建的所有成本费用。

（2）确定被评估资产使用年限。

（3）估算被评估资产因为使用，或者技术进步，或者其他外部条件造成的价值减损，即资产实体性贬值、资产功能性贬值以及资产经济性贬值。

（4）从重置成本中扣减各项贬值，得到被评估资产最终价值。

三、各项指标的含义及其计算

（一）重置成本及其估算方法

1. 重置成本的含义

重置成本是现行市场条件下重新购建一项全新资产所支付的全部货币总额。资产的重置成本分为复原重置成本和更新重置成本两种形式，复原重置成本是指运用与原来相同的材料、建筑或制造标准、设计、规格及技术等，以现时价格水平重新购建与被评估对象相同的全新资产所发生的费用。更新重置成本是指采用新型材料、现代建筑或制造标准、新型设计、规格和技术等，以现行价格水平购建与评估对象具有同等功能的全新资产所需要的费用。更新重置成本和复原重置成本的相同方面在于采用的都是资产的现时价格标准，资产的功能也相同，不同之处在于所用材料、技术、设计、标准等方面的差异。随着科学技术的进步，劳动生产率的提高，新工艺、新设计总会被社会所普遍接受，新型设计、工艺制造的资产无论从其使用性能,还是成本耗用方面都会优于旧的资产,因此,复原重置成本往往会高于更新重置成本。一般情形下,总概括性的重置成本估算方法应用更新重置成本,注重评估对象特有特征的详细成本估算应用复原重置成本。只有同类资产存在新型材料、现代建筑或制造标准、新型设计、规格和技术等特征,才存在更新重置成本。

2. 重置成本的估算方法

(1) 重置核算法。重置核算法是利用成本核算的基本原理,将重新取得资产所需的费用项目,逐项进行计算并累加来估算重置成本的一种方法。具体测算根据资产成本构成来源不同,分为购买型资产重置成本和自建型资产重置成本。购买型资产重置成本一般计算公式为:

重置成本 = 购买价 + 运输费 + 安装调试费 + 其他必要费用

自建型资产重置成本一般计算公式为:

重置成本 = 材料费 + 人工费 + 制造费 + 资金成本 + 合理利润 + 其他必要费用

成本法应用中资产的重置成本是以现行市场条件重新构建一项全新资产所产生的全部成本支出,应包括重购或重建时资产制造者或开发者的合理收益,合理收益应以制造者或开发者所在行业平均资产收益水平为依据。

重置成本的计算也可以按重新构建一项全新资产所产生的直接成本和间接成本之和进行计算,其计算公式为:

重置成本 = 直接成本 + 间接成本

直接成本是直接构成资产产生成本支出的部分,如机器设备的购买价、运输费和安装调试费等成本项目,间接成本是构建过程中不能直接计入的成本,如构建资产产生的管理费、设计费等成本项目。间接成本可以采用一定的标准和方法进行分配,使资产的间接成本合理计入重置成本,使其测算更真实可靠,通常有三种分配方法:

① 人工成本比例法:间接成本 = 人工成本 × 分配率

$$分配率 = \frac{间接成本}{人工成本}$$

② 间接成本百分率法:间接成本 = 直接成本 × 间接成本占直接成本的比例

③ 单位价格法:间接成本 = 工时数 × 单位价格

[**例 5 - 1**] 被评估资产为一台机床,现行市场价格每台 11 万元,运杂费 1000 元,直接安装成本 900 元(其中原材料 400 元,人工成本 500 元)。根据统计分析,计算求得安装成本中的间接成本为人工成本的 80%。该机床重置成本:

直接成本 = 110000 + 1000 + 900 = 111900(元)

间接成本 = 500 × 80% = 400(元)

重置成本 = 111900 + 400 = 112300(元)

(2) 功能价值系数法。当被评估资产无法获得处于全新状态的现行市场价时,可选择与被评估资产具有相同或相似功能的资产作为参照物，根据资产功能与成本之间的内在关系，由参照物成本推算被评估资产重置成本。根据资产的功能与其价值之间的关系可分为线性关系和指数关系两种情况：

① 资产价值与其功能呈线性关系的情况，通常称为生产能力比例法，其计算公式为：

$$评估对象重置成本 = 参照物重置成本 \times \frac{待评估资产生产能力}{参照物资产生产能力}$$

② 资产价值与其功能呈指数关系的情况，通常称为规模经济效益指数法。其公式为：

$$评估对象重置成本 = 参照物重置成本 \times \left(\frac{待评估资产生产能力}{参照物资产生产能力}\right)^x$$

式中：x 是一个经验数据，称为规模经济效益指数，这个经验数一般在 0.4—1.2 区间。

[例 5 – 2] 待评估资产为一条生产线，年产 15 万件 A 产品，经调查，市场现有类似生产线成本为 45 万元，年产量为 20 万件。规模经济效益指数为 0.7，被评估设备的重置成本：

$$重置成本 = 45 \times \left(\frac{15}{20}\right)^{0.7} = 36.79（万元）$$

（3）价格指数法。当被评估资产既无法获得处于全新状态的现行市场价，也无法获得与被评估资产具有相同或相似功能的资产作参照物时，可在资产历史成本的基础上，通过价格变动指数，将其调整为评估基准日时的重置成本。其计算公式为：

资产重置成本 = 资产账面原值 × 物价变动指数

资产重置成本 = 资产账面原值 ×（1 + 物价变动率）

可采用定基物价指数和环比物价指数估算资产物价变动指数，计算公式为：

$$资产重置成本 = 资产原始成本 \times \frac{评估基准日同类资产定基物价指数}{资产构建时同类资产定基物价指数}$$

资产重置成本 = 资产原始成本 × 环比价格指数之积 $(a_1 \times a_2 \times a_3 \times \cdots \times a_n)$

（4）统计分析法。在对企业整体资产及若干相同类型资产进行评估时，为了简化评估业务，节省评估时间，还可以采用统计分析法确定某类资产重置成本。一般应用步骤为：

① 在核实资产数量的基础上，把全部资产按照适当标准划分为若干类别，如房屋建筑物按结构划分为钢结构、钢筋混凝土结构等；机器设备按有关规定划分为专用设备、通用设备、运输设备、仪器、仪表等。

② 在各类资产中抽样选择适量具有代表性的资产，应用功能价值法、物价指数法、重置核算法或规模经济效益指数法等方法估算抽样资产的重置成本。

③ 依据分类抽样估算资产的重置成本额与账面历史成本，计算出分类资产的调整系数。其计算公式为：

$$K = \frac{\sum 某类抽样资产的重置成本}{\sum 某类抽样资产的历史成本}$$

④ 根据调整系数 K 估算被评估资产的重置成本,其计算公式为:

被评估资产重置成本 $= \sum$ 某类资产账面历史成本 $\times K$

式中:资产账面历史成本可从会计记录取得。

[**例 5-3**] 评估某企业某类通用设备 240 台,经抽样选择具有代表性的通用设备 15 台,估算其重置成本之和为 90 万元,而该 15 台具有代表性的通用设备历史成本之和为 50 万元,该类通用设备账面历史成本之和为 800 万元,则调整系数 K:

$K = 90 \div 50 = 1.8$

该类通用设备重置成本 $= 800 \times 1.8 = 1440$(万元)

(二) 实体性贬值及其评估方法

资产的实体性贬值又称有形损耗,是指资产由于使用和自然力作用而使资产实体发生的价值贬损。资产的实体性贬值一般用实体性贬值率计量,其计算公式为:

$$实体性贬值率 = \frac{资产实体性贬值}{资产重置价值} \times 100\%$$

影响实体性贬值的因素主要有使用时间、利用率、资产本身的质量及维修保养程度等因素。实体性贬值一般可以选择以下几种方法:

1. 观察法

观察法是具有专业知识和丰富经验的工程技术人员,通过对资产实体各部分的观察及仪器测量等方式进行技术鉴定,并综合分析资产的设计、制造、使用、磨损、维护修理、改造及物理寿命等因素,将评估对象与其全新状态相比较,考察由于使用磨损和自然力对资产的功能、使用效率的影响,从而判断被评估资产成新率的计算方法,其计算公式为:

资产实体性贬值 $=$ 重置成本 $\times$ (1 $-$ 实体性成新率)

或:资产实体性贬值 $=$ 重置成本 $\times$ 实体性贬值率

2. 年限法(或称使用年限法)

年限法是以资产实际已使用年限与其总使用年限的比率计算资产实体性贬值的方法。其计算公式为:

$$资产实体性贬值率 = \frac{实际已使用年限}{总使用年限} \times 100\%$$

资产的实体性贬值 $=$ (重置成本 $-$ 预计残值) $\times$ 实体性贬值率

总使用年限 $=$ 实际已使用年限 $+$ 尚可使用年限

实际已使用年限 $=$ 名义已使用年限 $\times$ 资产利用率

资产的残值是指被评估资产在报废时可以回收的净值;总使用年限是指资产从使用到报废为止经历的时间;实际已使用年限是资产按正常使用强度从开始使用到评估基准日已经使用的年限;名义已使用年限是资产购进使用到评估基准日的年限,名义已使用年限与

实际已使用年限的差异与资产利用率有关,可以通过资产利用率来调整,其计算公式为:

$$资产利用率 = \frac{至评估基准日资产累计实际利用时间}{至评估基准日资产累计法定利用时间} \times 100\%$$

当资产利用率大于1时,表示资产超负荷运转,资产实际已使用年限比名义已使用年限要长;当资产利用率等于1时,表示资产满负荷运转,资产实际已使用年限等于名义已使用年限;当资产利用率小于1时,表示开工不足,资产实际已使用年限小于名义已使用年限。评估实践中,资产利用率往往较难确定,需要评估人员对资产开工情况、修理间隔期、工作班次、材料供应及是否季节性生产等多方面因素进行综合分析。

年限法的评估思路在实践中还被应用为根据被评估资产设计的总工作量和已完成工作量、被评估对象设计的总行驶里程和已行驶里程的比较形成指标测算资产的实体性贬值。

[例 5-4] 被评估车辆设计行驶总里程 80 万千米,评估时已经行驶 8 万千米,重置成本 40 万元,在不考虑其他因素的条件下,被评估车辆实体性贬值:

实体性贬值 $= 40 \times (8 \div 80) = 4$(万元)

3. 修复费用法

修复费用法是利用恢复资产功能所支出的费用金额来直接估算资产的实体性贬值额的一种方法。其中修复费用包括资产主要零部件的更换或者修复、改造、停工损失等费用支出。如果通过修复恢复到其全新的状态,可以认为资产的实体性损耗等于其修复费用。修复费用法是假设设备所发生的实体性损耗是可以补偿的,则设备的实体性贬值就应该等于补偿实体性损耗所发生的费用,所用的补偿手段一般是通过修理或更换损坏部分。其计算公式为:

$$实体性贬值率 = \frac{可修复部分实体性贬值 + 不可修复部分实体性贬值}{资产重置成本} \times 100\%$$

可修复部分的实体性贬值以修复费用直接作为实体性贬值,不可修复部分的实体性贬值采用年限法或观察法确定实体性贬值。

[例 5-5] 待评估资产为一台机床,重置成本为 60 万元,已使用 5 年,其经济使用寿命约 20 年,评估时电机损坏,估计修复费用为 2 万元,在不考虑其他因素的条件下,该被评估机床实体性贬值:

可修复部分实体性贬值 $= 2$(万元)

不可修复部分实体性贬值 $=$ 不可修复部分重置成本 $\times$ 不可修复部分实体性贬值率 $= (60 - 2) \times (5 \div 20) = 14.5$(万元)

被评估机床实体性贬值 $= 14.5 + 2 = 16.59$(万元)

(三)功能性贬值及其估算方法

资产的功能性贬值是指由于技术进步引起的资产功能相对落后而造成的资产价值损耗。估算功能性贬值时,主要根据资产的效用、生产加工能力、工耗、物耗、能耗水平等功能方面的差异造成的成本增加或效益降低，相应确定功能性贬值额。同时，还要重视技术进步因素，注意替代设备、替代技术、替代产品的影响，以及行业技术装备水平现状和资产更新换代速度。

功能性贬值来源于超额投资成本和超额运营成本。超额投资成本指由于新技术、新材料、新工艺不断出现，使相同功能的设备的建造成本比过去降低，原有设备中就有一部分超额投资得不到补偿。它主要反映为复原重置成本高于更新重置成本的超额投资部分。其计算公式为：

超额投资成本 = 复原重置成本 − 更新重置成本

在评估实践中如使用复原重置成本则应考虑是否存在超额投资成本引起的功能性贬值；如使用的是更新重置成本，这种贬值因素则无需考虑；如使用现行市场价格作为重置成本，也不需再考虑超额投资成本。因此，评估实践中一般情形下并不需要单独计算超额投资功能性贬值。

超额运营成本是指由于技术进步出现了新的、性能更优的资产，致使原有资产的功能落后于新资产，新资产在运营费用上低于原资产。分析资产的超额运营成本，应考虑生产效率是否提高、维护保养费用是否降低、材料消耗是否降低、能源消耗是否降低及操作工人数量是否降低等因素。

对超额营运功能性贬值的估算，可以按下列步骤进行：

① 将被评估资产的年运营成本与功能相同但性能更好的新资产的年运营成本进行比较。

② 计算二者的差异，确定净超额运营成本。由于企业支付的运营成本是在税前扣除的，使应缴纳的所得税额也同时降低，也就是说它相应减轻了企业的所得税负担，因而企业多支付的运营成本远远低于其实际负担额。因此：

净超额运营成本 = 超额运营成本 − 所得税

③ 估计被评估资产的剩余寿命（即可使用年限）。

④ 以适当的折现率将被评估资产在剩余寿命内每年的净超额运营成本折算为评估基准日的现值，这些折现值之和就是被评估资产功能性贬值，计算公式为：

超额运营成本 = $\sum$（各年净超额运营成本 × 折现系数）

（四）经济性贬值及其估算方法

经济性贬值是由于资产外部环境变化引起资产闲置、收益下降等造成的资产价值的损失。外部环境变化产生的原因主要有：宏观经济衰退，社会总需求减少，导致开工不足；材料供应不畅，导致开工不足；材料成本增加，导致企业费用直线上升，从而减少了收益；通货膨胀的情况下，国家实行高利率政策，导致企业运营成本加大；国家环保政策的变动，缩短使用寿命等；一般情况下，当资产使用基本正常时，不计算经济性贬值。

经济性贬值一般有两种表现形式：资产利用率下降，如设备利用率下降，房屋空置；资产年收益额减少。因此，经济性贬值的计算也存在两种方式：

① 因资产利用率下降导致的经济性贬值的计算，其计算公式为：

$$经济性被贬值率 = \left[1 - \left(\frac{实际使用生产能力}{额定生产能力}\right)^x\right] \times 100\%$$

式中，x 为规模经济效益指数。

经济性贬值额 =（重置成本 - 实体性贬值 - 功能性贬值）× 经济性贬值率

② 因资产年收益额减少导致的经济性贬值的计算，其计算公式为：

经济性贬值 = 资产在尚可使用年限内可预见的经济收益损失额 ×（1 - 所得税率）× 年金现值系数

评估实践中并非每项资产运用成本法评估时都需要计算经济性贬值，一般只有能够单独计算收益的资产，如企业，一个车间、一条生产线，才需要在应用成本法时考虑在评估基准日以后，资产使用期间是否存在利用率降低或收益减少导致的经济性贬值。

成本法是从资产构建的成本耗费角度评估资产的价值，并充分考虑了资产的损耗，使评估结果更能体现市场对于获得某单项资产平均愿意付出的资金，适用于单项资产和特定用途资产的评估。由于成本法的运用一般情形下没有严格的前提条件，在不易计算资产未来收益或难以取得市场参照物条件下可广泛地应用。

但是，成本法注重从成本耗费角度评估资产价值，而某些资产的价值主要体现在资产效用上，如企业价值评估、无形资产价值评估等，运用成本法就很难直接为投资者提供价值参考。

第二节 市场比较法

一、市场比较法概述

（一）基本概念

市场比较法是指在市场上选择近期交易的与待评估资产相同或类似的资产作为参照物，将待评估资产与参照物进行比较，根据其差异对参照物的市场交易价格进行调整，据以估算被评估资产价值的一种评估方法。市场比较法强调供求关系对资产价格的影响。

市场比较法是一种最简单、有效的方法，这是因为评估过程中的资料直接来源于市场，同时又为即将发生的资产经济行为估价。

(二) 基本原理

采用市场途径对资产进行评估的理论基础是马歇尔的均衡价值理论，认为资产的价值由公开市场买卖各方达成交易时的均衡价格决定，在市场经济条件下，资产的价格受供求规律的影响。某一时点资产的价格反映了当时市场的供求状况，所以按照同类资产的市场价格判断被评估资产的价值，能够充分考虑市场供求规律对资产价格的影响，易于被资产交易双方接受。

市场比较法依据"替代原则"，认为任何一个正常的投资者在投资某项资产时，所愿意支付的价格不会高于市场上相同效用替代品的现行市价。所以相同效用的产品价格应该趋于一致。因而由相同效用产品的已实现价格推算出被评估资产的价格是符合市场原则的。

(三) 基本前提

应用市场比较法进行资产评估，必须具备以下前提条件：

(1) 需要有一个充分活跃的公开市场。公开市场是指充分发达与完善的市场条件，指一个有自愿的买者和卖者的竞争性市场，在这个市场上，买者和卖者的地位是平等的，彼此都有获取足够市场信息的机会和时间，买卖双方的交易行为都是在自愿的、理智的，而非强制或不受限制的条件下进行的。资产的市场成交价基本上可以反映市场行情，资产市场上，资产交易越频繁，与被评估资产相类似资产的价格就越容易获得。

(2) 公开市场上要有可比的资产及其交易活动。公开市场上要能够找到可比参照物及其与被评估资产可比较的指标、技术参数等资料。运用市场比较法，重要的是能够找到与被评估资产相同或相类似的参照物。但与被评估资产完全相同的资产是很难找到的，这就要求对类似资产参照物进行调整。有关调整的指标、技术参数能否获取，是决定市场比较法运用与否的关键。由于不同的资产价值影响因素不同，因此所要求的关键可比因素也不一样。

不同资产可比要素一般分三个层次：

(1) 参照物与被评估资产功能及用途的可比性，一般情况下，资产功能的差异会对价格产生影响，功能越强，价值越大。如同种用途的设备，生产能力越强，价格越高。

(2) 外部的交易环境，包括市场供求、竞争状况及市场交易条件等。

(3) 评估的基准时点与参照物成交时点的间隔长短，由于市场价格的波动性，参照物成交时点与评估基准日时间间隔不宜过长，同时，时间因素产生的价格差异应可以调整。

二、市场比较法的操作程序

市场比较法的操作程序如下：

1. 明确评估对象及其范围

关于"评估对象和评估范围"的相关内容详见第四章第二节"资产评估的具体程序"中的描述。

2. 进行公开市场调查并收集资料和选择参照物

寻找可比的参照物是市场比较法的基础,不同的资产及资产业务对参照物的具体要求不尽相同,应根据不同资产的价值特点及影响价值的主要因素,选择对资产价值影响较大的因素进行分析修正,使评估值能全面反映主要因素的影响。

通常资产价值评估也存在一些共同的基本要求,如成交价、交易条件及成交时间与评估基准日间隔等。运用市场比较法评估资产价值,参照物的成交价用于比较测算被评估资产价值,参照物各项价值影响因素与被评估资产差异越小,其市场成交价越接近被评估资产的市场价,即基本可替代被评估资产价值。如房地产评估中,要求参照物与被评估资产处于同一供求圈内,用途相同;设备评估中要求参照物与被评估设备用途相同,功能相近等。参照物成交价是实际成交或能调整为实际成交,并能反映市场行情。参照物的成交时点尽可能接近评估基准日,以提高参照物市场成交价的替代性。此外,市场比较法是通过同类或相似资产的市场行情来测算被评估资产的价值,参照物的数量太少,市场成交价的偶然性和个别性对评估价的影响较大,不能反映实际市场行情,因此,我国目前一般要求至少选择三个参照物成交价才能有效运用市场比较法。

3. 选择比较因素并量化差异

参照物与被评估资产之间差异因素的选择,需根据具体资产业务分析,一般包括资产的功能,资产的实体特征和质量,市场条件及交易条件等,通常资产业务中需要调整的差异因素主要有以下几个方面:

(1)时间因素。由于参照物成交时点与评估基准日不在同一时点,而两个时点间隔期参照物价格发生了波动,需要将参照物成交时点价格修正到评估基准时点,以测算评估时点被评估资产价值。时间因素一般用物价指数法进行调整修正。如果评估对象与参照物之间只有时间因素的影响时,被评估资产的价值可用下式表示:

评估值 = 参照物价格 × 交易时间差异修正系数

(2)区域因素。由于同类或类似资产价值受区域条件的影响,会产生明显的价格差异,如房地产的交易价受地区市场供需状况、资产区域条件和环境等因素影响存在较大区域差异,就需要对参照物成交价进行区域差价调整。区域因素一般用打分法进行调整修正。当评估对象与参照物之间只有区域因素的影响时,被评估资产的价值可用下式表示:

评估值 = 参照物价格 × 区域因素修正系数

$$区域因素修正系数 = \frac{被评估资产区域得分}{参照物资产区域得分}$$

一般以被评资产为100分,参照物所在区域比被评估资产好时,得分100分以上,调

整系数 <1；反之调整系数 >1。

$$区域因素修正系数 = \frac{100}{参照物资产区域得分}$$

（3）功能因素。资产的功能是影响其价值的重要因素，一般情形下，资产的功能越好，其价值也越高。功能因素一般用功能价值类比法进行调整修正。

（4）交易因素。由于参照物的市场交易受非正常交易条件的影响，使成交价偏离正常交易价，需要对参照物成交价进行交易情况修正，以反映真实市场行情。非正常交易情况一般包括：①有特殊利害关系的经济主体间的交易，如关联公司之间、兄弟公司之间或子母公司之间的交易；②交易时有特殊的动机，如急于脱手或购买；③买方或卖方不了解市场行情（盲目购买和盲目出售）；④特殊的交易方式（拍卖、招标、哄抬或抛售）；⑤资产批量购买或合并交易；⑥融资条件差异导致实际成交价与市场交易价的差异，如分期付款对实际成交价的影响。

当评估对象与参照物之间只有交易情况因素的影响时，被评估资产的价值可用下式表示：

评估值 = 参照物价格 × 交易情况因素修正系数

4. 分析调整差异并作出结论

市场比较法以参照物的市场成交价为基础，对参照物与被评估资产主要价值影响因素差异进行对比分析，并通过多形式的量化方式将主要价值影响因素对资产价值的影响量化，调整修正参照物成交价，形成以每个参照物成交价为基础的、能反映被评估资产价值特征的初步评估结果。如果选择多个参照物，会形成对应的多个初步评估结果，需要对这些评估结果进行综合分析，采用算术平均法或加权平均法等方法将若干初步评估结果测算为最终评估值。

三、市场比较法的主要类型

应用市场途径进行资产评估，由于比较的基础和思路不同，形成两种评估方法：一种是直接比较法，直接比较法以参照物的市场成交价为基础，通过参照物的某一差异因素或多个差异因素的比较调整，测算被评估资产评估值。另一种是间接比较法，间接比较法以资产的国家标准、行业标准或市场标准为基准，通过将参照物和被评估资产与某个国家或行业标准进行比较并形成分值，再利用参照物的成交价和参照物及被评估资产分值之比测算被评估资产评估值。间接比较法在应用国家、行业和市场标准中存在较多局限性，在资产评估实践中应用不多，直接比较法由于直观简洁，在实践中应用广泛。

直接比较法因市场条件的差异和参照物的不同，采用的方法也有所不同。常用的方法有：现行市价法、市价折扣法、功能价值类比法、价格指数调整法、成新率价格调整法、市场售价类比法、价值比率法等。

（一）现行市价法

当被评估资产本身存在现行市场价格或与被评估资产基本相同的参照物具有现行市场价格时，可以直接利用被评估资产或参照物评估基准日的现行市场价作为被评估资产的评估价。如可上市流通的股票和债券可利用其评估基准日的收盘价作为评估价；批量生产的通用设备、汽车等标准化、有大量同质替代品，且市场信息公开的资产可利用其评估基准日现行市场价作为其评估价。

（二）市价折扣法

市价折扣法是以参照物成交价格为基础，考虑到评估对象在销售条件、销售时限等交易条件方面的不利因素，凭评估人员的经验或有关部门的规定，设定一个价格折扣率来估算评估对象价值的方法。其计算公式为：

资产评估价 = 参照物成交价格 × (1 − 价格折扣率)

此方法一般只适用于评估对象与参照物之间仅存在交易条件方面差异的情况。

（三）功能价值类比法

当被评估资产与参照物仅存在功能差异时，以参照物的成交价格为基础，考虑参照物与评估对象之间的功能差异，根据功能与价格的数学关系来估算评估对象的价值。根据资产的功能与其价值之间的关系可分为线性关系和指数关系两种情况：

（1）生产能力比例法，其公式为：

$$资产评估值 = 参照物成交价 \times \frac{待评估资产生产能力}{参照物资产生产能力}$$

（2）规模经济效益指数法，其公式为：

$$资产评估值 = 参照物成交价 \times \left(\frac{待评估资产生产能力}{参照物资产生产能力}\right)^x$$

x 为规模经济效益指数。

（四）价格指数调整法

当被评估资产与参照物之间仅存在参照物成交时间与评估基准日这一时间因素的差异时，以参照物成交价格为基础，考虑物价变化对资产价值的影响，利用价格指数调整估算评估对象价值。其计算公式为：

资产评估值 = 参照物实际成交价格 × (1 + 物价变动指数)

$$资产评估值 = 参照物实际成交价 \times \frac{评估基准日同类资产定基物价指数}{参照物成交时同类资产定基物价指数}$$

资产评估值 = 参照物成交价格 × 环比价格指数之积 $(a_1 \times a_2 \times a_3 \times \cdots \times a_n)$

（五）成新率价格调整法

当参照物与被评估资产仅存在程度不同时，以参照物的成交价格为基础，考虑参照物与评估对象新旧程度上的差异，通过成新率调整估算评估对象的价值。其计算公式为：

$$资产评估价值 = 参照物成交价 \times \frac{被评估资产成新率}{参照物成新率}$$

（六）市场售价类比调整法

在公开市场上无法找到与被评估资产完全相同的参照物时，可以选择若干个类似资产的交易案例作为参照物，通过分析比较评估对象与各个参照物成交案例在功能、市场条件和销售时间等方面的差异，对比分析和量化差异，估算出评估对象的价值。差异量化的思路有两种：一种是，将每一个因素得到的调整系数相乘，得到综合的调整系数；第二种是，把各个因素的评估值的影响额估算出来，然后相加，得到被评估资产的价值。计算公式为：

$$资产评估值 = 参照物售价 \times 功能差异修正系数 \times 交易情况修正系数 \times \cdots \times 交易时间差异修正系数$$

或：

$$资产评估价值 = 参照物成交价 \pm 功能差异值 \pm 时间差异值 \pm \cdots \pm 交易情况差异值$$

（七）价值比率法

利用参照物的市场交易价，与其某一经济指标或经济参数比较形成价值比率，乘以被评估资产的同一经济指标或经济参数，测算被评估资产价值。价值比率法中的价值比率种类很多，如每股收益价值比率、销售收入价值比率、成本市价比率和矿山可开采储量价值比率等。以下介绍两种简单的价值比率法。

1. 成本市价法

以评估对象的现行合理成本为基础，利用参照物的成本市价比率来估算被评估对象的价值。其计算公式为：

$$资产评估值 = 评估对象的现行合理成本 \times 参照物成本市价率$$

$$参照物成本市价率 = \frac{参照物成交价}{参照物现行合理成本}$$

[**例 5-6**] 待评估资产为某企业储油罐，已知该储油罐的现行合理成本为 26 万元，评估师搜集到一个交易参照物，该参照物的成交价格为 34 万元，其现行合理成本为 20 万元，该储油罐评估价：

参照物成本市价率 = 34 ÷ 20 = 1.7

资产评估值 = 26 × 1.7 = 44.2（万元）

2. 市盈率乘数法

市盈率乘数法主要适于整体企业评估。以参照物（企业）的市盈率作为乘数（倍数），以此乘数与评估对象的相关的财务指标（如收益额）相乘估算评估对象价值。其计算公式为：

资产评估值 = 评估对象的收益额 × 参照物（企业）的市盈率

[例 5-7] 某被评估企业的年净利润为 400 万元，评估时点资产市场上同类企业平均市盈率为 30 倍，则企业的评估价值：

被评估对象的市价总额 = 400 × 30 = 12000（万元）

市场比较法是最具客观性的评估方法，能够客观反映资产目前的市场情况，其评估的参数、指标直接从市场获得，评估值更能反映市场现实价格。评估结果易于被各方理解和接受，也是运用最广泛的方法。市场比较法的运用需要有公开活跃的市场作为基础，有时因缺少可对比数据难以应用；该方法不适用于专用机器设备和大部分的无形资产，以及受到地区、环境等严格限制的一些资产评估。

第三节 收益法

一、收益法概述

收益法也被称为折现法，是指将相关资产未来每期所能产生的净现金流以一定的折现率折现到现在后，再全部相加求和，以求得资产价值的方法。若以 $A_t(t=1,2,\cdots,T)$ 记作该资产每期所产生的期望净现金流（总流入减总流出），y 为每年都相同的年化折现率，则利用收益法计算的资产公允价值 V 为：

$$V = \sum_{t=1}^{T} \frac{A_t}{(1+y)^t}$$

其中，T 为能获得现金流的总年数。由上式可以看出，利用收益法的关键有二：其一是估计每期的期望净现金流 A_t；其二是计算折现率 y。

二、收益法的操作程序

收益法的操作程序如下：

（1）收集、整理和验证相关资产经营和财务资料。

（2）分析预测资产未来的现金流出和流入。此时，可能根据分析预测的需要重新执行第 1 个步骤的内容。

（3）根据资产的风险收益特点确定相应的折现率。

（4）根据净现金流特点，选择合适的公式估算资产价值。

三、收益法常用公式[①]

资产每期所能产生的净现金流往往具有一定规律性。这使计算资产价值时往往可以将公式 $V = \sum_{t=1}^{T} \frac{A_t}{(1+y)^t}$ 简化。

（1）当每期资产净现金流不变，皆为常数 A 时，

$$V = \frac{(1+y)^T - 1}{y(1+y)^T} A$$

若 $T \to \infty$，或收益是永久性的，则 $V = \frac{A}{y}$。

（2）若资产所产生的净现金流以数值 b 等额递增，则

$$V = \frac{(1+y)^T - 1}{y(1+y)^T} A_1 + \frac{(1+y)^T - 1}{y^2(1+y)^T} b - \frac{bn}{y(1+y)^T}$$

其中，A_1 是第一期所产生的现金流。若 $T \to \infty$，或收益是永久性的，则 $V = \frac{A_1}{y} + \frac{b}{y^2}$。

（3）若资产所产生的净现金流以数值 g 等比例递增，则

$$V = \frac{(1+y)^T - (1+g)^T}{(y-g)(1+y)^T} A_1$$

若 $T \to \infty$，则

$$V = \frac{A_1}{y - g}$$

当 A_1 是某只股票第一期期末的现金分红时，上式也被称为股票估值的戈登（Gordon）模型或不变增长模型，是成熟早期或成长后期公司估值常用模型。此时股息增长率 g 有可以参照的计算方法，详情可参照公司金融或投资学相关资料。

（4）折现法和市场法的结合。此时往往假设资产将在评估基准日后第 j 年末以价格 V_j 出售，则其当前公允价值为：

$$V = \sum_{t=1}^{j} \frac{A_t}{(1+y)^t} + \frac{V_j}{(1+y)^j}$$

例如对于成长性公司、初始开采的矿山等，前几年的收入可能是不稳定的。但几年后可能达到与本行业内成熟公司、成熟矿山类似的价值盈利比率（市盈率等）。根据比率就可以按市场法计算其经营稳定时的价值，再加上起初几年净现金流的折现值，就可得到该

[①] 本节部分公式参考了乔志敏、宋斌、王小荣、翟进步：《资产评估学教程》，中国人民大学出版社 2015 年版。

资产当前的价值。

四、折现率的确定

关于资产收益折现率 y 的研究，是金融学最为核心和富有争议的内容之一。大致来说，目前学界和业界已经普遍认为，该折现率既应反映了资产的时间价值，也应包含对持有资产所承担的系统性风险所做的补偿。基于这两点，产生了形形色色的诸多模型。但争议在于哪些系统性风险应该被认作影响资产价值的风险，以及如何对这些系统性风险的现实根源作出合理解释。本书主要介绍最为常用的 CAPM 模型和三因子模型。

（一）CAPM 模型

1. CAPM 模型简介

1964 年，夏普（W. Sharp）等在马科维茨投资组合理论的基础上对个体证券价格的风险—收益关系进行了深入研究，并率先提出了资本资产定价模型（Capital Asset Pricing Model，CAPM）。为介绍夏普的研究，我们需要先介绍夏普比率的概念。如果记某资产组合 P 的期望收益率为 r_p，无风险利率为 r_f，市场组合期望收益率的标准差为 σ_p，则该组合的夏普比率 S_p 为

$$S_p = \frac{r_p - r_f}{\sigma_p}$$

由上式可见，夏普比率越大，为承担单位收益率波动而获得的风险补偿就越大，或者收益风险比就越高。夏普的模型有诸多假设，其中首要的就是在马科维茨等研究的基础上，认为市场组合的夏普比率是最大的①。在此前提下基于给定组合收益率的波动率，投资者会追求最大的期望收益率的原则，他得出了决定某资产 i 期望收益率的如下 CAPM 方程：

$$E(r_i) = r_f + \beta_{im}[E(r_m) - r_f]$$

其中，$E(r_i)$ 为资产 i 的预期回报率，$E(r_m)$ 为市场组合 m 的预期市场回报率，$\beta_{im} = \frac{\sigma_{im}}{\sigma_m^2}$，$\sigma_m$ 为市场组合收益率的标准差，σ_{im} 为资产 i 收益率和市场组合的协方差。这表明，给定了无风险利率、市场的期望收益率及其标准差，持有一个证券所获得的风险补偿多少只取决于其收益率和市场收益率的相关程度，且由于 σ_{im} 可能小于 0，所以 β_{im} 也可能为负值。

如果以 β_{im} 作为横坐标，$E(r_i)$ 作为纵坐标，将上述方程画在坐标系内，可以得到如下的证券市场线（见图 5-1）（Security Market Line，SML）：

---

① 市场组合包括一切可以交易的资产，不仅包括国内外证券，还有房产、古玩和字画等。这使我们很难测度其具体构成。现实中我们经常使用主要的股票指数来代替市场组合，如沪深 300 指数、标普 500 指数等。因此在使用 CAPM 模型的相关结论时，必然会存在较大的误差。同时这也使实证检验 CAPM 理论存在较大困难。

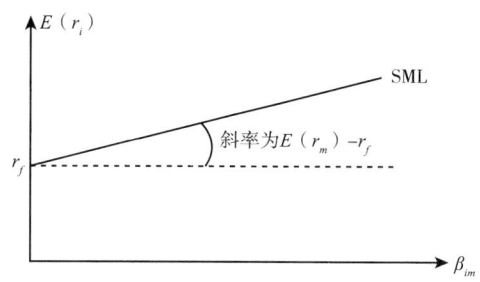

图 5-1 证券市场线

理论上来说，所有可交易的资产都应该位于 SML 上，即都符合 CAPM 方程。

2. CAPM 模型的应用

CAPM 模型虽然看似比较简单，但在现实中容易产生多处误用。结合投资和教学实践，本章作者认为应关注如下 CAPM 模型的应用细节问题。

（1）无风险利率的测度。问题之一是采用长期利率还是短期利率。二者虽然都是对应的单位时间（年度）的持有期收益率，但在 GDP 逐渐增长的国家里，长期利率往往高于短期利率，对此夏普（1965）等并没有明确的说明。但是我们认为，CAPM 模型为一个静态模型，其隐含的假设是在持有期间资产是没有任何交易的。因此，无风险利率所相应的期限应该和我们准备持有资产的期限相匹配。所以当准备长期持有该资产（如工厂、矿山和大型机器设备等）时，往往采用长期国债利率作为长期利率的近似值。这里又牵涉第二个测度问题，即应该采用何种资产的收益率来作为无风险利率。对于中国、美国和其他发达国家而言，主权政府对其国债的违约可能性微乎其微，所以国债利率往往是无风险利率的首选代理变量。

（2）资产和市场收益率的测度。持有任何资产的收益都包括两部分，即现金红利和由于资产价格增加而产生的资本利得。对于需要保管费的贵金属等而言，我们则认为其现金红利是负值。所以在计算单个资产和市场的收益率时，也必须把这两部分全都包含在内。特别地对于后者，这意味着需要采用全收益率指数来计算市场收益率。此外，对于股票类的单个资产而言，在利润分配时往往会出现拆股行为（即未分配利润转增股本，在我国将之称为"送股"）。这时，在计算拆股前后的股票收益率时还需要将拆股后的股价折算到拆股之前的价格（通常称为"复权"行为）。

另外，在利用回归方法计算资产的贝塔系数（β）时，相应收益率所对应的时间单位可以是日、周或者月。回归的时间跨度既不宜太短，也不宜太长。前者会造成回归的样本太少（样本数一般应该超过 100 个），后者是由于各种回报率和系数都是随时间发生一定变化，太久远的过去无法体现当前的市场情况。

最后，根据前文所述，我们应该选用覆盖范围尽可能广的指数来作为市场指数的代理变量。目前，我国已经推出了同时覆盖沪深两市全部上市公司的国证 A 股全收益率指数等。我们认为，在利用 CAPM 模型计算 β 系数时它们应该比传统的沪深 300 指数等更为恰当。

（二）多因子模型

就其根源而言，CAPM 模型是由基于投资者个人效用最大化的经济学模型推导出来的，所以一般也被称为均衡模型，具有相对严密的逻辑基础。但最近几十年的实证研究却很少有支持该模型的结论，而以法马（Fama）和弗伦奇（French）（1993，1996）为代表的多因子模型却收到了较好的实证效果，也因而受到了业界的广泛欢迎。这些模型都是基于斯蒂芬·罗斯（Ross）的套利定价模型（APT）的原理，其中的因子应该是系统性的、对市场上所有资产都有影响的重要因素。但这具体应该包括哪些因子是基于直观判断、实践经验和统计检验的结果，背后并没有严格理论模型的支持。

以下介绍应用较广的法马和弗伦奇的三因子模型。该模型认为，在市场因子之外，公司的规模和账市比（股权账面价值与市场价值之比）都应该对公司股票的回报率产生重要影响。特别地，他们认为股票的收益率 r_{it} 应该取决于下式：

$$r_{it} - r_{ft} = a_i + b_i(r_{mt} - r_{ft}) + s_i SMB_t + h_i HML_t + e_{it}$$

在上式中，SMB（Small Minus Big）代表了股权市值小的公司组成的投资组合回报率与市值大的公司组成的投资组合回报率之差。HML（High Minus Low）代表了账市比比较高的公司组成的投资组合回报率与比值较低的公司投资组合回报率之差。e_{it} 为异质性残差，一般假设其不仅独立于市场因子、SMB 因子和 HML 因子，而且不同资产间的异质性残差也是不相关的。a_i 为常数项，r_{ft} 为无风险利率，b_i、s_i 和 h_i 为由统计回归结果所决定的系数。另外，在因子模型中，相关因子期望收益率的测度方法同 CAPM 模型是完全一致的。

在此三因子之外，金融学家们还在此基础上添加了其他因子，比如加入动量因子构成四因子模型，或加入投资因子和利润因子构成五因子模型等。另外，还有金融学家仅围绕宏观因素来构造模型，比如工业产出水平、未预期到的通货膨胀变化以及长短期债券的利差（利差为正表明了市场对经济前景的乐观态度）等。限于篇幅，此处就不再一一详述了。

五、收益法的缺陷

收益法估值的逻辑科学严密，是对资产公允价值公理性的定义，理论上适应于资产评估中的所有资产，如股票、各种债券、矿产资源、房地产和机器设备等。如果相关的计算参数都可以被科学精确获取，那么收益法应该是部分资产定价的首要方法。但遗憾的是，现实当中准确地获取这些参数（无风险利率、相关因子报酬和增长率等）往往是非常困难的。这既是由于这些参数往往随时间变化，也是由于诸如计算折现率的多因子模型等尚存在很大争议。而收益法的主要计算结果又是对这些参数高度敏感的，因此实际运用会造成很大的误差甚至错误。关于这一点，本书以在教学中经常使用的案例作为说明。

现有如下关于股权定价的不变增长模型：

$$V = \frac{D_1}{y-g}$$

其中，V 是公司股权价值，D_1 是首期期末公司发放的现金分红，y 是适用于该证券的折现率，g 是公司股息的增长率。则此价值关于股息增长率 g 的半弹性为：

$$E = \frac{1}{V}\left(\frac{dV}{dg}\right) = \frac{1}{y-g}$$

现根据现实中通常的金融市场情况，假设无风险利率 $r_f = 0.02$，市场风险报酬 $r_m = 0.10$。进一步再假定该证券 $\beta = 1, g = 0.08$，则根据 CAPM 模型：

$$y = 0.02 + 1 \times (0.1 - 0.02) = 0.10$$

并可进一步算出 $E = 50$。现在若 g 相对于 0.08 发生 10% 的相对变化，即 $\Delta g = 0.008$，则根据上式，$\frac{\Delta V}{V} = 0.008 \times 50 = 40\%$。由此可见真所谓差之毫厘，谬之千里。与此同时，现实当中想精确估计长期股息增长率又是何等困难。因此，收益法往往是和市场比较法或成本法等一同使用的，以起到相互校准和检验的目的。

第四节 金融期权和实物期权

一、金融期权概述

期权是交易双方关于未来某资产买卖权利达成的合约。期权的买方（权利方，也叫多头）通过向卖方（义务方，也叫空头）支付一定的费用（权利金），获得一种权利，即有权在约定的时间以约定的价格（也叫执行价格，下文记作 X）向期权卖方买入或卖出约定数量的基础资产。当然，买方（权利方）也可以选择放弃行使权利。但如果买方决定行使权利，卖方就必须配合。

期权有多种分类方法。比如按持有人是在基础资产上涨时获利还是下跌时获利可分为看涨期权（Call）（上涨时获利）和看跌期权（Put）（下跌时获利）；按到期前是否可以提前执行可以分为欧式期权（不可以提前执行）和美式期权（可以提前执行）；按基础资产的种类可以划分为金融期权和商品期权等。截至 2021 年底我国共公开上市 22 个期权品种，其中包括 4 个金融期权以及 18 个商品期权。前者包括沪深 300 股指期权、上证 50ETF 期权、上交所沪深 300ETF 期权和深交所沪深 300ETF 期权。后者共有 18 个品种，覆盖农产品、能化、黑色、有色和贵金属等板块。这里以金融期权中的股票期权为例，介绍期权的相关基础内容。

二、看涨期权和看跌期权的收益

记股票当前价格为 S，看涨期权和看跌期权的价值依次记作 C 和 P，而期权费则依次记作 c 和 p。则看涨、看跌期权持有人投资期权的收益依次如图 5-2 和图 5-3 所示。当股票价格超过（低于）执行价格 X 后，看涨（看跌）期权的收益随股票价格 S 的增加（减少）而等比例增加（减少）。如果忽略期权费 c 和 p，期权投资收益则等同于期权合约的价值，取值分布分别如图中虚线所示。此时，无论何种期权，其收益总是非负的。

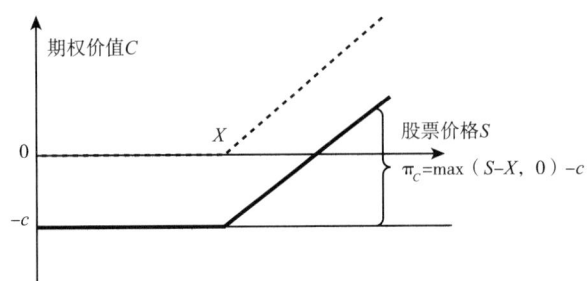

图 5-2 看涨期权收益示意图

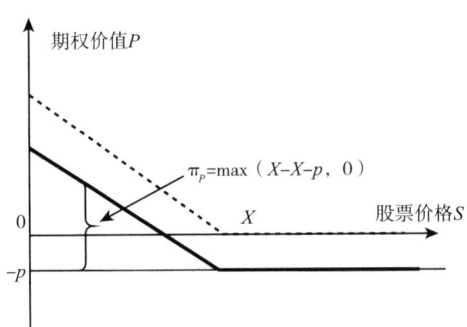

图 5-3 看跌期权收益示意图

期权的售出方（空头）其收益则与投资方（多头）恰恰相反。前者的所失（所得）恰恰是后者的所得（所失）。

三、欧式看涨期权和看跌期权的平价公式

当获知当前的欧式看涨期权价值 C_t 后，接着可利用如下平价公式计算出相应的（期限、执行价格、基础资产和到期时间都相同）欧式看跌期权的价值：

$$S_t + P_t = C_t + PV(X) + PV(D) \tag{5-1}$$

上式中，$PV(X)$ 是执行价格 X 在 t 时刻的无风险折现值，$PV(D)$ 是到期前的瞬间股票发放的现金红利 D 在 t 时刻的无风险折现值。以下利用无套利原则对此平价关系进行简要证明，这一原则也是对衍生金融产品进行定价的首要原则或假设。

证明： 当前 t 时刻，我们假设可以将方程右边组合中的现金 $PV(X)$ 和 $PV(D)$ 投资国债，并在期末 T 时刻可以获得现金等价物 $X+D$。而方程左边组合中的 1 单位股票 S_t 在到期日会产生分红 D。

另外在时刻 T，若 $S_T > X$（看涨期权是实值状态而看跌期权是虚值状态），则执行看涨期权而放弃看跌期权，因此 $C_T = S_T - X$，而 $P_T = 0$；反之若 $S_T \leq X$（看涨期权是虚值而看跌期权是实值），可得 $C_T = 0$，$P_T = X - S_T$。由此我们可得表 5-1。

表 5-1　　　　　　　　　　　不同组合到期时的价值

	到期时方程（5-1）左边组合价值	到期时方程（5-1）右边组合价值
$S_T > X$	$S_T + D$	$S_T + D$
$S_T \leq X$	$X + D$	$X + D$

由此可知，到期时无论看涨期权处于实值（第一行）还是虚值或平值状态（第二行），方程两边组合的价值都是相等的。那么，无套利条件下其时刻 t 的价值也必相等。否则我们就会在时刻 t 卖空①估值相对较高的组合，再同时以全部所得买进估值相对较低的组合，到期时再卖出部分后者就可买进所欠的全部前者证券而偿还。这有悖于无套利原则。

四、看涨期权的二叉树定价

当股票价格事后是随机变动，却需要事前判断期权合约的价值时，事情就变得复杂起来。这时普遍使用的方法是二叉树定价法和布莱克—斯克尔斯（Black-Scholes）公式。其核心原则都是无套利思想，即如果两个资产在下一时刻价值相等，那么当前时刻其价值也应该相等，否则就会存在无本生利的套利行为。

以下先介绍二叉树定价法，它是其他期权定价方法的基础。而且当计算美式期权或基础资产变动规律比较复杂的期权时，它及其他多叉树模型是唯一可以使用的方法。

首先，假设在 $\Delta t = h$ 时间内，股价 S 只有上涨和下跌两种可能，上涨时变为 uS，下跌时变为 dS，且

$$0 < d < 1 + rh < u$$

---

① 卖空行为是指卖出借入的证券，到期后再买入相应证券进行归还的行为。在我国这也被称作融券行为。

其中，r 为无风险利率，u 和 d 表示到期时股价上涨或下跌的比率。此式中后两个不等号事实上表达的是无套利条件。相应地期权价值 C 也变为 C_u 和 C_d，如图 5-4 所示。

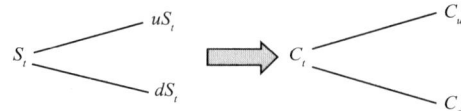

图 5-4 股票涨跌与相应期权价值

下面用 Δ 份的股票和 B 份的无风险债券构成资产组合，来复制期权 C，并使 $\Delta t = h$ 后两者价值在任何情况下都相等，即

$$\Delta \times uS_t + B \times e^{rh} = C_u$$
$$\Delta \times dS_t + B \times e^{rh} = C_d$$

由此可以求得：

$$\Delta = \frac{C_u - C_d}{S_t(u-d)}, B = e^{-rh}\frac{uC_d - dC_u}{u-d}$$

同时，根据无套利原则，此期权和资产组合当前的价值也应该相等。即：

$$C_t = \Delta S + B = \frac{C_u - C_d}{(u-d)} + e^{-rh}\frac{uC_d - dC_u}{u-d}$$

$$= \frac{1-de^{-rh}}{u-d}C_u + \frac{ue^{-rh}-1}{u-d}C_d$$

$$= \left(\frac{e^{rh}-d}{u-d}C_u + \frac{u-e^{rh}}{u-d}C_d\right)e^{-rh}$$

如果再记 $q_1 = \frac{e^{rh}-d}{u-d}, q_2 = \frac{u-e^{rh}}{u-d}$，则 $q_1 + q_2 = 1$，且根据本小节的 $0 < d < 1 + rh < u$ 式，q_1 和 q_2 皆非负。所以它们在数学逻辑上和概率的性质完全等同，由此学界往往把它们称为风险中性概率。上式表明，无套利条件下，风险资产的价值等与其未来价值按风险中性概率求期望后的折现值。这是金融学上非常深刻的一个结论。

现假设从当前时刻 0 到期权被执行之时的总时间为 $T = nh$。若 $h = 1$ 则 $r \to 0$ 时，期权价值近似为：

$$C_t = \frac{1}{1+r}\left[\frac{1+r-d}{u-d}C_u + \frac{u-1-r}{u-d}C_d\right]$$

上式给出了根据下期期权的可能取值反向求出当前期权价值的方法。当所研究问题涉及多期时，则可以利用最后一期（$T = nh$）期权的可能取值反向求出前一期 $[T = (n-1)h]$ 期权取值。如此反复递推，直至最终求出当前时刻期权价值。

五、Black-Scholes 公式

布莱克（Black）和斯克尔斯（Scholes）（1973）在无套利条件下，推导出股票价格

连续变动且服从几何布朗运动时其欧式看涨期权定价。该几何布朗运动的方程如下：

$$dS_t = \mu S_t dt + \sigma S_t dz$$

其中，S_t 为股票当前价格，$dz = \epsilon \sqrt{dt}$，$\epsilon \sim N(0,1)$，μ 被称作漂移率（Drift Rate），σ 被称作波动率（Volitility Rate）。若再记 T 为期权合约的到期时间，r 为无风险利率，X 为期权执行价格，则欧式看涨期权价值为：

$$C = SN(d_1) - Xe^{-r(T-t)}N(d_2)$$

其中，$d_1 = \dfrac{\ln(S/X) + \left(r + \dfrac{1}{2}\sigma^2\right)(T-t)}{\sigma\sqrt{T-t}}$，$d_2 = \dfrac{\ln(S/X) + \left(r - \dfrac{1}{2}\sigma^2\right)(T-t)}{\sigma\sqrt{T-t}} = d_1 - \sigma\sqrt{T-t}$，$N(d_i)(i=1,2)$ 是正态分布的累计分布函数。看跌期权的价值则可由上式结合前面的平价公式（5-1）计算而得。

在上述公式中，参数 r、T、S_t、X 皆为已知或为期权合约所规定，而唯一需要估计的参数则是波动率 σ。如果假设其为常数，则其可由如下公式进行估计：

$$\sigma = \sqrt{\dfrac{1}{n-1}\sum_{i=1}^{n}(u_i - \bar{u})^2}$$

其中，u_i 为考虑了分红和拆股的股票日收益率，$\bar{u}$ 为其年度均值，n 为年交易日数。应用上式的主要困难在于，σ 随时间和执行价格都会发生变化。这时另外一个实用的方法是，以已经上市且执行价格类似、基础资产相同的其他期权的价格作为基准，反算出基础资产的波动率，即 $\sigma = C^{-1}(\sigma)$。

六、欧式看涨期权价值的影响因素

传统上我们用一系列希腊字母的发音来标记欧式看涨期权价值关于参数变动的一阶导数或二阶导数。以下分别介绍之：

（1）Delta $\stackrel{\text{def}}{=} \dfrac{\partial C}{\partial S} > 0$，$\dfrac{\partial C}{\partial X} < 0$，Gamma $\stackrel{\text{def}}{=} \dfrac{\partial^2 C}{\partial S^2} > 0$。前两个不等式表明，给定执行价格等，基础资产价值越大则看涨期权价值就越大；或者反过来执行价格越高，则期权价值就越低。另外，由前面的图 5-2 可知，欧式期权价值是基础资产价值的凸函数，所以 γ 大于 0。

（2）Vega $\stackrel{\text{def}}{=} \dfrac{\partial C}{\partial \sigma} > 0$。这是由于股票的价值以 0 为下限，而向上的潜能却是无限的。波动率的增加，提高了股票期末价格取较大值的可能性，所以会有上述结果。

（3）Theta $\stackrel{\text{def}}{=} \dfrac{\partial C}{\partial T} > 0$。这是由于到期时间的增加事实上放大了波动率对期权价值的提升作用；或者，期权的时间价值随到期时间的增加而增加。

(4) $\text{Rho} \stackrel{\text{def}}{=} \frac{\partial C}{\partial r} > 0$。这是因为,无风险利率的增加,意味着未来支付的执行价格的现值 PV(X);或者执行期权的实质成本会减少,所以期权价值相应会增加。

七、实物期权概述

实物期权(Real Options)的概念来自迈尔斯(Myers)(1977)。他认为公司的价值既包含现有资产所产生现金流的折现价值,也包括公司未来增长机会的价值,后者实质上就是实物期权。后来的学者对此概念又进行了多项扩展性的阐释,认为实体经济的投资项目由于其收益具有波动性,也可以用金融期权的概念来进行定价。其执行价格即投资额,期限即投资前的等待时间。另外,企业经营过程中所具有的各种选择权或灵活性(柔性),也被广泛地认为是内嵌的实物期权,具有一定价值。

(一)实物期权主要类型

目前,学界对实物期权进行了多种分类,包括推迟期权、增长(成长)期权和转换期权等。

1. 推迟(延迟)期权

这是指项目的持有者有权推迟对项目的投资,等待价格、销量等方面的进一步信息。若项目的收益前景明显变差,则放弃该项目,这样就可以避免投资的本金损失。另外某些现在看起来亏损的项目,也会因为推迟的期权存在而变得更有价值。

[例 5-8] 经政府批准某汽车制造公司可以投资全电动汽车生产线,项目总投资 1000 万元。建成后该生产线可稳定运行 15 年(之后残值忽略不计),每年生产 A 级乘用车 30 万辆,预计每辆汽车售价 20 万元(不考虑补贴和税)。当时车用电池的价格还非常高,所以当时测算达产后每辆车的销售净利率仅有 10%。但该公司预计 3 年后电池的价格有 1/2 的可能降低 40%。这会使销售净利率提高到 30%。还有 1/2 的可能电池价格则维持不变。假设该公司所适用的折现率为 10%,请问该公司应该如何决策?

如果以收益法来估值,则该汽车当前的平均销售净利率为 20%,年金现值系数(P/A,10%,15)= 7.61。则项目的价值 V_0 为:

$V_0 = 20 \times 30 \times 20\% \times 7.61 - 1000 = -86.8(万元)$

由此可见,按照收益法当前应该放弃该项目。

如果在此后 3 年内市场条件和除电池成本外的预期都不变,且政府允许项目延期 3 年后再投资。这时公司会等待 3 年,到时只有当电池价格较低(公司毛利率较高)时才会投资,其他情况则会放弃此项目。所以从当前时点看此实物期权的价值 V_1 为:

$V_1 = \frac{1}{(1+10\%)^3} \times \left[\frac{1}{2} \times (20 \times 30 \times 30\% \times 7.61 - 1000) + \frac{1}{2} \times 0 \right]$

$= 138.9$（万元）

所以公司应该积极争取此项目和政府的延期授权。

另外，风险基金对项目的投资，往往不是一次性地支付全部资金，而是视企业表现分阶段投入。有的学者把此称为分段期权，但其内在逻辑和这里的推迟期权是一样的。

2. 增长（成长）期权

该期权指投资者获得初始的投资成功之后，在未来的时间内，还能够获得一些新的投资机会。这主要是由于该项目的实施为企业今后的发展创造更加广阔的空间和机会。比如，企业的许多先行投资项目（如 R&D、战略性兼并等）中都包含了增长期权。这些项目的价值并不主要取决于其本身所产生的现金流大小，而是其为企业所提供的未来成长机会的价值，如新一代的产品、充足的资源储备、进入新市场的通道和业务间的协同等。

3. 转换期权

这是指项目的持有者在未来的时间内，有权在多种决策之间进行转换。如当厂商面临市场需求或原料价格的变动时，厂商可选择改变其生产投入组合或产出组合，以提高产出的利润率。

（二）实物期权与收益法的比较

收益法或现金流折现法没能注意到事后投资者主动规避损失的可能性，因而会低估项目的价值。而且收益法自身对参数的估计精度要求也很高。但作为实物期权标的物的投资项目以及实物期权自身一般都不存在公开交易市场。所以与金融期权相比，实物期权最主要的区别是其流动性极差，有学者也称为非交易性。这对应用 Black–Scholes 公式和二叉树法来对实物期权进行估值提出了极大挑战，因为它们潜在地假设相应资产都是可以不断交易的。所以，运用实物期权估值法也应该和其他估值方法相结合，以相互校准和相互印证。

思考题

1. 成本法应用中，各贬值因素在什么情况下应考虑扣减？
2. 根据成本法基本原理，分析成本法适用性及局限性。
3. 市场比较法如何选择参照物资产？
4. 根据市场比较法基本原理，分析市场比较法适用性及局限性。
5. 请写出戈登公式的表达式，并查阅公司金融教材等相关资料，了解在股权估值中，股息增长率的估算方法。
6. CAPM 模型和三因子模型在原理上有何不同？其中的无风险利率和市场收益率又是如何测算的？
7. 成本法、市场比较法和收益法三者之间相比，各自的主要缺陷是什么？
8. 为什么公司的股权类似于一个看涨期权，而债权类似于卖空了一个看跌期权？

9. 请写出在对期权的二叉树定价中,风险中性概率的表达式。为什么 $0<d<1+rh<u$ 代表的是无套利条件?

10. 根据 Black – Scholes 公式,在对欧式看涨期权进行估值时,主要需要哪些参数?另外,这些参数是如何影响期权价值的?

11. 根据你的理解,什么是实物期权?其相对于收益法进行项目估值,为什么具有优越性?

本章参考文献

[1] 姜楠:《资产评估学(第四版)》,东北财经大学出版社 2018 年版。

[2] 刘玉平、马海涛、李小荣:《资产评估原理(第七版)》,中国人民大学出版社 2020 年版。

[3] 乔志敏、宋斌、王小荣、翟进步:《资产评估学教程(第五版)》,中国人民大学出版社 2015 年版。

[4]《中华人民共和国资产评估法》。

[5]《资产评估基本准则》。

[6] 中国资产评估协会:《资产评估基础》,中国财政经济出版社 2020 年版。

[7] 朱萍:《资产评估学教程(第六版)》,上海财经大学出版社 2020 年版。

[8] Black, Fischer, Myron Scholes. The Pricing of Options and Corporate Liabilities [J]. Journal of Political Economy, 1973, 81 (3).

[9] Fama, Eugene, Kenneth French. Common Risk Factors in the Returns on Stocks and Bonds [J]. Journal of Financial Economics, 1993 (33): 3 – 56.

[10] Fama, Eugene, Kenneth French. Multifactor Explanations of Asset Pricing Anomalies [J]. Journal of Finance, 1996 (51): 55 – 84.

[11] Myers, Stewart. Determinants of corporate borrowing [J]. Journal of Financial Economics, 1977, 5 (2): 147 – 175.

第六章

资产评估法律法规与准则

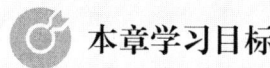 **本章学习目标**

通过本章学习,了解中国资产评估法律制度历史演进过程,了解国外资产评估法律制度,掌握我国资产评估法的主要内容;了解资产评估准则的作用,了解我国资产评估准则产生发展过程,掌握我国资产评估准则的主要内容,熟悉我国资产评估准则的体系;了解国际各地区资产评估准则的基本情况。

资产评估法律制度和评估准则的建立和健全，既是资产评估行业自身健康发展的客观需要，也是资产评估行业顺应市场经济体制和现代产权制度要求的客观需要。我国的资产评估法律法规与准则体系是以《中华人民共和国资产评估法》为统领，由相关法律、行政法规、部门规章、规范性文件以及自律管理制度共同组成的全面、系统、完备的资产评估法律制度体系。

第一节　中国资产评估法律制度

一、中国资产评估法律制度概要

中国资产评估法律制度体系中，属于法律层级的有《中华人民共和国资产评估法》《中华人民共和国公司法》《中华人民共和国证券法》《中华人民共和国公路法》《中华人民共和国企业国有资产法》《中华人民共和国城市房地产管理法》《中华人民共和国拍卖法》《中华人民共和国政府采购法》《中华人民共和国刑法》。

属于行政法规层级的有《国有土地上房屋征收与补偿条例》《国有资产评估管理办法》《社会救助暂行办法》《全民所有制工业企业转换经营机制条例》《中华人民共和国土地增值税暂行条例》《森林防火条例》《证券公司监督管理条例》《中华人民共和国民办教育促进法实施条例》《金融机构撤销条例》《矿产资源勘查区块登记管理办法》《矿产资源开采登记管理办法》《探矿权采矿权转让管理办法》《国务院关于股份有限公司境内上市外资股的规定》《中外合作经营企业法实施细则》《股权发行与交易管理暂行条例》《全民所有制小型工业企业租赁经营暂行条例》。

属于财政部门规章、规范性文件有《资产评估行业财政监督管理办法》（财政部令第86号）、《资产评估师职业资格制度暂行规定》和《资产评估师职业资格考试实施办法》（人社部规〔2017〕7号）、《关于做好资产评估机构备案管理工作的通知》《资产评估基本准则》。

属于资产评估行业自律管理制度的有2016年12月资产评估行业第五次会员代表大会审议通过，并报财政部审查同意、民政部核准的《中国资产评估协会章程》。

随后，中国资产评估协会修订发布了会员管理办法，组织修订发布了25项执业准则和执业道德准则等一系列自律管理制度。截至2021年12月31日，共有各类资产评估准则31项。

二、中国资产评估法律制度的历史演进

中国资产评估法律制度体系建设经历了30余年，其中有三个关键节点，形成四个发展阶段。三个节点分别是1991年颁布国务院91号令《国有资产评估管理办法》、2003年

国务院办公厅转发财政部《关于加强和规范评估行业管理意见的通知》（国办发〔2003〕101号）以及2016年《中华人民共和国资产评估法》。

1. 萌芽准备阶段

20世纪80年代中后期，中外合资、合作经济行为中国有资产流失，为实现国有资产保值增值，亟待国有资产评估制度的建立。

2. 开始建立阶段

1991年11月16日，国务院91号令《国有资产评估管理办法》发布，标志着资产评估行业进入法制规范阶段，之后一系列相关法律法规相继出台，中国资产评估法律体系开始建立。

3. 治理整合阶段

2003年12月10日，国务院办公厅转发财政部《关于加强和规范评估行业管理意见的通知》（国办发〔2003〕101号），标志着在国家层面意识到需要对评估行业进行统一规划、全面整合和系统治理。

4. 规范健全阶段

《中华人民共和国资产评估法》由中华人民共和国第十二届全国人民代表大会常务委员会第二十一次会议于2016年7月2日通过，自2016年12月1日起施行。《中华人民共和国资产评估法》是为了规范资产评估行为，保护资产评估当事人合法权益和公共利益，促进资产评估行业健康发展，维护社会主义市场经济秩序制定的法律。

第二节　国外资产评估法律制度

一、美国的资产评估法律制度

美国是当前商品经济最为发达的国家之一，同时也是资产交易最活跃的国家。但刚开始，联邦政府普遍觉得作为实行市场经济体制的国家，应该允许个人和企业拥有相对的独立性，并没有直接干预评估行业活动。所以美国的多个评估领域的协会是各自独立的行业自律性组织，他们对自己分管的评估领域来规定执业标准，在不同领域从事评估管理，对于评估风险也是通过协会自己的力量加以解决。

随着"储蓄和贷款危机"的严重影响，联邦政府和相关行业组织觉察到评估风险所产生的严重后果。于是通过制定统一的法律法规和统一的评估执业准则来防范评估带来的风险。最早的是1987年制定的《专业评估执业统一准则》，这与当时的"储蓄和贷款危机"有着非常紧密的联系。此后，美国国会于1989年颁布了《不动产评估改革法》强制法令，对关系重大的不动产领域评估进行严格的规范管理，其中的核心内容是组建联邦评估监督管理委员会，要求进行不动产评估要根据所属标准委员会所颁布的评估准则来进行。1989

年美国国会制定的《金融改革、复原和强制执行法令》，该法令对与金融领域相关的评估行为、职业道德和评估人员的考核标准作出了具体规定，以此降低金融资产存在的风险，同样也作为美国资产评估业具有效力的法律文件。

《不动产评估改革法》是联邦政府对于资产评估领域最具代表性的法律文件，联邦各州根据该法案制定各个州政府具体执行方案。制定《不动产评估改革法》的要求和目标，就是要通过考试来考察不动产评估师的实际业务能力及其职业道德标准，希望以此来理顺不动产交易活动中的资产评估，建立维护联邦储备基金和国有资产利益的长效机制。

具体有以下四方面规定：

第一，该法令授权联邦政府组建评估委员会（Appraisal Subcommittee，AS），规定评估委员会与政府的行政关系、主要职责与权力、委员会领导人员的任命及任期、评估委员会举行会议的程序、法定参会人数。

第二，对于评估成员享有的权利承担的义务、具体的资产评估程序、评估师执业条件及其具体职能作出规定。

第三，规定了注册评估人员的期限和注册费标准、审核方式。

第四，规定了评估成员违反联邦法规的处罚措施及提起法律诉讼范围。《不动产评估改革法》对评估委员会监督管理作出的全面规定，以此来保障资产评估促进会制定的评估准则是美国资产评估执业的统一执业标准；不仅肯定资产评估促进会是美国资产评估的行业管理权威，还确立了联邦政府对该协会的政策支持。除此之外，该法还明确了评估委员会是联邦资产评估最高权力机关。

《专业评估执业统一准则》（Uniform Standards of Professional Appraisal Practice，USPAP）是由美国评估促进会制定适用于整个联邦的评估准则。《专业评估执业统一准则》是美国最权威的评估准则，既有国家立法和政府规定的强制性，也有美国评估促进会专业性要求的内部约束力。评估师资格委员会（Appraisal Qualificaitions Board，AQB）是评估促进会关于制订不动产评估师资格标准的单独下设部门。而评估师资格委员会的任务则是制订资产评估师的资格标准。《专业评估执业统一准则》主要有四方面的内容：

第一，对于评估人员言语品行，保守商业秘密等道德条款的规定；评估师接受业务前，要适当界定、陈述业务问题，并有知识和经验完成任务。

第二，按照资产和业务类别的不同对评估标准进行分类，每条标准又分为若干准则，并对准则进行详细介绍。

第三，评估标准与评估报告审核的关系，对于评估方法和评估程序作出具体说明。

第四，评估报告仅仅是顾问意见；对评估报告的内容、权利的规定，以及违背条款。

《专业评估执业统一准则》体现了行业协会对于评估市场的管理职权。此外，评估准则所具有的一致性、权威性，对加强美国评估业务活动的有序运行具有重要的引导作用。

美国国会1989年制定的《金融改革、复原和强制执行法令》作为美国评估行业的法律文件。其规定有以下几方面内容：第一，该文件以法律形式规定了美国联邦金融机构监察委员会组建评估分会，专门管理联邦交易的评估活动并向国会提交相关报告。第二，该法令强制规定，由联邦政府和州评估局、行业协会三个管理机构来监管评估行业，以降低评估风险使其达到可控水平。第三，该法令根据金融资产对于评估的要求，对注册评估师和许可评估师作出不同的标准。第四，法案将评估注册和许可权交给联邦各州，各州注册机构建立注册标准，并且要与评估师资格委员会建立的标准相符合，评估师资格委员会协助各州管理评估师资格考试。总体来说，该法令体现了联邦政府对于加强金融资产的监管力度。

二、英国的资产评估法律制度

英国则通过严格的准入机制和不同业务的分开管理机制来约束评估人员，降低风险。他们提出，如果地产估价师不从事中介服务业的市场评估业务，而私人中介机构不能为各级政府、公共社团买卖不动产以及他们向私人买卖不动产提供咨询评估服务，客观上就会减少评估目的等方面引起的风险。而且英国的评估以行业自律管理为主，政府只管理涉及不动产税基的评估业务和为公共部门提供的评估业务，具体由英国财政部税务局负责。这样就加强了行业自律管理，大大减少了风险发生的可能性。英国皇家特许测量师学会（The Royal Institution of Chartered Surveyors，RICS）还制定了《英国皇家特许测量师操守》，对会员违反准则或相关职业道德守则的进行训诫或处罚。

英国资产评估职业道德准则基本内容。英国皇家特许测量师学会（RICS）制定的资产评估职业道德准则主要由《评估与估价准则》（The Red Book）和《行为规则》（Rules of Conduct）组成。作为执业行为指南，RICS认为职业道德是指尽最大可能保证委托方利益的同时要牢记自己肩负的社会责任。目前RICS职业道德准则分为三个部分：核心职业道德标准、针对评估机构部分、针对评估师部分。

核心职业道德标准内容包括要令人尊敬、诚实正直、公开透明、对自己的行为负责、清楚局限性、客观公正、尊重他人、要有反抗精神、遵守法律法规、避免利益冲突、保密。针对评估机构的内容包括应保持诚实正直、避免任何违背职业道德的行为、专业胜任能力、应迅速且恰当地完成评估业务、培训和保持职业发展（CPD）、保证委托方的财产安全、投诉处理、职业弥偿保险、广告宣传、偿付能力、对单独从业者失去评估能力或死亡的安排、向RICS提交信息、与RICS合作。针对评估师内容包括道德表现、专业胜任能力、保持职业发展、偿付能力、向RICS提交信息、与RICS合作。

英国资产评估管理分两大体系：政府管理体系和民间自律性管理体系。政府管理下的资产评估体系，服务于征税目的，在组织上分三个层次：中央级、大区级、区级评估办公室。中央级评估办公室的职能是制定有关政策，管理大区和区的评估工作。大区级评估办公室的职能是协调其所辖区内评估办公室的评估工作。区级资产评估办公室具体承担其所辖区内评估工作。民间评估机构在发展过程中逐渐建立了行业协会组织，英国民间评估机构在发展过程中，逐渐建立了行业协会组织。行业协会组织目前有三家，分别是皇家特许测量师学会（RICS）、估价师与拍卖师联合协会（ISVA）和税收评估协会（IRRV）。其中，影响最大的是英国皇家特许测量师学会，该学会成立于1868年，其主要职能是制定行业操作规范和行为准则，对评估人员进行监管、教育和培训，保持和政府部门的联系，为会员提供服务。

三、德国的资产评估法律制度

德国先后颁布了《土地评价法》《建设法典》《土地整理法》《评估法》等，在法律的框架下，德国的资产评估管理体制是典型的政府干预型模式。在德国，房地产估价及其他产业的估价由独立的专门机构——估价委员会（估价委员会相当于评估事务所，只不过它具有较强的行政色彩）负责实施，估价委员会是联邦政府通过法令授权州政府成立的。估价委员会的办公室一般挂靠在地籍局，每个市、县均设有估价委员会，地区设有高级估价委员会，负责辖区内的估价工作。

在德国，行业协会基本不参与评估师的管理，主要从事维护评估行业的形象、为会员组织培训、争取利益最大化等工作。

政府干预型管理模式的特点是：由国家制定和颁布专门法律，对资产评估的地位、资格、事务所的设立以及从事评估的依据、工作规范等作出明确规定；政府与协会配合密切，政府参与资产评估执业规范的制定，政府在评估执业规范和评估质量监督中起着重要作用。

政府干预型管理模式的主要优点在于：通过政府与协会的相互协作，共同制定执业规范并监督其执行，可以较为全面地考虑双方意愿，协调双方利益，从而使执行规范既有科学性和指导性，又有权威性和严肃性。

政府干预型管理模式也具有其自身的缺点，即由于在该体制下，政府在较大范围和程度上进行了干预，因而使资产评估行业自身的独立性受到影响，不利于行业的发展。

四、马来西亚的资产评估法律制度

马来西亚资产评估业发展较早，政府部门针对测量师的执业行为，在1967年就制定了《注册测量师法》，其中规定测量师的执业资格长期有效。马来西亚测量师协会也是根据《注册测量师法》产生的行业协会，并由测量师协会对产业测量师、土地测量师等专业人士进行行业自律管理。此后，根据评估行业的需求，马来西亚制定了评估业的统一的法律——《评估师、估价师和不动产代理人法令》，并于1981年颁布，此后根据市场变化多次修订，该法被称为评估行业的基本法，拥有管理全国评估业的权力。

《评估师、估价师和不动产代理人法令》内容具体有以下方面：

第一，关于评估行业的管理准则、评估师的资格标准、关于评估机构的机构形式、制定评估行业准则等。

第二，规定评估师和评估机构要取得评估委员会核准的注册执照和执业许可证，方可以评估师、评估机构的名义提供相关评估服务。

第三，对申请注册进行资格审查，决定注册期的延展，举行注册评估师和注册不动产代理人的资格考试。

第四，对评估产生的纠纷要举行听证会以及如何做出行政裁决，对违规人员进行相应处罚，评比优秀的机构和评估执业人员等。

五、韩国的资产评估法律制度

韩国的评估行业产生于19世纪70年代，韩国建设部根据《国土利用管理法》等土地相关法律，在1972年制定了韩国土地评价士法律。土地评价士法律主要适用于基准地价的调查和评估业务，随后韩国政府结合《国家开发法》《城市规划法》，对非国有土地的征用补偿、课税税基来对土地评价士法律提供评估地价标准。

相应的土地评价士协会在1982年2月成立。1983年底，韩国政府根据土地评价士法律建立了公认鉴定士法律。公认鉴定士法律针对的是金融机构贷款时抵押担保财产的评估，以及国有资产、公共财产的评估。公认鉴定士法律以法律形式规定，对于定期财产评估、诉讼财产评估以及其他公证性财产评估的中介活动，要符合公认鉴定士法律的相关条款规定。公认鉴定士协会于1986年4月成立。随后，土地评价士法律和公认鉴定士法律统一起来，名称为鉴定评价士法律制度，并开始组建韩国鉴定评价业协会。

鉴定评价士法律可以规定所有公私财产的价值评估业务。韩国的鉴定评价士和鉴定评价业协会由建设部统一领导。建设部对其进行的行政管理，一般只管到鉴定评价士资格的取得和鉴定评价机构的设立，其余主要由鉴定评价业协会以自律方式进行管理。鉴定评价业协会的具体职责有：评估制度、评估方法的制定和发表；评估人员的职业培训；对于评估责任的追究；鉴定评价业协会的统一指导方案；职业道德规范的制定，协会会员执业，法律调解、仲裁和评估纠纷等。

韩国评估机构组织形式有：评估公司、评估联合事务所、个人执业者。其中评估公司的评估业务范围不受限制。在韩国，设立共济基金是韩国评价业协会的特色，是对评估师的责任保障。评估师除参加商业保险外，还需要参加共济基金，实行行业自保。

第三节 《资产评估法》的主要内容

第十二届全国人大常委会第二十一次会议表决通过《资产评估法》，标志着经过多年酝酿，中国资产评估行业迎来首部基本大法。《资产评估法》共八章五十五条，包括总则、评估专业人员、评估机构、评估程序、行业协会、监督管理、法律责任和附则等内容。该法自 2016 年 12 月 1 日起施行。

一、资产评估法律调整范围

《资产评估法》第二条规定了法律的调整范围。《资产评估法》所评估机构及其评估专业人员根据委托对不动产、动产、无形资产、企业价值、资产损失或者其他经济权益进行评定、估算，并出具评估报告的专业服务行为。

（一）资产评估的主体

资产评估的主体是评估机构及其评估专业人员。评估机构是依法设立的从事资产评估业务的专业机构。根据《资产评估法》的规定，设立评估机构首先应当向工商行政管理部门申请办理登记，领取营业执照，在领取营业执照后 30 日内向有关评估行政管理部门进行备案。设立评估机构，从事评估业务应当符合《资产评估法》第十五条规定的条件，包括应当具有的评估师的数量，并符合有关对合伙人或者股东的要求。评估专业人员包括评估师和其他具有评估专业知识及实践经验的评估从业人员。评估专业人员应当加入评估机构，才能从事评估业务。

（二）资产评估的对象

资产评估的对象包括不动产、动产、无形资产、企业价值、资产损失或者其他经济权益。《资产评估法》所称的资产评估，是包括对不动产、动产、无形资产、企业价值、资产损失或者其他经济权益等各类评估对象进行评估的大概念。这里重点介绍无形资产、企业价值、资产损失等评估对象所涉及的评估业务内容。

1. 无形资产评估

无形资产是指企业为生产或者提供劳务，出租给他人，或为管理目的而特有的、没有实物形态的非货币性资产，包括专利权、商标权、著作权等。无形资产评估就是根据特定目的，遵循公允、法定规程，运用适当方法，对这些无形资产进行评定、估算，并出具评估报告的行为。

2. 企业价值评估

企业价值评估是指评估师对评估基准日特定目的下企业整体价值、股东全部权益价值或部分权益价值进行评定、估算并出具评估报告的行为。企业价值评估是将一个企业作为一个有机整体，依据其拥有或占有的全部资产状况和整体获利能力，充分考虑影响企业获利能力的各种因素，结合企业所处的宏观经济环境及行业背景，对企业整体公允市场价值进行的综合性评估。企业价值评估适用于设立公司、企业改制、股票发行上市、股权转让、企业兼并、收购或分立、联营、组建集团、中外合作、合资、租赁、承包、融资、抵押贷款、法律诉讼、破产清算等目的的整体资产评估。企业价值评估是建立在企业整体价值分析和价值管理的基础上，把企业作为一个经营整体来评估企业价值的评估活动。企业整体价值是指由全部股东投入的资产创造的价值，本质上是企业作为一个独立的法人实体在一系列的经济合同与各种契约中蕴含的权益，其属性与会计报表上反映的资产与负债相减后净资产的账面价值是不相同的。

3. 资产损失评估

资产损失评估主要是指保险公估这一类别。保险公估是指接受保险当事人委托，对保险事故所涉及的保险标的进行评定、估算，并出具评估报告的行为。《中华人民共和国保险法》对保险公估制度进行了规定："保险活动当事人可以委托保险公估机构等依法设立的独立评估机构或者具有相关专业知识的人员，对保险事故进行评估和鉴定。"保险公估的出现与保险市场的发展密不可分，它是保险市场发展的必然产物。保险公司理赔事务的日益增加和复杂化产生了专业性的需求，为保险公估的形成和发展奠定了基础。

（三）资产评估与一般价格咨询服务的区别

资产评估是评估机构及其评估专业人员对评估对象进行评定、估算，并出具评估报告的专业服务行为，资产评估与一般的价格咨询服务行为，虽然都涉及对有关资产价值或者资产损失价值的估算，但二者有本质的不同：资产评估要由评估机构和评估专业人员出具评估报告，且评估机构和评估专业人员要对出具的评估报告承担法律责任。而价格咨询服务一般不出具报告，有关机构和人员对给出的"咨询价格"也不承担相应的法律责任。所以，出具评估报告应该是资产评估区别于一般价格咨询服务行为的一个重要方面。此外，价格咨询行为对从业的主体也没有法定要求，要经工商注册登记，一般的机构都可以从事。

二、资产评估业务类型

《资产评估法》第三条规定，自然人、法人或者其他组织需要确定评估对象价值的，可以自愿委托评估机构评估。

（一）自愿进行的评估

自然人、法人或者其他组织需要确定评估对象价值的，可以自愿委托评估机构进行评估。这里的"自然人"包括中国公民和外国人。"法人或者其他组织"则是包括除了"自然人"以外的各类组织，包括国家机关、企业事业单位、社会团体等。自然人、法人或者其他组织如果需要确定评估对象价值的，包括需要确定动产、不动产、企业价值、无形资产的价值或者财产损失等，可以自愿委托评估机构进行评估。这里应当指出一点，根据《资产评估法》的规定，评估专业人员必须加入评估机构才能开展业务，评估专业人员不能脱离所在评估机构去承揽业务。所以作为委托人，只能委托评估机构来进行评估业务，不能直接委托评估专业人员进行评估。

（二）法定评估

涉及国有资产或者公共利益等事项，法律、行政法规规定需要评估的，称为法定评估业务，应当依法委托评估机构评估。根据这一规定，属于法定评估业务的，应当具备两个要素：一是涉及国有资产或者公共利益等事项，二是法律、行政法规规定需要评估的。只有这两个要素都具备，才属于法定评估业务。目前已经有 7 部法律，包括《公司法》《证券法》《公路法》《企业国有资产法》《城市房地产管理法》《拍卖法》和《政府采购法》，均已经规定了涉及国有资产产权转让及抵押、股东出资、股票和债券发行、房地产交易等业务，必须要进行评估。此外，《国有土地上房屋征收与补偿条例》《国有资产评估管理办法》《社会救助暂行办法》《全民所有制工业企业转换经营机制条例》《土地增值税暂行条例》《森林防火条例》《证券公司监督管理条例》《民办教育促进法实施条例》《金融机构撤销条例》《矿产资源勘查区块登记管理办法》《矿产资源开采登记管理办法》《探矿权采矿权转让管理办法》《国务院关于股份有限公司境内上市外资股的规定》《中华人民共和国中外合作经营企业法实施细则》《股票发行与交易管理暂行条例》《全民所有制小型工业企业租赁经营暂行条例》16 部行政法规规定对涉及房屋征收补偿、矿产资源开采、金融机构抵押贷款、金融机构撤销等业务，必须进行评估。对属于法定评估业务范围的，委托人应当按照《资产评估法》和有关法律、行政法规的规定，委托评估机构进行评估。

三、评估机构及其评估专业人员

《资产评估法》第四条规定，评估机构及其评估专业人员开展业务应当遵守法律、行政法规和评估准则，遵循独立、客观、公正的原则。评估机构及其评估专业人员依法开展业务，受法律保护。第五条规定评估专业人员从事评估业务，应当加入评估机构，并且只能在一个评估机构从事业务。第八条规定评估专业人员包括评估师和其他具有评估专业知识及实践经验的评估从业人员。评估师是指通过评估师资格考试的评估专业人员。国家根据经济社会发展需要确定评估师专业类别。

（一）评估专业人员

评估专业人员包括两类：一是评估师。根据《资产评估法》的规定，评估师是指通过评估师资格考试的评估专业人员。二是其他评估专业人员，即评估师以外的具有评估专业知识及实践经验的评估从业人员。

评估师首先是评估专业人员，即具有评估专业知识及实践经验的评估从业人员。其次，评估师是通过评估师资格考试的评估专业人员。国家根据经济社会发展需要确定评估师专业类别。根据国务院办公厅转发财政部《关于加强和规范评估行业管理意见的通知》（国办发〔2003〕101号），我国评估师有六大专业类别，即资产评估师、房地产估价师、土地估价师、矿业权评估师、保险公估从业人员和旧机动车鉴定估价师。2021年11月，人力资源和社会保障部公布的《国家职业资格目录（2021年版）》，对专业技术人员资格目录进行了调整，评估类职业资格保留3项，分别是资产评估师、房地产评估师和矿业权评估师。

《城市房地产管理法》规定，国家实行房地产价格评估人员资格认证制度。正因为有这一规定，国务院没有取消住房和城乡建设主管部门对房地产价格评估人员资格的准入管理。考虑到《资产评估法》是评估行业的一般法，而《城市房地产管理法》是包括房地产价格评估管理在内的有关房地产管理的特别法，按照特别法优于普通法适用的原则，对房地产估价从业人员的资格管理，《城市房地产管理法》有特别规定的，可以优先适用。

（二）评估专业人员的权利、义务和禁止行为

《资产评估法》第十二条规定评估专业人员享有下列权利：要求委托人提供相关的权属证明、财务会计信息和其他资料，以及为执行公允的评估程序所需的必要协助；依法向有关国家机关或者其他组织查阅从事业务所需的文件、证明和资料；拒绝委托人或者其他组织、个人对评估行为和评估结果的非法干预；依法签署评估报告；法律、行政法规规定的其他权利。

《资产评估法》第十三条规定评估专业人员应当履行下列义务：诚实守信，依法独立、客观、公正从事业务；遵守评估准则，履行调查职责，独立分析估算，勤勉谨慎从事业务；完成规定的继续教育，保持和提高专业能力；对评估活动中使用的有关文件、证明和资料的真实性、准确性、完整性进行核查和验证；对评估活动中知悉的国家秘密、商业秘密和个人隐私予以保密；与委托人或者其他相关当事人及评估对象有利害关系的，应当回避；接受行业协会的自律管理，履行行业协会章程规定的义务；法律、行政法规规定的其他义务。

《资产评估法》第十四条规定评估专业人员不得有下列行为：私自接受委托从事业务、收取费用；同时在两个以上评估机构从事业务；采用欺骗、利诱、胁迫，或者贬损、诋毁其他评估专业人员等不正当手段招揽业务；允许他人以本人名义从事业务，或者冒用他人名义从事业务；签署本人未承办业务的评估报告；索要、收受或者变相索要、收受合同约

定以外的酬金、财物，或者谋取其他不正当利益；签署虚假评估报告或者有重大遗漏的评估报告；违反法律、行政法规的其他行为。

（三）评估机构及其评估专业人员开展业务的要求

评估机构及其评估专业人员开展业务应当遵守法律、行政法规和评估准则。这里的法律，包括《资产评估法》和其他有关法律。如《证券法》对评估机构从事证券服务业作了相关规定，包括从业人员、机构的资格管理、从业要求等，如果评估机构从事证券服务业，也应遵守这些规定。除了遵守法律，还有有关行政法规，如国务院1991年制定的《国有资产评估管理办法》，对国有资产评估管理作出了相关规定，评估机构及其评估专业人员从事国有资产评估业务的，也需要遵守。评估准则是指导评估专业人员、评估机构开展评估业务的基本规范，包括评估基本准则和评估执业准则。评估行业专业性比较强，对于从业人员和机构需要从专业的角度提出职业道德和评估方法、程序等技术方面的基本要求，以规范从业行为。根据《资产评估法》的规定，国务院各有关评估行政管理部门组织制定本领域的评估基本准则，各全国性评估行业协会依据评估基本准则制定本领域的评估执业准则和职业道德准则。评估机构及其评估专业人员开展业务，除了要遵守法律、行政法规外，还要遵守相关的评估准则。

（四）评估机构及其评估专业人员的法律保护

一方面立足于对评估行业进行规范，要求评估机构及其评估专业人员依照法律、行政法规和评估准则开展业务，以保护公共利益和委托人的合法权益。另一方面也立足于保护评估机构、评估专业人员的合法权益，明确他们在开展业务过程中享有的法定权利包括：对评估专业人员来说，有权签署评估报告，要求委托人提供相关的权属证明、财务会计信息和其他资料，以及为执行公允的评估程序所需的必要协助，依法向有关国家机关或者其他组织查阅执业所需的文件、证明和资料，拒绝委托人或者其他组织、个人对评估行为和评估结果的非法干预；对评估机构来说，委托人拒绝提供或者不如实提供执行评估业务所需要的权属证明、财务会计信息和其他资料的，评估机构有权依法拒绝履行合同要求。

四、评估行业的自律管理

《资产评估法》第六条评估行业可以按照专业领域依法设立行业协会，实行自律管理，并接受有关评估行政管理部门的监督和社会监督。

（一）评估行业可以按照专业领域依法设立行业协会，实行自律管理

目前我国的评估行业分为企业价值等资产评估、房地产估价、土地估价、矿业权评

估、旧机动车鉴定估价和保险公估六大领域,这些领域可以分别依法设立本领域的行业协会进行自律管理。关于行业协会的设立详见本章"评估行业协会"相关内容。

在地方行业协会方面,目前各省、自治区、直辖市均成立了省一级的资产评估、房地产估价、土地估价等行业组织。评估行业协会的章程由会员代表大会制定,报登记管理机关核准,并报各自的评估业务主管部门备案。

(二)评估行业的管理

评估行业应当接受有关评估行政管理部门的监督和社会监督。评估行政管理部门是各评估领域的业务主管部门,按照职责分工分别对各个评估领域进行监督管理,包括对有关评估专业人员、评估机构和评估行业协会进行监督管理。就对评估行业协会监管来说,评估行政管理部门对有关评估行业协会实施监督检查,对检查发现的问题和针对协会的投诉、举报,应当及时调查处理。规定的"有关评估行政管理部门"是指财政部门、住房和城乡建设部门、国土资源部门、商务部门和保险监督管理机构五个部门。这五个部门按照职责分别对有关评估行业协会进行监督管理,具体是:财政部门负责对资产评估行业协会进行监管,住房和城乡建设部门负责对房地产评估行业协会进行监管,国土资源部门负责对土地评估行业协会、矿业权评估行业协会进行监管,商务部门负责对旧机动车评估行业协会进行监管,保险监督管理机构负责对保险公估行业协会进行监管。评估管理部门不得与评估行业协会之间存在人员或者资金的关联。行业协会商会依法直接登记和独立运行,行政机关依据职能对行业协会商会提供服务并依法监管;行政机关与行业协会在人员、资产财务、机构、职能等方面分离,各行业管理部门按职能对行业协会商会进行政策和业务指导,并履行相关监管责任。

评估行业协会除了接受评估行政管理部门的监督外,还要接受社会各方面的监督,包括新闻媒体的监督、社会公众的监督等。为了保障协会能够正确用权、规范运作,需要对其加强各方面的监督,其中社会监督是很重要的方面。新闻媒体可以通过新闻报道,社会公众可以通过向评估行政管理部门投诉、举报等方式对协会违反《资产评估法》规定的行为进行监督。作为行业协会,应当建立健全信息公开等制度,自觉接受社会的监督。

五、评估行政管理部门

《资产评估法》第七条规定国务院有关评估行政管理部门按照各自职责分工对评估行业进行监督管理。设区的市级以上地方人民政府有关评估行政管理部门按照各自职责分工,对本行政区域内的评估行业进行监督管理。

目前国务院有关评估行政管理部门包括财政部、国土资源部、住房和城乡建设部、商务部、中国银行保险监督管理委员会五个部门。这五个部门应当按照各自职责分工,分别对评估行业进行监督管理。根据《保险法》的规定，中国保险监督管理委员会根据履行职责的需要设立派出机构，即各地的"银保监局"；派出机构按照中国银行保险监督管理委员会的授权履行监督管理职责。

资产评估行政管理部门的具体职责主要包括三个方面：一是国务院有关评估行政管理部门组织制定评估基本准则和评估行业监督管理办法。二是设区的市级以上人民政府有关评估行政管理部门依据各自职责，负责监督管理评估行业，对评估机构和评估专业人员的违法行为依法实施行政处罚，将处罚情况通报有关评估行业协会，并依法向社会公开。三是评估行政管理部门对有关评估行业协会实施监督检查，对检查发现的问题和针对协会的投诉、举报进行调查处理。评估行政管理部门应当严格依法行政，不得滥用行政权力。行政管理部门不得从事的行为作了禁止性规定：一是评估行政管理部门不得违反《资产评估法》规定，对评估机构依法开展业务进行限制。二是评估行政管理部门不得与评估行业协会、评估机构存在人员或者资金关联，不得利用职权为评估机构招揽业务。有关行政管理部门违反规定，滥用职权、玩忽职守或者徇私舞弊的，依法给予处分；构成犯罪的，依法追究刑事责任。

六、评估机构

（一）评估机构的设立条件

《资产评估法》第十五条规定，评估机构应当依法采用合伙或者公司形式，聘用评估专业人员开展评估业务。合伙形式的评估机构，应当有两名以上评估师；其合伙人三分之二以上应当是具有三年以上从业经历且最近三年内未受停止从业处罚的评估师。公司形式的评估机构，应当有八名以上评估师和两名以上股东，其中三分之二以上股东应当是具有三年以上从业经历且最近三年内未受停止从业处罚的评估师。评估机构的合伙人或者股东为两名的，两名合伙人或者股东都应当是具有三年以上从业经历且最近三年内未受停止从业处罚的评估师。

（二）设立评估机构的备案

《资产评估法》第十六条规定设立评估机构，应当向工商行政管理部门申请办理登记。评估机构应当自领取营业执照之日起三十日内向有关评估行政管理部门备案。评估行政管理部门应当及时将评估机构备案情况向社会公告。

设立评估机构只需要明确设立评估机构的法定条件，通过向主管部门备案的方式加强事中事后监管，体现出放管结合。一般而言，设立评估机构，应当包括以下三个步骤：向工商行政管理部门申请办理登记、向有关评估行政管理部门备案和评估行政管理部门及时向社会公告。

(三) 评估机构开展业务的基本要求

《资产评估法》第十七条规定，评估机构应当依法独立、客观、公正开展业务，建立健全质量控制制度，保证评估报告的客观、真实、合理。评估机构应当建立健全内部管理制度，对本机构的评估专业人员遵守法律、行政法规和评估准则的情况进行监督，并对其从业行为负责。评估机构应当依法接受监督检查，如实提供评估档案以及相关情况。法律条文重点内容解读：本条是关于评估机构开展业务基本要求的规定。资产评估机构是向社会提供评估服务的专业组织，无论自愿评估，还是法定评估，都是要由评估机构这个行为主体完成的，评估专业人员都是在评估机构内从事业务。加强评估机构的规范管理，确保评估机构依法独立、客观、公正开展业务，建立健全质量控制和内部管理制度，才能实现规范评估行为，保护评估当事人合法权益和公共利益，促进资产评估行业健康发展，维护社会主义市场经济秩序的立法目的。

(四) 评估机构法定的拒绝履行合同权

《资产评估法》第十八条规定，委托人拒绝提供或者不如实提供执行评估业务所需的权属证明、财务会计信息和其他资料的，评估机构有权依法拒绝其履行合同的要求。评估机构依法向委托人提供专业的评估服务，两者之间形成了一个服务合同。双方应当按照诚实信用的原则，履行各自的合同义务。

(五) 评估机构法定的单方解除权

《资产评估法》第十九条规定，委托人要求出具虚假评估报告或者有其他非法干预评估结果情形的，评估机构有权解除合同。

《资产评估法》第四条规定，评估机构及其评估专业人员开展业务应当遵守法律、行政法规和评估准则，遵循独立、客观、公正的原则。第十二条规定，评估专业人员在评估活动中有权拒绝委托人或者其他组织、个人对评估行为和评估结果的非法干预。第十四条、第二十条规定，评估专业人员、评估机构不得签署、出具虚假评估报告或者有重大遗漏的评估报告。第二十七条规定，委托人不得串通、唆使评估机构或者评估专业人员出具虚假评估报告。为此，评估机构应当依法开展业务，遵循独立、客观、公正的原则。委托人因一己私欲而向评估机构提出出具虚假评估报告或者其他任何非法干预的要求，都是无理要求，属于《合同法》规定的"不可归责于该当事人的事由"，评估机构在行使法定单方解除权的同时，无须承担赔偿损失的责任。

(六) 评估机构禁止性行为

《资产评估法》第二十条规定，评估机构不得有下列行为：

（1）利用开展业务之便，谋取不正当利益；

（2）允许其他机构以本机构名义开展业务，或者冒用其他机构名义开展业务；

（3）以恶性压价、支付回扣、虚假宣传，或者贬损、诋毁其他评估机构等不正当手段招揽业务；

（4）受理与自身有利害关系的业务；

（5）分别接受利益冲突双方的委托，对同一评估对象进行评估；

（6）出具虚假评估报告或者有重大遗漏的评估报告；

（7）聘用或者指定不符合《资产评估法》规定的人员从事评估业务；

（8）违反法律、行政法规的其他行为。

（七）评估机构风险防范机制

《资产评估法》第二十一条规定，评估机构根据业务需要建立职业风险基金，或者自愿办理职业责任保险，完善风险防范机制。

资产评估行业是一个专业性很强的中介服务行业，由于评估机构的评估活动，涉及委托人利益、第三人利益和社会公共利益，一般认为评估机构与注册会计师事务所、律师事务所等类似，需要承担较高的职业风险，为了有效应对较高的职业风险，本条规定评估机构根据业务需要建立职业风险基金，或者自愿办理职业责任保险，从而完善风险防范机制。

（八）委托人选择评估机构

《资产评估法》第二十二条规定，委托人有权自主选择符合《资产评估法》规定的评估机构，任何组织或者个人不得非法限制或者干预。评估事项涉及两个以上当事人的，由全体当事人协商委托评估机构。委托开展法定评估业务，应当依法选择评估机构。委托人的委托是评估程序的起点。为进一步规范委托人选择评估机构的行为，本条对此作出了具体规定：

1. 自愿原则

自愿原则又称意思自治原则，是指民事主体依照自己的理性判断，自主参与民事活动，管理自己的私人事务并不受非法干预。自愿原则包括三层含义：一是当事人自主决定民事事项，二是当事人对自己的真实意思负责，三是只要民事主体的行为不违反法律规定，其他任何组织和个人都不能干涉。《资产评估法》第二条规定，自然人、法人或者其他组织需要确定评估对象价值的，可以自愿委托评估机构评估。委托人有权自主选择符合《资产评估法》规定的机构，任何组织或者个人不得非法限制或者干预。

2. 合法原则

符合规定的评估机构委托人虽然在选择权上遵循自愿原则，但在选择的对象（评估机构）上应当遵循合法性原则。委托人应选择符合《资产评估法》规定的评估机构。

3. 协商委托原则

评估事项涉及两个以上当事人的，由全体当事人协商委托评估机构。协商委托，要有共同的意思表示，包括以下几层含义：一是应当是与评估事项相关的当事人。与评估事项无关的其他各方，与委托没有利害关系，不是当事人，委托人无须与其进行协商。与评估事项相关的当事人如离婚析产的夫妻双方、财产继承中涉及的多个继承人、买卖合同的双方等。二是全体当事人。协商应由所有相关当事人参与，共同协商委托评估机构。

4. 依法开展业务原则

委托开展法定评估业务应当依法选择评估机构涉及国有资产或者公共利益等事项，法律、行政法规规定需要评估的，应当依法选择评估机构评估，即依照法律、法规、规章规定的程序，选择符合法定条件的评估机构进行评估。

七、评估业务承办义务的基本要求

（一）承办评估业务的人员要求

《资产评估法》第二十四条规定，承办具体的评估业务，应由至少两名评估专业人员进行。作这样的规定，主要是为了保证评估工作的公正、客观。根据此规定，评估机构在受理任何评估业务时，不论该业务标的额有多小、评估方法有多简单，都必须指定至少两名评估专业人员承办评估事务。如果评估机构只派出一名评估专业人员，委托人有权拒绝。

（二）评估专业人员的回避

《资产评估法》第十三条规定了与委托人或者其他相关当事人及评估对象有利害关系的，应当回避。回避的目的是防止徇私舞弊或发生偏见，以有利于对评估对象进行客观认定。委托人发现有关评估专业人员有应当回避情形时，有权要求该人员不参与此项评估工作。评估机构在确认相关情况属实后，应当及时更换有关评估专业人员。

八、现场调查和评估的依据

《资产评估法》第二十五条规定，评估专业人员应当根据评估业务具体情况，对评估对象进行现场调查，收集权属证明、财务会计信息和其他资料并进行核查验证、分析整理，作为评估的依据。对企业价值、股权和无形资产等非实物性资产进行评估时，也应当根据评估对象的具体情况进行必要的现场调查。进行现场调查不仅是基于对评估专业人员履行调查职责、勤勉谨慎从事业务的义务要求，也是评估程序的必经环节。评估专业人员应当根据评估项目的具体情况，确定合理的资产勘查或者现场调查方式，并与委托方或者资产占有方进行沟通，确保现场调查、勘察工作顺利进行。评估专业人员在进行现场调查的同时，还应当收集一系列资料，包括权属证明、财务会计信息和其他资料并进行核查验证、分析整理。资料收集、整理工作是评估工作质量的重要保证，也是进行分析判断，进而形成评估结论的基础。由于评估对象及其所在行业的市场状况、信息化和公开化的程度不同，相关资料的获取程度也不同。评估专业人员在日常工作中应当注重收集信息资料，并根据所承办评估对象的情况确定收集资料的深度和广度，尽可能全面、翔实地收集资料，并采取切实有效措施确定资料来源的可靠性。评估专业人员应当通过与委托人、资产占有方沟通并指导其对评估对象进行清查等方式，对评估对象或者资产占有单位资料进行了解，并对委托人和资产占有方提供的资料进行必要的核实。同时，评估专业人员也应当主动收集与评估业务相关的评估对象资料及其他评估资料。根据评估工作进展情况，评估人员应当及时补充收集需要的资料。评估活动所依据的资料，包括资产所有者的内部资料和资产所有者的外部信息资料。内部信息资料包括权属证明法律文件、成本花费、类似资产交易记录、资产预期剩余使用寿命等，一般由资产所有者或者占有者提供，对于不能提供的，则需要评估专业人员进行调查后才能取得。外部信息资料包括行业资料、发展趋势、宏观经济前景、市场交易定价资料等，一般来源于公开市场和公共信息领域，如市场、政府、自媒体、行业协会信息等。在收集到相关资料后，并不是每一份资料都会对评估工作产生积极意义。这就存在一个去伪存真、去粗取精的过程，靠的是评估专业人员对信息资料进行核查验证和分析整理。对资产信息资料的合理性和可靠性进行识别，对于失真的信息资料要及时鉴别并剔除。对所收集的资料和数据是否具有合理性、相关性也需要进行分析。这种分析，通常可以通过确定信息源的可靠性和资料本身的可靠性来解决。经过核查验证，分析整理后的信息资料，可以作为评估依据。

九、评估方法和评估报告的内部审核

《资产评估法》第二十六条规定，评估专业人员应当恰当选择评估方法，除依据评估执业准则只能选择一种评估方法外，应当选择两种以上评估方法，经综合分析，形成评估结论，编制评估报告。评估机构应当对评估报告进行内部审核。

《资产评估法》第二十六条对评估方法和评估报告内部审核作出规定。

（一）评估方法

评估专业人员应当对所收集的资产评估资料进行分析，确定其可靠性、相关性、可比性，去除不可靠、不相关的信息，对信息进行必要的分析整理。在此基础上选择恰当的评

估方法。当前，评估有多种方法，如重置成本法、现行市价法、收益现值法、清算价格法、假设开发法、基准地价修正法等。

用收益现值法进行资产评估的，应当根据被评估资产合理地预期获利能力和适当的折现率，计算出资产的现值，并以此评定重估价值。用重置成本法进行资产评估的，应当根据该项资产在全新情况下的重置成本减去按重置成本计算的已使用年限的累积折旧额，考虑资产功能变化，成新率等因素，评定重估价值，或者根据资产的使用期限，考虑资产功能变化等因素重新确定成新率评定重估价值。用现行市价法进行资产评估的，应当参照相同或者类似资产的市场价格，评定重估价值。用清算价格法进行资产评估的，应当根据企业清算时其资产可变现的价值，评定重估价值。

原则上，在承办评估项目中，评估专业人员应当在根据相关执业准则确定的评估方法中选择两种以上的方法。要求选择两种以上的方法，是为了使评估结论更加科学、准确，确保评估报告的合理性。如果相关评估执业准则只规定了一种评估方法，则应当严格适用该种评估方法，并在评估报告中说明。评估专业人员在选择恰当的评估方法后，应当根据评估基本原理和评估执业准则的要求恰当运用评估方法进行评估，形成初步评估结论。

（二）形成评估结论和编制评估报告

评估专业人员在形成初步资产评估结论的基础上，需要对信息资料、参数的数量、质量和选取的合理性等进行综合分析，以形成评价结论，编制评估报告。编制评估报告时，必须清楚地表达评估结论，并对评估依据进行充分说明，明确评估机构的义务与责任。

1. 编制评估报告应当遵循以下规则

（1）清晰、准确地陈述评估报告内容，禁止使用误导性、模糊性表述。

（2）在评估报告中提供必要信息，使报告使用者能够合理理解评估结论。

（3）根据评估对象的复杂程度、委托方要求，合理确定评估报告的详略程度。

（4）当评估程序受到限制且无法排除，经与委托方沟通协商后仍需出具评估报告的，应当在评估报告中说明评估程序受限情况及其对评估结论的影响，并明确评估报告的使用限制。

（5）明确评估报告的使用有效期。

2. 评估报告基本内容

评估报告基本内容包括：

（1）评估机构、委托方、产权持有者和委托方之外其他评估报告使用者的情况；

（2）评估目的；

（3）评估对象和评估范围；

（4）评估基准日；

（5）评估方法及其说明；

（6）评估假设和相关报告限制使用条件；

（7）评估报告提交时间及方式；

（8）评估服务费总额、支付时间和方式；

（9）其他需要明确的重要事项等。

评估专业人员在提交正式评估报告前，可以在不影响对最终评估结论进行独立判断的前提下，与委托方或者委托方许可的相关当事方就评估报告有关内容进行必要的沟通。通常只有当评估基准日与经济行为实现日相距不超过一年时，才可以使用该评估报告。

3. 评估报告的内部审核

根据《资产评估法》第十七条的规定，评估机构应当建立健全内部管理制度。评估机构应当对评估报告进行内部审核，这就要求评估机构建立内部质量控制制度。

建立健全评估机构内部审核机制具有重要意义：一是内部审核可以确保评估报告的质量；二是内部审核可以有效防范评估机构的经营风险，加强对经营薄弱环节的控制，对项目风险作出合理的判断；三是促进市场健康稳定发展，维护社会公众利益。

十、签署、出具评估报告

《资产评估法》第二十七条规定，评估报告应当由至少两名承办该项业务的评估专业人员签名并加盖评估机构印章。评估机构及其评估专业人员对其出具的评估报告依法承担责任。委托人不得串通、唆使评估机构或者评估专业人员出具虚假评估报告。评估报告应当由承办的评估专业人员签名，由其对评估报告的真实性、有效性负责。同时，根据《资产评估法》第五条、第十四条的规定，评估专业人员从事评估业务，应当加入评估机构，不得私自接受委托从事业务、收取费用；第二十三条规定，委托人应当与评估机构订立委托合同，约定双方的权利和义务。即评估专业人员不能脱离评估机构执业，委托人也不得绕开评估机构直接与评估专业人员订立评估委托合同，否则合同无效。因此，对于具体承办评估业务的评估专业员出具的评估报告，应当由评估专业人员所属的评估机构加盖印章，对外负责评估报告的真实性、有效性。因评估报告出现错误、虚假、重大遗漏等情况，导致委托人或者其他报告使用人利益损失的，评估机构及其具体承办的评估专业人员应当依法承担责任。这种责任，包括民事责任、行政责任和刑事责任。《资产评估法》第十五条规定，评估机构应当依法采用合伙或者公司形式，聘用评估专业人员开展评估业务。即评估机构与评估专业人员之间存在聘任合同关系。根据民法相关理论和《资产评估法》第五十条的规定，在对委托人或者其他相关当事人的民事责任（违约责任和侵权责任）方面，应当由评估机构承担，评估机构承担民事责任后可向其所聘用的、有故意或者重大过失行为的评估专业人员进行追偿。在行政责任和刑事责任方面，根据《资产评估法》第七章（法律责任）和《刑法》相关条文的规定，分别追究评估机构和评估专业人员的责任。根据《资产评估法》相关条文的规定，评估机构及其评估专业人员开展业务应当遵守法律、行政法规和评估准则，遵循独立、客观、公正的原则；应当履行诚实守信，依法独立、客观、公正从事和开展业务的义务；不得签署虚假评估报告或者有重大遗漏的评估报告。一方面要求评估机构和评估专业人员加强职业道德修养，自觉杜绝和消除不公正、不客观的隐患；另一方面，法律也从委托人的角度作出规定，《资产评估法》第二十七条规定的其不得串通、唆使评估机构或者评估专业人员出具虚假报告，就是其中之一。如果发生了委托人串通、唆使评估机构、评估专业人员出具虚假评估报告的行为，根据《资产评估法》第十二条、第十九条的规定，评估专业人员有权拒绝这种干预，评估机构有权解除委托合同。如果委托人与评估机构、评估专业人员发生了串通行为，导致相关方利益损失，应当共同承担法律责任。同时，根据《资产评估法》第五十二条规定，委托人在法定评估中有串通、唆使评估机构或者评估师出具虚假评估报告的，应当承担行政责任，构成犯罪的，依法追究刑事责任。

十一、开展法定评估业务的基本要求

《资产评估法》第二十八条规定，评估机构开展法定评估业务，应当指定至少两名相应专业类别的评估师承办，评估报告应当由至少两名承办该项业务的评估师签名并加盖评估机构印章。本条对开展法定评估业务的基本要求作出具体规定。一是开展法定评估业务，必须指定至少两名评估师。三是法定评估业务的评估报告由至少两名承办该项业务的评估师签名。本着"谁承办、谁签署"评估报告的原则，在评估报告上签名的评估师必须具体承办该项业务。未承办该业务的评估师在评估报告上签名的，属于"签署本人未承办业务的评估报告"。四是法定评估业务的评估报告应当加盖评估机构的印章。法定评估是评估机构及其评估师的专业服务行为，评估机构与评估师对出具的评估报告承担法律责任。因此，评估报告应当在相关评估师签名后加盖评估机构印章，才能对外发生法律效力。

十二、评估档案的保存期限

《资产评估法》第二十九条规定，评估档案的保存期限不少于十五年，属于法定评估业务的，保存期限不少于三十年。

档案是评估机构及其评估专业人员在评估活动过程中形成的具有保存价值的各种文字、图表、凭证、声像等不同形式的记录，包括开展评估业务中收集的有关权属证明文件、财务会计信息、现场调查记录，以及评估过程采用到的各种数据、工作底稿、评估报告底稿以及其他相关资料等。评估档案也可以分为纸质档案、电子档案、其他介质档案三类。确定评估档案保存期限,要综合考虑评估行业特点、评估对象、评估档案价值、管理成本等因素。考虑到评估行业实际情况,属于一般评估业务的,评估档案的保存期限不少于十五年。为此,第二十九条规定,对一般的评估业务档案保存期限不少于十五年。属于法定评估的,评估档案保存期限不少于三十年。

十三、评估报告的异议

《资产评估法》第三十条规定,委托人对评估报告有异议的,可以要求评估机构解释。

委托人委托评估机构评估的目的在于确定评估对象的价值,由于评估活动涉及经济权益,因此委托人对评估程序的规范性、评估结论的合理性非常关注。委托人对评估报告有异议,可以是对评估主体、评估程序有异议,也可以是对评估依据、评估方法以及评估结论有异议。对此,评估机构和评估专业人员有义务从专业、技术的角度,从评估主体、评估程序、评估方法、评估依据等方面有针对性地进行解释,从而消除委托人的疑问。

《资产评估法》第三十一条规定,委托人认为评估机构或者评估专业人员违法开展业务的,可以向有关评估行政管理部门或者行业协会投诉、举报,有关评估行政管理部门或者行业协会应当及时调查处理,并答复委托人。

(一)委托人对违法开展评估业务的投诉权和举报权

委托人认为评估机构或者评估专业人员违法开展业务的,可以进行投诉、举报。例如委托人认为评估专业人员存在允许他人以本人名义从事业务或者冒用他人名义从事业务,签署本人未承办业务的评估报告等情形;评估机构受理与自身有利害关系的业务,分别接受利益冲突双方的委托对同一评估对象进行评估,或者出具虚假评估报告或者有重大遗漏的评估报告等,可以向有关评估行政管理部门或者行业协会投诉、举报。投诉一般针对的是委托人认为评估机构或者评估专业人员违法开展业务已经侵害了自身的合法权益。举报一般针对的是违法行为,要求依法予以查处,未必直接侵害委托人自身合法权益。本条规定的投诉人、举报人限于评估委托人,其他人认为评估机构或者评估专业人员违法开展业务的,可以通过其他法定途径举报。

(二)行政管理部门、行业协会受理、调查举报、投诉的义务

有关评估行政管理部门或行业协会接到委托人的投诉、举报后,应当及时受理,依照有关规定公正调查处理。经调查,投诉举报事项属实的,行业协会对评估活动中的纠纷可以依法进行调解并依照章程对评估机构或者评估专业人员予以惩戒,评估行政管理部门依法对评估违法行为予以查处,并及时答复委托人;投诉、举报事项不属实的,也要及时答复委托人。答复委托人,既可以书面答复,也可以口头答复。不及时进行调查处理,或者

不及时答复委托人，有关评估行政管理部门或者行业协会应当承担相应的法律责任。

十四、评估报告的使用

《资产评估法》第三十二条规定，委托人或者评估报告使用人应当按照法律规定和评估报告载明的使用范围使用评估报告。委托人或者评估报告使用人违反前款规定使用评估报告的，评估机构和评估专业人员不承担责任。法律条文重点内容解读：本条（第三十二条）是关于评估报告使用的规定。评估报告经有关评估机构依法出具后，委托人、评估报告使用人可以根据所载明的评估目的和评估结论进行恰当、合理使用，例如作为资产转让的作价基础，作为企业进行会计记录或者调整账项的依据等。但是使用评估报告，应当符合法律规定和评估报告载明的使用范围。根据我国法律规定，在国有资产转让过程中，通常将评估报告所确定的资产评估价格作为底价或最低成交价格。

十五、评估行业协会

（一）评估行业协会的性质和设立

《资产评估法》第三十三条规定，评估行业协会是评估机构和评估专业人员的自律性组织，依照法律、行政法规和章程实行自律管理。评估行业按照专业领域设立全国性评估行业协会，根据需要设立地方性评估行业协会。

《资产评估法》第六条规定，评估行业可以按照专业领域依法设立行业协会，实行自律管理。

从组织性质上看，评估行业协会是自律性组织。它既不是行政机关，不具有行政执法权，也不是事业单位，不由财政供养，而是由会员自愿成立的、自我约束、自我管理、自我教育、自我服务的自律性组织。从法人分类上看，评估行业协会是社团法人。

（二）评估行业协会实行自律管理

评估行业协会对会员实行自律管理。《资产评估法》第六条规定，评估行业可以按照专业领域依法设立行业协会，实行自律管理，并接受有关评估行政管理部门的监督和社会监督。评估行业协会是评估行业管理体系的重要组成部分，与评估行政管理部门对评估行业实施行政监管不同，评估行业协会对评估机构和评估专业人员实施自律管理。一方面，维护评估机构和评估专业人员的合法权益，另一方面，规范评估机构和评估专业人员从事评估业务的行为，推动评估行业健康有序发展。

(三) 评估行业协会的设立

评估行业协会按照评估专业领域设立。《资产评估法》第六条规定，评估行业可以按照专业领域依法设立行业协会。不同领域的评估行业，可以设立不同的评估行业协会。目前，评估行业按照专业领域，分为资产评估行业、房地产评估行业、土地估价行业、矿业权评估行业、机动车鉴定评估行业、保险公估行业六大类，与之相对应，分别设立了相应的行业协会。行业协会分为全国性评估行业协会和地方性评估行业协会。目前，评估行业每一专业领域都设立了全国性行业协会，分别为中国资产评估协会、中国房地产估价师与房地产经纪人学会、中国土地估价师协会、中国矿业权评估师协会、中国汽车流通协会、中国保险行业协会。目前，各省、自治区、直辖市都设立了资产评估、房地产估价、土地估价、二手车鉴定评估的省级行业协会，北京、广东、湖北、河南等12个省直辖市设立了省级保险中介行业协会，内设保险公估委员会。

(四) 评估行业协会章程的制定、核准和备案

《资产评估法》第三十四条规定，评估行业协会的章程由会员代表大会制定，报登记管理机关核准，并报有关评估行政管理部门备案。

1. 章程的制定

评估行业协会的章程应当由会员代表大会制定。评估行业协会的发起人应当起草章程草案，将章程草案提请会员代表大会通过。会员代表大会是评估行业协会的最高权力机构，决定评估行业协会的重大事项。章程是评估行业协会内部管理和活动的根本准则，属于评估行业协会的重大事项，应当由会员代表大会通过，以体现会员的意志，从而保证章程的权威性。

2. 章程的核准

评估行业协会章程应当报登记管理机关核准。全国性评估行业协会的章程，应当报国务院登记管理机关即民政部核准；地方性评估行业协会的核准，应当报当地人民政府登记管理机关即当地民政部门。登记管理机关应当对协会章程的内容进行全面审核。

(五) 评估行业协会会员的权利和义务

《资产评估法》第三十五条规定，评估机构、评估专业人员加入有关评估行业协会，平等享有章程规定的权利，履行章程规定的义务。有关评估行业协会公布加入本协会的评估机构、评估专业人员名单。《资产评估法》第八条的规定，评估专业人员包括评估师和其他具有评估专业知识及实践经验的评估从业人员。

1. 评估行业协会会员的权利

评估行业协会会员具有以下权利：选举权、被选举权；要求协会维护其从事业务的合

法权益；通过协会向政府及其有关部门反映行业意见和建议；参加协会举办的学习和专业培训；参加协会组织的有关专业研究和经验交流活动；优先获得协会的资料、书刊及行业网络信息资源；被提名为专门委员会、专业委员会的委员候选人，对协会工作有监督、建议权；对协会给予的自律惩戒有陈述权和申诉权；按规定退会的权利等。

2. 评估行业协会会员的义务

会员应当履行下列义务：遵守协会章程；遵守执业准则和职业道德准则；执行协会的决议和制度；接受协会的监督和管理；维护会员的团结、行业的信誉和协会的声誉；按规定交纳会费；按规定接受继续教育；承担或者协助完成协会委托的任务等。

（六）评估行业协会的职责

《资产评估法》第三十六条规定，评估行业协会履行下列职责：

（1）制定会员自律管理办法，对会员实行自律管理；
（2）依据评估基本准则制定评估执业准则和职业道德准则；
（3）组织开展会员继续教育；
（4）建立会员信用档案，将会员遵守法律、行政法规和评估准则的情况记入信用档案，并向社会公开；
（5）检查会员建立风险防范机制的情况；
（6）受理对会员的投诉、举报，受理会员的申诉，调解会员执业纠纷；
（7）规范会员从业行为，定期对会员出具的评估报告进行检查，按照章程规定对会员给予奖惩，并将奖惩情况及时报告有关评估行政管理部门；
（8）保障会员依法开展业务，维护会员合法权益；
（9）法律、行政法规和章程规定的其他职责。

（七）评估行业协会之间建立沟通协作和信息共享机制

《资产评估法》第三十七条规定，有关评估行业协会应当建立沟通协作和信息共享机制，根据需要制定共同的行为规范，促进评估行业健康有序发展。

（八）评估行业协会会费的收取和使用

《资产评估法》第三十八条规定，评估行业协会收取会员会费的标准，由会员代表大会通过，并向社会公开。不得以会员交纳会费数额作为其在行业协会中担任职务的条件。会费的收取、使用接受会员代表大会和有关部门的监督，任何组织或者个人不得侵占、私分和挪用。

1. 会费的标准

评估行业协会收取会员会费的标准，由会员代表大会通过。

2. 会费收取、使用的监督

评估行业协会收取会费，应当按照会员代表大会通过的会费标准收取，不能随意多收或者少收。评估行业协会应当依照法律、行政法规和协会章程、会员代表大会通过的会费使用管理办法等使用会费。

（九）评估行业协会的监督管理

《资产评估法》第三十九条规定，国务院有关评估行政管理部门组织制定评估基本准则和评估行业监督管理办法。

目前，我国已经形成了资产评估、房地产估价、土地估价、矿业权评估、旧机动车鉴定估价和保险公估六大类评估专业，分别由财政部、住房和城乡建设部、国土资源部、商务部和银保监会等五个部门管理。《资产评估法》第七条规定，国务院有关评估行政管理部门按照各自职责分工，对评估行业进行监督管理。国务院有关评估行政管理部门作为资产评估行业的行政主管部门，按照职责分工，分别履行相关评估领域的监督管理职能。国务院有关评估行政管理部门的管理职能主要是宏观层面的，通过制定评估基本准则、评估行业监督管理办法等，建立并完善资产评估各项规章制度，保障资产评估行业健康发展。

制定评估基本准则和评估行业监督管理办法是国务院有关资产评估行政管理部门的重要职能。财政部门主管的资产评估行业，《资产评估基本准则》由财政部制定。国务院有关评估行政管理部门可以根据职责分工，对相关领域的评估规定监督管理办法，依法对评估机构、评估从业人员、评估行业协会遵守法律法规、资产评估基本准则等情形开展监督管理。

（十）设区的市级以上有关评估行政管理部门的监督管理权

《资产评估法》第四十条规定，设区的市级以上人民政府有关评估行政管理部门依据各自职责，负责监督管理评估行业，对评估机构和评估专业人员的违法行为依法实施行政处罚，将处罚情况及时通报有关评估行业协会，并依法向社会公开。

（十一）评估行业协会的监督检查权

《资产评估法》第四十一条规定，评估行政管理部门对有关评估行业协会实施监督检查，对检查发现的问题和针对协会的投诉、举报，应当及时调查处理。法律条文重点内容解读：本条（第四十一条）是关于对有关评估行业协会的监督检查权的规定。

十六、资产评估的法律责任

（一）评估专业人员的法律责任

《资产评估法》第四十四条规定，评估专业人员违反《资产评估法》规定，有下列情形之一的，由有关评估行政管理部门予以警告，可以责令停止从业六个月以上一年以下；有违法所得的，没收违法所得；情节严重的，责令停止从业一年以上五年以下；构成犯罪的，依法追究刑事责任：私自接受委托从事业务、收取费用的；同时在两个以上评估机构从事业务的；采用欺骗、利诱、胁迫，或者贬损、诋毁其他评估专业人员等不正当手段招揽业务的；允许他人以本人名义从事业务，或者冒用他人名义从事业务的；签署本人未承办业务的评估报告或者有重大遗漏的评估报告的；索要、收受或者变相索要、收受合同约定以外的酬金、财物，或者谋取其他不正当利益的。依照第四十四条规定，只要评估专业人员有所列情形之一的，有关评估行政管理部门就应该处以警告，同时可以视情况作出责令停止从业的决定，期限为六个月以上一年以下；情节严重的，可以责令停止从业一年以上五年以下。依照《行政处罚法》的规定，行政机关作出责令停产停业的行政处罚决定之前，应当告知当事人有要求举行听证的权利；当事人要求听证的，行政机关应当组织听证。当事人不承担行政机关组织听证的费用。

《资产评估法》第四十五条规定，评估专业人员违反《资产评估法》规定，签署虚假评估报告的，由有关评估行政管理部门责令停止从业两年以上五年以下；有违法所得的，没收违法所得；情节严重的，责令停止从业五年以上十年以下；构成犯罪的，依法追究刑事责任，终身不得从事评估业务。

1. 行政责任

第四十五条规定的行政责任为责令停止从业、没收违法所得。责令停止从业为行为罚，依法在一定期限内剥夺了当事人从事某项活动的权利，是一种较为严厉的处罚。停止从业的期间为两年以上五年以下，情节严重的，停止从业的期间为五年以上十年以下。没收违法所得为财产罚，只适用于有违法所得的情形。没收违法所得可以和责令停止从业并处。第四十五条规定的行政处罚权由有关评估行政管理部门来行使，如企业价值评估由财政主管部门进行处罚，房地产评估由住房和城乡建设主管部门进行处罚，土地估价和矿业权评估由国土资源主管部门进行处罚，旧机动车评估由商务主管部门进行处罚，保险公估由银保险监督管理机构进行处罚等。

2. 刑事责任

评估专业人员违反《资产评估法》规定，签署虚假评估报告或者有重大遗漏的评估报告，构成犯罪的，依法追究刑事责任，终身不得从事评估业务。《刑法》第二百二十九条第一款规定："承担资产评估、验资、验证、会计、审计、法律服务等职责的中介组织的人员故意提供虚假证明文件，情节严重的，处五年以下有期徒刑或者拘役，并处罚金。"这里所说的虚假证明文件，既包括伪造的证明文件，也包括内容虚假的文件。《刑法》第二百二十九条第二款规定："前款规定的人员，索取他人财物或者非法收受他人财物，犯前款罪的，处五年以上十年以下有期徒刑，并处罚金。"如果评估专业人员利用手中权力进行物质利益交换以后，再出具虚假的评估报告，危害性就更大，因此对于评估专业人员索取他人财物或者非法收受他人财物而故意提供虚假评估报告的行为处刑更重,最高刑可判至十年有期徒刑。《中华人民共和国刑法》第二百二十九条第三款规定:"第一款规定的人员,严重不负责任,出具的证明文件有重大失实,造成严重后果的,处三年以下有期徒刑或者拘役,并处或者单处罚金。""出具的文件有重大失实"是指所出具的证明文件,在内容上存在重大的不符合实际的错误。这一款的规定主要针对过失犯罪,因此只有造成严重后果的,才负刑事责任。所谓"造成严重后果"主要是指给国家、集体或公民个人造成严重损失的以及在社会上产生特别恶劣影响等情况。评估专业人员严重不负责任,出具的评估报告有重大遗漏,造成严重后果的,处三年以下有期徒刑或者拘役,并处或者单处罚金。评估专业人员如果构成犯罪,将终身不得从事评估业务,这是对签署虚假评估报告行为的一种严厉处罚。

(二)评估机构的法律责任

1. 未经工商登记以评估机构名义从事评估业务的法律责任

《资产评估法》第四十六条规定,违反《资产评估法》规定,未经工商登记以评估机构名义从事评估业务的,由工商行政管理部门责令停止违法活动;有违法所得的,没收违法所得,并处违法所得一倍以上五倍以下罚款。根据《资产评估法》第十六条规定,设立评估机构,应当向工商行政管理部门申请办理登记。评估机构应当自领取营业执照之日起三十日内向有关评估行政管理部门备案。违反这一规定,未经工商登记以评估机构名义从事评估业务的,应当承担相应的法律责任。

2. 评估机构违法行为的法律责任

《资产评估法》第四十七条规定,评估机构违反《资产评估法》规定,有下列情形之一的,由有关评估行政管理部门予以警告,可以责令停业一个月以上六个月以下;有违法所得的,没收违法所得,并处违法所得一倍以上五倍以下罚款;情节严重的,由工商行政管理部门吊销营业执照;构成犯罪的,依法追究刑事责任:利用开展业务之便,谋取不正当利益的;允许其他机构以本机构名义开展业务,或者冒用其他机构名义开展业务的;以恶性压价、支付回扣、虚假宣传,或者贬损、诋毁其他评估机构等不正当手段招揽业务的;受理与自身有利害关系的业务的;分别接受利益冲突双方的委托,对同一评估对象进行评估的;出具有重大遗漏的评估报告的;未按《资产评估法》规定的期限保存评估档案的;聘用或者指定不符合《资产评估法》规定的人员从事评估业务的;对本机构的评估专业人员疏于管理,造成不良后果的。评估机构未按《资产评估法》规定备案或者不符合《资产评估法》第十五条规定的条件的,由有关评估行政管理部门责令改正;拒不改正的,责令停业,可以并处一万元以上五万元以下罚款。

《资产评估法》第四十八条规定,评估机构违反《资产评估法》规定,出具虚假评估报告的,由有关评估行政管理部门责令停业六个月以上一年以下;有违法所得的,没收违法所得，并处违法所得一倍以上五倍以下罚款；情节严重的，由工商行政管理部门吊销营业执照；构成犯罪的，依法追究刑事责任。

（三）评估机构、评估专业人员的赔偿责任

《资产评估法》第五十条规定，评估专业人员违反《资产评估法》规定，给委托人或者其他相关当事人造成损失的，由其所在的评估机构依法承担赔偿责任。评估机构履行赔偿责任后，可以向有故意或者重大过失行为的评估专业人员追偿。《资产评估法》规定评估专业人员必须加入评估机构才能开展评估活动，评估机构负有对其评估专业人员遵守法律、行政法规和评估准则的情况进行监督的义务，并对其从业行为负责，第五十条规定，评估机构对其评估专业人员违反《资产评估法》规定给委托人或者其他当事人造成的损失承担赔偿责任。这一方面是加强对委托人和其他当事人权益的保护，另一方面也是通过规定评估机构的赔偿责任，促使评估机构加强对其评估专业人员的监督管理，从而减少评估专业人员给委托人或者其他当事人造成损失的可能性。

（四）未依法委托评估机构进行评估应承担的法律责任

《资产评估法》第五十一条规定，违反《资产评估法》规定，应当委托评估机构进行法定评估而未委托的，由有关部门责令改正；拒不改正的，处十万元以上五十万元以下罚款；情节严重的，对直接负责的主管人员和其他直接责任人员依法给予处分；造成损失的，依法承担赔偿责任；构成犯罪的，依法追究刑事责任。

（五）委托人的法律责任

《资产评估法》第五十二条规定，违反《资产评估法》规定，委托人在法定评估中有下列情形之一的，由有关评估行政管理部门会同有关部门责令改正；拒不改正的，处十万元以上五十万元以下罚款；有违法所得的，没收违法所得；情节严重的，对直接负责的主管人员和其他直接责任人员依法给予处分；造成损失的，依法承担赔偿责任；构成犯罪的，依法追究刑事责任：未依法选择评估机构的；索要、收受或者变相索要、收受回扣的；串通、唆使评估机构或者评估师出具虚假评估报告的；不如实向评估机构提供权属证明、财务会计信息和其他资料的；未按照法律规定和评估报告载明的使用范围使用评估报告的。前款规定以外的委托人违反《资产评估法》规定，给他人造成损失的，依法承担赔偿责任。

（六）评估行业协会的法律责任

《资产评估法》第五十三条评估行业协会违反《资产评估法》规定的，由有关评估行政管理部门给予警告，责令改正；拒不改正的，可以通报登记管理机关，由其依法给予处罚。

(七) 国家机关工作人员、评估行业协会工作人员的法律责任

《资产评估法》第五十四条规定，有关行政管理部门、评估行业协会工作人员违反《资产评估法》规定，滥用职权、玩忽职守或者徇私舞弊的，依法给予处分；构成犯罪的，依法追究刑事责任。

第四节 资产评估准则概述

一、资产评估准则的概念

准则一词，在英文中为"Standard"，解释为测试、计量的标准。中文《辞海》中，对准则的解释为"法式、标准"等含义。所以"准则"一词的直接含义就是标准、规范和依据。

资产评估准则，用英文来表述为"Valuation Standards"或者"Appraisal Standards"。从国外资产评估实践来看，资产评估准则一般是资产评估社会团体在自身发展过程中对其所属会员职业行为具有约束力执行标准和规范。

中国资产评估行业对资产评估准则阐述是：指由资产评估行业行政主管部门或行业协会制定的，用来规范和指导资产评估机构和注册资产评估师执业行为和职业道德行为，保证其执业质量的行业公认标准。为了提高资产评估工作的服务质量，增强资产评估行业的公信力，需要对具有较强专业性和灵活性的资产评估工作及评估人员执业行为进行规范。世界各国和地区的资产评估行业大都开展了资产评估准则的制定工作，用于指导注册评估师执业行为。资产评估准则的完善程度与一个国家或地区的资产评估业的发展水平息息相关。

二、制定资产评估准则的作用

(一) 规范评估师的执业行为，提高资产评估业务质量

资产评估是现代高端服务业，是经济社会发展中的重要专业力量。资产评估准则根据各国资产评估行业发展的不同特点阶段，有针对性地对评估师执业行为的执业道德及业务素质和业务能力进行了严格的规范。资产评估准则完善程度代表着该国资产评估行业的发展水平。评估师在开展评估业务时，需要严格按照资产评估准则要求去做，避免出现虚假不实评估报告，维护评估各方参与者的利益，防范风险，维护评估行业的公信力，促进资

产评估行业的健康发展。

(二) 有助于建立资产评估行业自律管理体系

从我国资产评估行业产生发展历史过程来看，在没有统一的资产评估准则的情况下，评估行业只能由政府进行行政管理。这种管理模式难免造成政府干预过多，有失公平，损害评估当事人各方利益。行业自律是评估服务行业未来发展的方向，有利于整体服务水平的提高。而行业自律管理的前提条件就是要有统一的评估准则，资产评估过程中统一的技术规范和职业道德规范。

(三) 维护评估机构和人员合法权益，防范执业风险

资产评估准则是资产评估行业的权威性的标准，只要资产评估师按照准则的要求执业，就能得到合理的评估结论。随着资产评估业务发展，评估机构与其他当事人之间就资产评估服务引起的纠纷和法律诉讼越来越多。对于当事人双方矛盾，司法部门在举证、鉴定方面存在较大难度。按照资产评估准则执业，是评估人员和评估机构防范执业风险的主要手段。按照评估准则执业是评估机构和评估人员在产生纠纷诉讼后合理保护自身权益的重要手段。

三、资产评估准则种类

从全球范围来看，资产评估准则的产生受到地区经济社会发展水平、评估理论水平和评估实践基础等不同影响，全球范围内产生不同的评估准则体系。从资产评估准则发布主体以及应用范围来看，可分为国际组织评估准则、外国评估准则和中国评估准则。

(一) 国际组织评估准则

国际组织评估准则主要是由国际性的资产评估组织制订的评估准则，适用于国际或者某个区域范围内应用的评估准则。目前属于这一类的评估准则有：国际评估准则（IVS）、欧洲评估准则（EVS）和国际估税官协会技术准则（IAAOTS）。

(二) 外国评估准则

外国评估准则主要是某个国家或者评估组织制定发布的，并在其他国家或地区范围内应用的评估准则。目前外国评估准则主要有：美国评估准则、英国评估准则、澳大利亚评估准则和新西兰评估准则等。其中以美国评估准则和英国评估准则较为完善。

(三) 中国评估准则

中国资产评估准则是指由中国评估行业组织制定发布的，在中国应用的资产评估准

则。中国资产评估准则从无到有经过了30余年的发展历程,形成了由评估基本准则、职业道德准则、程序准则、专业准则、评估指南、指导意见等多层次的资产评估体系。

四、资产评估准则发展趋势

(一) 资产评估准则执业范围不断扩大

资产评估准则是服务于资产评估业务发展的,准则的执业范围随着资产评估业务的不断扩大而扩大的,出现了由单项资产评估向综合评估转化,由一般正常评估向新型社会资源评估转化,由原生品资产评估性衍生品评估转化的过程。

资产评估业务起源于不动产,后又经历了由不动产评估、机械设备评估向无形资产评估、企业价值评估的转化,反映了评估服务于社会经济发展特点。如,英国的资产评估准则一直是以不动产评估为主,随着资产评估业务的发展,在2012年发布了《企业价值评估与无形资产评估专业胜任能力的评估》。

伴随着世界经济发展,人们对环境、资源、健康与安全等重视,环境影响评价、战略环境评价以及能源利用效率评价等内容进入评估视野。如,《欧洲资产评估准则2012》包含了帮助评估师了解环境、能源、安全、环境影响评价等内容。

随着世界对衍生品市场机制和功能认识的不断加深,衍生品将出现巨大的市场空间,对衍生品价值评估需求将越来越多。如金融根据衍生品交易定价问题,传统的资产评估方法已经不能满足这一要求。国际资产评估准则理事会和中国的资产评估协会都着手金融衍生品价值评估的研究,为企业衍生品定价提供服务。

(二) 国际准则和国家准则共同促进、共同发展

伴随着国际交流的不断深入,越来越多的国家和地区资产评估专业机构、行业协会和监管部门开始认可、采纳国际资产评估准则。国际资产评估准则认可度不断提高。比如南非、斯洛文尼亚、斯洛伐克和格鲁吉亚等国家直接采用国际资产评估准则;英国则是在技术准则这块完全采用国际准则;澳大利亚和新西兰联合制定的《澳大利亚和新西兰资产评估准则(2012)》与《国际资产评估准则(第八版)》完全趋同;中国和俄罗斯等国家则在借鉴国际资产评估准则基础上不断完善本国资产评估准则。

由于世界上不同国家的国情不同、经济制度不同、政治法律环境不同,国际资产评估准则不适应于所有国家。如在中国,评估特别强调对国有资产的保护,在法律法规上对国有资产评估有特别的程序和技术规范。我国资产评估准则不可能直接采用国际资产评估准则。在国际评估准则中,以财务报告为目的评估准则,是以国际财务报告准则(IFRSs)为基础,中国并没完全采用国际财务报告准则。国际财务报告准则在中国也不完全适用。

(三) 国家资产评估准则与国际资产评估准则趋同

国与国之间评估标准或规范的差异性决定了按照不同的标准作出的评估结论会存在很大差异,影响评估当事人的价值判断。目前世界上 19 家的国际评估专业组织联合签署了国际评估准则"采用和趋同"谅解备忘录的做法,意味着一些主要行业评估组织已将国际评估准则趋同问题提到其议事日程,同时也意味着国际评估准则趋同。目前英国、澳大利亚等国已经基本采用了国际评估准则。中国评估行业在未来几年将面临国际评估准则趋同的机遇和挑战。伴随着中国海外投资不断扩大,中国资产评估行业的国际化进程也在不断推动。

第五节 我国资产评估准则

一、我国资产评估准则的产生和发展

我国资产评估准则建设,虽然只有 40 余年的历史,但也取得丰硕成果,获得同行们的认可。中国资产评估行业与改革开放相伴而生,起源于 20 世纪 80 年代,最初是为满足我国政府规范国有资产交易、维护国有资产权益的需求提供服务。经过多年的发展,服务领域不断扩大,资产评估行业遍及国家经济建设及社会发展各个领域,行业规模和社会影响力不断扩大,成为我国经济社会发展不可或缺的重要专业服务行业。

(一) 初创阶段

在我国,真正科学意义上的资产评估行为和资产评估行业产生于 20 世纪 80 年代末期。1988 年,国家体制改革委员会委托中国企业培训中心在北京举办了企业资产评估研讨班,聘请美国评值联合公司的副总裁罗纳德·格尔根和该公司高级评估师罗博特·劳博达讲授资产评估的理论与实务。资产评估理论和方法的引进,启发了参加研讨班的国家国有资产管理局的领导,为资产评估行业发展奠定基础。

我国资产评估行业因改革开放而生,因改革开放而兴。1988 年的大连炼铁厂中外合资评估项目,由于涉及非货币资产的出资,需要评估其价值并由评估机构出具资产评估报告,这是我国第一单资产评估业务,标志着我国资产评估行业的诞生。

1989 年,国家体改委、国家计委、财政部、国家国有资产管理局共同发布了《关于出售国有小型企业产权的暂行办法》和《关于企业兼并的暂行办法》,明确规定:"被出售企业的资产(包括无形资产)要认真进行清查评估。""对兼并方的有形资产和无形资产,一定要进行评估作价,并对全部债务予以核实。如果兼并方企业在兼并过程中转换为

股份制企业,也要进行资产评估。"同年,国家国有资产管理局发布了《关于在国有资产产权变化时必须进行资产评估的若干暂行规定》。1990 年 7 月国家国有资产管理局成立了资产评估中心,负责资产评估项目和资产评估行业的管理工作。这些早期资产评估管理文件的发布和资产评估管理机构的成立,标志着我国资产评估工作正式起步。

为了更好地对资产评估业务实施管理,保护产权变动各有关方面的经济利益,1991 年 11 月 16 日,国务院总理李鹏签署国务院第 91 号令,发布了《国有资产评估管理办法》,该办法对资产评估的范围、组织管理、评估程序、评估方法以及法律责任等做了全面系统的规定。自此,资产评估工作开始走上了规范化、法制化的轨道,保证了全国资产评估业务的健康有序发展。自此之后短短几年,我国资产评估事业获得了迅速发展。资产评估范围涉及资产出售、中外合资合作、股份制改组、企业兼并、资产租赁、企业清算、抵押担保等 10 多种经济行为。

从 1992 年开始,股份制改革开始步入正轨,开始考虑用股份制解决中国经济体制改革中的核心难题——国企改革问题。资产评估业务由国有资产评估扩展到非国有资产评估。

1993 年 12 月 10 日,中国资产评估协会宣告成立。作为自律性的行业管理组织,中国资产评估协会发挥着政府和评估机构、评估人员之间的桥梁纽带作用。1995 年 3 月,中国资产评估协会加入了国际评估标准委员会。中国资产评估协会的成立,标志着我国资产评估行业建设进入了一个新的历史发展阶段。

初创阶段,财政部、国有资产管理局和中评协制定和发布了大量规范文件,在指导资产评估行业健康发展上发挥了重要作用。这些规范文件包括:国资局发布的《关于资产评估报告的规范意见》《资产评估操作规范意见(试行)》;中评协发布的《资产评估报告签字制度(试行)》《资产评估业务约定书指南》《资产评估计划指南》《资产评估工作底稿指南》和《资产评估档案管理指南》;财政部发布的《中国注册资产评估师职业道德规范》《中国注册资产评估师后续教育规范》《中国资产评估报告基本内容与格式的暂行规定》。这些文件不是以准则的形式出现,而是以规范性的文件形式发布的,但它们发挥着准则的作用,对促进我国资产评估行业发展起到了重要作用。

(二)准则形成阶段

2001 年,为了规范市场上普遍关注的以及问题频出的无形资产评估业务,财政部发布了《资产评估准则——无形资产》。《资产评估准则——无形资产》开启了我国资产评估准则建设序幕。同时,在财政部主持下启动了资产评估基本准则、评估对象的法律权属指导意见、评估报告准则、企业价值评估准则、珠宝首饰评估准则、金融不良资产评估准则等准则的研究。

2004 年,财政部以规范性文件形式发布了中国资产评估协会制定的《资产评估准则——基本准则》和《资产评估职业道德准则——基本准则》。这两项基本准则为资产评估准则体系建立奠定了基础。两项资产评估基本准则的发布，是行业发展成熟的必然要求和具体体现。此后，财政部成立了资产评估准则委员会，中国资产评估协会组建了准则技术委员会、评估准则的咨询委员会。三个准则委员会由评估行业的行政主管部门、资产管理部门、科研院校、评估报告使用者、行业权威人士组成，既有专业支持力度，又有准则协调度。

2007年，财政部和中评协会正式发布了资产评估准则体系。至2013年，中国资产评估准则体系中共有准则26项，包含2项基本准则、12项具体准则、4项评估指南和8项指导意见。基本准则由财政部发布，具体准则、评估指南、指导意见由中评协制定发布。至此我国资产评估准则体系基本形成。

（三）准则完善阶段

随着资产评估业务不断拓展，资产评估业务涉及面越来越广，我国资产评估执业标准建设继续紧跟市场和职业需求，逐步完善。2014年7月，国务院调整注册评估师的职业资格类型，由准入类调整为水平评价类职业资格。2016年12月1日，《资产评估法》正式实施，它规定了资产评估准则的制定和实施方式，并对资产评估准则的规范主体、表述、评估程序、评估方法以及评估报告等方面做了调整。

2017年，为了落实《资产评估法》，规范资产评估行为，保证资产评估执业质量，保护资产评估当事人的合法权益和公共利益，在财政部的指导下，中国资产评估协会对准则体系进行全面修订。此次修订主要内容包括：一是调整准则规范主体；二是明确准则的适用范围；三是增加核查和检验证明资产评估程序；四是明确资产评估方法选择范围；五是规范资产评估报告的编制；六是强化了资产评估职业道德的要求等内容；七是加强了准则间的协调。这次对我国资产评估准则体系进行了全面修订，提高了准则的操作性和专业性，对于规范职业性行为、促进资产评估行业健康发展具有重要意义。

2018年以来，中国资产评估协会对资产评估准则体系中的执业准则进行了修订，并制定了新的执业准则，资产评估体系实现了动态更新。截至2021年末，资产评估体系包括31项准则。

2022年1月，中国资产评估协会在财政部和体育总局的指导下，发布了《体育无形资产指导意见》，于2022年3月1日实施。自此，我国颁布的资产评估准则达32项。

二、我国资产评估准则框架体系

（一）我国资产评估准则体系建立的指导思想

由于我国资产评估行业发展的综合性，我国资产评估准则涉及各种资产类型、各种评估目的和各种经济行为，因此既要规范又要灵活，既要对资产评估中出现的共性问题进行规范，也要对各种类型和各种目的以及新出现情况新问题，要有层次的分别指导和规范。因此，我国资产评估准则体系设计应包括以下几个方面：

（1）既要高度重视程序性评估准则，也要重视专业性评估准则，建立综合性资产评估资产评估准则体系。资产评估准则不仅要包括对评估报告、工作底稿、评估程序的规范等，也要包括针对各类别资产特点进行专业性规范准则，比如《资产评估执业准则——机器设备》《资产评估执业准则——企业价值》《资产评估执业准则——不动产》等。

（2）既要强调业务性准则，也要重视职业道德性准则。基于职业道德在资产评估中的重要作用，资产评估准则在重视制定规范资产评估业务准则的同时，也重视道德准则的作用。

（3）既要强调层次清楚、逻辑严密，又要具有一定灵活性。我国资产评估准则体系应体现各层次准则体系的效力，同时我国资产评估行业处于发展的完善过程中，也要强调发展的灵活性，为评估中可能出现新问题、新领域的规范留出了空间。

（4）既要强调对评估师执业水平的质量监督，也要对评估机构质量管理。评估服务质量的高低是决定评估行业发展生命线，评估准则制定工作应考虑评估机构内部治理机制，促进评估行业健康发展。

（5）资产评估准则应当体现法律法规及监管主体相关要求。从评估准则的不断修订可以看出，资产评估行业与国家立法、政策以及各行各业紧密相关，资产评估准则制定要以相关法律、法规为依据，在制定理念、专业术语使用和内容表述等方面保持协调统一。

（二）我国资产评估准则体系的基本架构

我国资产评估准则体系作为一个有机整体，用来系统地对评估机构和注册评估师进行资产评估业务进行指导和规范。根据资产评估准则的相互关系，资产评估准则体系从横向关系上可分为执业准则和职业道德准则两个部分。从纵向上看，分为四个层次：资产评估的基本准则、资产评估的具体准则、资产评估指南、资产评估指导意见，具体结构如图6-1所示。

《资产评估基本准则》是评估师针对各类正常类型、对各种评估业务进行评估的基本规范，各类资产评估业务都应当遵守的基本规则。具体准则是针对具体评估程序或者特定资产类型准则。评估指南是对特定目的评估业务以及某些重要事项的规范。指导意见是针对评估业务中的某些具体问题指导性文件。

（三）我国资产评估准则的主要内容

1. 资产评估的基本准则

2004年2月，财政部发布了中国资产评估协会起草的《资产评估准则——基本准则》

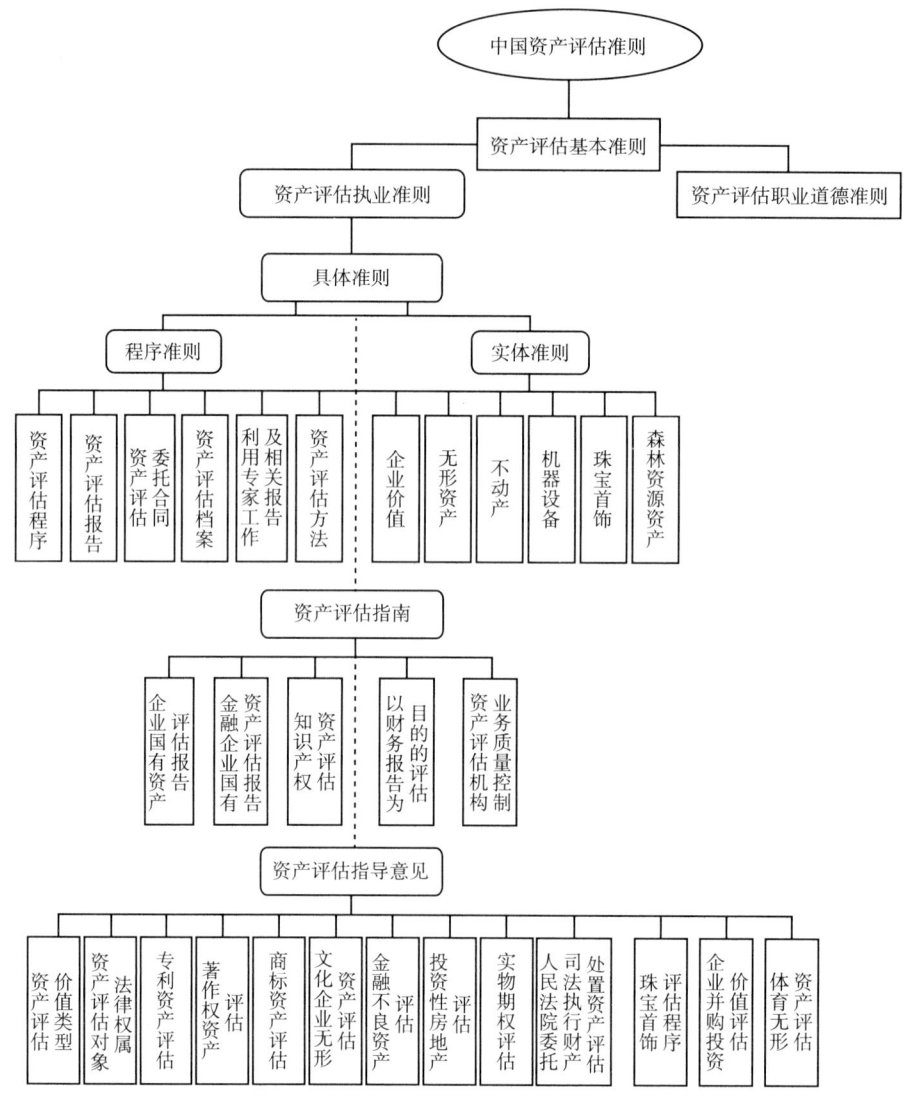

图 6-1 中国资产评估准则体系

和《资产评估职业道德准则——基本准则》。这两项基本准则，融入了中国资产评估行业多年的经验，是我国资产评估研究成果体现。这两项基本准则的发布，奠定了资产评估准则体系的基础。2017年中国资产评估协会对上述两项准则进行了修订，形成了比较完善的《资产评估基本准则》，同时《资产评估准则——基本准则》和《资产评估职业道德准则——基本准则》废止。

我国现行的《资产评估基本准则》是依据《资产评估法》制定的，是资产评估机构、资产评估专业人员执行各种资产类型、各种评估目的的资产评估业务的基本规范，是各类资产评估业务中应当共同遵守的基本准则。资产评估的基本准则是一般性原则，是搭建资产评估准则体系的核心，是制定资产评估执业准则和道德准则等内容的基础。《资产评估基本准则》对于其他的资产评估准则具有一定的"引出"作用,但并不与其他准则一一对应。

《资产评估法》发布前的基本准则,是在评估准则体系总体分工前提下设计准则内容,主要规定了基本概念、原则,较少涉及操作要求和披露细节。这些要求交由具体准则、评估指南和指导意见作出规定。《资产评估法》发布后,根据《资产评估法》的精神,同时考虑资产评估行业行政管理和自律管理方式的改革,基本准则的制定思路有所调整。新的基本准则制定原则是在没有其他评估准则项目前提下,基本准则应当能够满足基本的执业需求和业务管理需求。《资产评估法》发布后,基本评估准则内容也随之调整。

《资产评估基本准则》分别由总则、基本遵循、资产评估程序、资产评估报告、资产评估档案和附则等具体条文组成。《资产评估基本准则》从2017年10月1日起施行。

2. 资产评估执业准则

资产评估执业准则包括资产评估的具体准则、评估指南和指导意见构成。

(1) 资产评估具体准则。资产评估具体准则包括程序性准则和实体性准则。

资产评估程序性准则,是资产评估机构和从业人员在执行资产评估业务、形成资产评估结论时履行的系统性工作。在《资产评估基本准则》中对资产评估师开展业务时应该按照适当评估程序进行。按照既定评估程序开展评估业务有利于规范评估师的职业能力,保障评估质量,同时也是保障资产评估机构人员,防范执业风险、保障自身权益的重要手段。程序性准则包括:《资产评估执业准则——资产评估程序》《资产评估执业准则——资产评估报告》《资产评估执业准则——资产评估委托合同》《资产评估执业准则——资产评估档案》《资产评估执业准则——利用专家工作及相关报告》《资产评估执业准则——资产评估方法》。

实体性准则则是针对不同类型的资产特点,分别对不同类别资产评估业务中的资产评估师的执业行为进行规范,根据中国资产评估行业管理和国际通行做法,实体性准则主要包括《资产评估执业准则——企业价值》《资产评估执业准则——无形资产》《资产评估执业准则——不动产》《资产评估执业准则——机器设备》《资产评估执业准则——珠宝首饰》和《资产评估执业准则——森林资源资产》。

(2) 资产评估指南。资产评估指南是指对特定评估目的和评估业务中某些重要的事项的规范。资产评估指南主要对中国资产评估行业涉及主要评估目的业务进行规范,主要包括《以财务报告为目的评估指南(试行)》《企业国有资产评估报告指南》《金融企业国有资产评估报告指南》《知识产权资产评估报告指南》《资产评估机构业务质量控制》。

(3) 资产评估指导意见。资产评估指导意见是针对资产评估业务中的某些具体问题的指导性文件。该层次较为灵活,针对评估业务中新出现的问题及时提出指导意见,某些尚不成熟的评估指南或具体评估准则也可以先作为指导意见发布,待实践一段时间或者成熟后再上升为具体准则或者指南。目前已发布的指导意见有:《资产评估对象法律权属指导意见》《金融不良资产评估指导意见》《资产评估价值类型指导意见》《投资性房地产评估指导意见》《商标资产评估指导意见》《实物期权评估指导意见》等13项。

3. 资产评估职业道德准则

资产评估职业道德准则从专业能力、独立性、与委托人和其他当事人的关系、与其他资产评估机构及资产评估专业人员的关系等方面对资产评估机构及其资产评估专业人员应当具备的道德品质和体现的道德行为进行规范。

（四）我国资产评估准则体系的特点

近年来，评估服务领域已经由整体资产评估、企业并购评估和产权变动评估等传统业务领域，向知识产权评估、环境资源评估、资产证券化、财政资金绩效评价、PPP项目咨询等新兴评估业务领域拓展和延伸。随着社会评估实践与理论不断发展，时机成熟之时这些内容也可以纳入准则规范的范围。

资产评估准则体系四个层次之间，从内涵上看是依次递进、结构严谨。基本准则是具有统驭性的，其他准则各有其规范范围。既要设计满足不同类型评估规范要求，又体现不同发展阶段评估业务的要求。既规范评估师行为，又对委托方和监管方产生积极的影响。既突出对评估师职业道德的规范，又对评估师权益进行合理保护。

第六节　国际和国外评估准则

中国资产评估准则是在系统借鉴了国际评估准则和其他国家评估准则，并对各国评估准则建立的理论基础和实践经验，进行比较借鉴其经验教训基础上发展起来的。

一、国际评估准则

（一）国际评估准则简介

国际评估准则（International Valuation Standards，IVS）有广义和狭义之说，广义的国际评估准则泛指由某一国际组织或国家的评估准则制定机构或评估行业组织（VPO）编制的，且在国际上有一定影响力并在一定范围被接受使用的有关评估方面的执业规范和道德标准，比如像国际评估准则理事会编制的《国际评估准则》（IVS）、美国评估促进会编制的《专业评估执业统一准则》（USPAP）和英国皇家特许测量师编制的RICS全球估价标准（The Red Book，俗称红皮书）等；狭义的仅指国际评估准则理事会（International Valuation Standards Council，IVSC）编制的《国际评估准则》。该准则已经成为一套涵盖主要类别的资产/负债价值评估的标准或准则体系，从技术规范和职业道德等方面对评估相关事宜作出了具体的要求和规范,在促进全球资产评估行业的发展和维护国际社会经济生活秩序等方面发挥了重要作用。

国际评估准则理事会(IVSC),成立于1981年,是一家独立的、非营利性、总部设在伦敦的非政府的组织,其成员遍布世界50多个国家,是在世界各国资产评估行业迅速发展、国际化日益加深基础上发展起来的重要的国际性评估组织,其制定和努力推广的《国际评估准则》,是目前世界上最具影响力的国际性资产评估准则。

(二)《国际评估准则》演进过程

20世纪70年代,国际经济一体化的步伐加快,英国、美国作为全球经济最重要的两大主体,协调建立统一的资产评估准则呼声越来越强烈,目的是减少国际并购中的制度障碍,降低交易成本。1981年国际评估准则委员会(IVSC)成立,目的是促进英美两国资产评估准则协调一致,这也标志着国际评估业从此步入国际化协作发展的轨道。国际评估准则委员会成立后就着手制定国际性评估准则文件,在对有关国家评估准则和评估执业情况进行研究分析的基础上,于1985年制定了第一版《国际评估准则》,2000—2007年是国际评估准则发展的重要阶段,《国际评估准则》进入快速发展时期,其准则的制订和修改都得到大步提升,并逐步确定了现在的评估准则结构。2017年,国际评估准则理事会总部发布了《国际评估准则2017》,《国际评估准则2017》旨在提高不动产、金融工具、企业价值和无形资产等资产的评估质量,提升评估流程的透明度及一致性。与前几版本相比,《国际评估准则2017》有两项重要变动:其一,将原有资产范围扩展,新准则涵盖了绝大部分资产类型的评估事项;其二,首次提出金融工具评估的相关准则,满足专业人士对相关资产和负债的评估需求。《国际评估准则2020》增加了IVS 220——非金融负债,对一些定义和准测条款的表述进行了优化。2021年,国际评估准则理事会(IVSC)发布《国际评估准则(2022年1月31日生效)》。更新后的《国际评估准则(2022年1月31日生效)》增加两个新的准则:IVS 220非金融负债、IVS 230存货。与《国际评估准则2020》相比,《国际评估准则(2022年1月31日生效)》准则框架更加充实,对具体实践提供了更好的应用指导。

《国际评估准则》经过30多年的发展,从早期的以不动产评估为先导的准则,逐渐演变为一部综合性的评估准则,并在国际上得到广泛认可。从其修订结果上看体现出其内容越来越精简,突出对国际评估业务的标准规范,淡化了具体评估技术的发展趋势。

(三)《国际评估准则》框架体系

《国际评估准则》是国际评估准则委员会为经济全球化而编制的,并根据评估理论和准则发展状况进行不断调整。目前,国际评估准则结构体系相对稳定与成熟。《国际评估准则(2022年1月31日生效)》包括5个类型的准则文件,分别为IVS框架、基本准则、资产准则、技术文件及评估应用。《国际评估准则》定位准确,在确定基本框架后引入通用准则,继而引入资产准则,最后阐述具体的评估应用,其构成体系为"准则性文件+公共部分"。前言、行为守则、资产评估的原则和基本概念、资产类型和白皮书构成每个准则的"公共部分";评估准则、评估指南、应用指南共同构成其"准则性文件"。国际评估准则框架体系如图6-2所示。

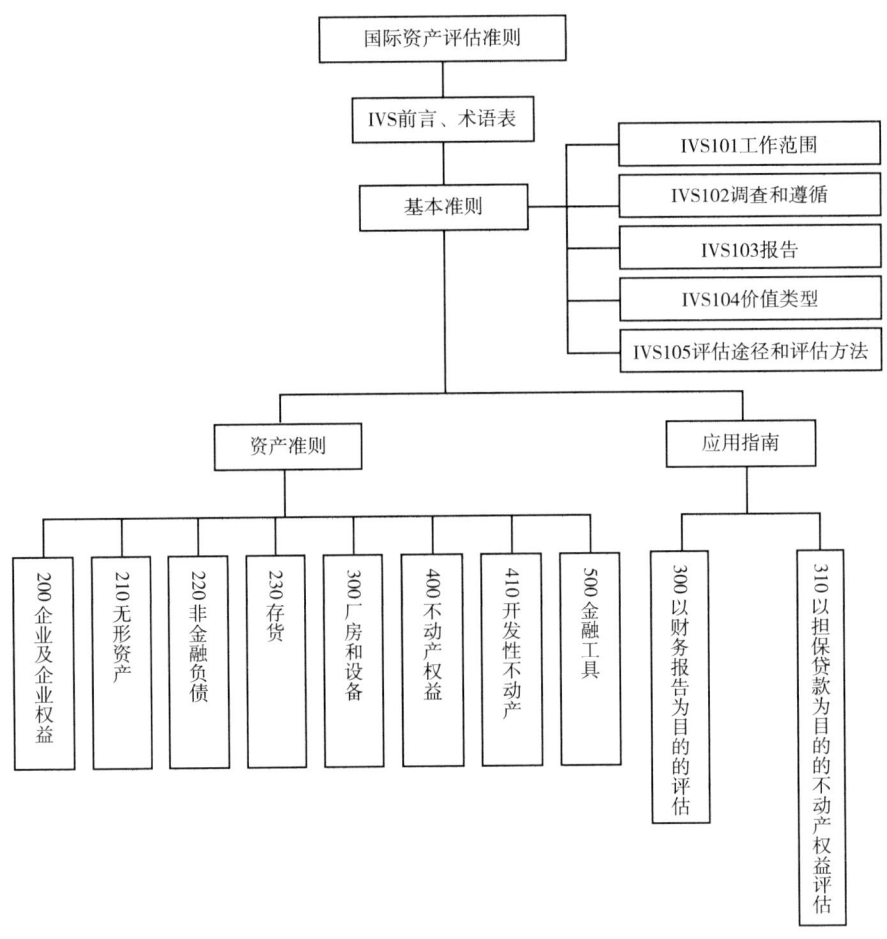

图6-2 《国际评估准则(2022年1月31日生效)》框架体系

1. 前言

《国际评估准则(2022年1月生效)》前言部分包含了评估准则制定的核心原则和核心评估原则。资产评估准则的核心原则包括职业道德、专业能力、价值类型、评估基准日、评估假设和条件、预期用途、预期使用者、工作范围等14项核心评估原则,这是评估准则所规范的主要内容。而核心评估原则的制定,则是为了保证评估准则指定的合理性。四项评估准则制定的核心原则,包括准则的目标、评估准则定位、准则制定与修订的程序及司法管辖豁免等。

2. 术语表

术语表包括那些在准则正文中所有或者多数重要的概念、词语和短语，这些术语在多项准则中出现。《国际评估准则（2022年1月生效）》的术语表进行了较大更新，包括新增加的术语及额外的诠释。

3. IVS框架

IVS框架包括业界公认的评估概念、原则，是IVS的基础，在执行准则时评估人员要考虑和应用的框架。

4. 基本准则

在满足资产准则或者评估应用中规定的变更或者新增要求的前提下，五项基本准则适用于所有类型和所有目的的资产评估。基本准则包括：IVS 101工作范围、IVS 102调查和遵循、IVS 103报告、IVS价值类型、IVS评估途径和评估方法。

5. 资产准则

资产准则包括"准则"和"注释"。"准则"陈述了修改或者扩大基本准则的要求，并包含了基本准则的原则以及如何应用到特定资产种类的说明；"注释"则提供了每一类资产特征的附加背景信息，这些信息影响价值和管用方法的使用。

6. 应用指南

评估应用适用于基本评估目的。每个"应用"包含一个"准则"和一个"指南"。"准则"包括对基本准则的增加或者修订，以及在从事该目的的评估时，如何应用基本准则和资产准则中相关原则的说明。"指南"部分提供如下信息：

（1）可使用的其他团体发布的国际应用准则在评估方买的要求，如财务报告准则（IFRS）；

（2）用于该目的的其他公认要求；

（3）为满足这些要求所需的适当评估程序。

7. 准则的应用

当评估从业人员声明，如果一项评估遵循IVS，意味着他要准守所有相关的具体准则。当评估师因遵守法律、法规的需要而背离准则时，需要明确的解释。

8. 资产与负债

国际评估准则对于资产和负债的评估均可使用。为便于理解准则，"资产"被认为包括"负债"，除非特别指明或从文中能清晰判定"负债"除外。

二、美国评估准则

（一）美国评估准则简介

美国是当今世界上资产评估业最为发达的国家之一，为维护评估师和评估服务使用者利益，也为了满足评估师与评估服务使用者的需要，美国评估促进会（The Appraisal Foundation，AF）下属的评估准则委员会（The Appraisal Standards Board，ASB）负责制定、出版、解释、修订或撤销《专业评估执业统一准则》（Uniform Standards of Professional Appraisal Practice，USPAP）。美国评估促进会是由美国国会授权制定评估准则和认定评估师资格的评估组织，USPAP 也是美国评估行业中得到普遍认可并已接受了检验的执业标准。USPAP 由定义、导言、职业规则、准则和准则条文及评估准则说明五个部分组成。此外，评估准则委员会以《咨询意见（AO）》《USPAP 常见问题（FAQ）》以及每月《关于问题与反馈》的形式发表指导性文件。

（二）美国评估准则产生发展过程

美国资产评估主要是基于财产保险、税务、会计处理、资产交易、企业合并、资产抵押贷款、家庭财产分割等方面的需要而产生的。美国早在 19 世纪中后期，由于市场经济和股份制的发展和盛行，企业间合并、分立、作价的要求越来越多，对资产评估的需求日益强烈。1896 年，美国最大的资产评估公司——美国资产评值联合公司成立。20 世纪 30 年代，美国多个评估专业组织就已制定并采纳了职业道德准则和专业评估准则。最初的评估目的主要是财产保险、维护产权交易双方利益、资产抵押贷款、家庭财产分割等。20 世纪 70 年代以来，随着资产评估行业的不断发展，评估者自发成立了若干个有较大影响的综合性及专业性的民间自律性评估组织，其中规模较大的有 16 个评估协会。同时，各协会也制定自己的规章制度和评估准则，评估准则制定及其质量呈现"良莠不齐"的状态，评估准则之间存在差异甚至有些方面互相矛盾。

20 世纪 80 年代，美国暴发了由不动产业蔓延到金融行业的"储蓄和贷款危机"，这场危机使全美境内 3234 个储蓄贷款机构中的 747 家倒闭，直接经济损失 879 亿美元。1986 年 9 月美国国会调查后认为，评估业缺乏统一的评估执业标准，致使评估师在评估中缺乏统一的准则指导和约束，造成抵押资产的不当评估，这是此次事件的重要原因之一。1987 年，从规范资产评估业务与职业道德出发，8 家来自美国和加拿大的专业评估机构和协会共同组建了美国评估促进会，该促进会推动和制定了美国第一部资产评估准则——《专业评估执业统一准则》。1989 年美国国会制定的《金融机构改革、复原和强制执行法令》（FIRREA）中明确规定，评估人员执行与联邦交易相关的资产评估业务，必须遵守美国评估准则；美国各大评估协会也都要求其会员在执行资产评估业务时需遵守美国评估准则。因此，美国评估准则出自于各专业评估组织准则的"大熔炉"，并随着资产评估业国际交流的发展，逐渐发展成为国际评估界最具影响力的评估准则之一。1988 年成立的评估准则委员会（ASB）专门负责检查、修订和解释《专业评估执业统一准则》。从 1992 年到 1995 年，伴随着为评估实务的快速发展变化，评估准则委员会几乎每年对评估准则进行修订，1995 年后改为每年发布一个完整准则版本。2008 年以后美国评估准则每两年修订一次。

近年来，美国评估促进会努力提高准则修订的民主性和广泛性，受到评估界的广泛欢迎和认可，很快成为美国及北美地区各评估专业团体和评估师广为接受的公认评估准则，并逐渐以立法形式被美国政府认可。

（三）美国评估准则的特点

1. 综合性

美国评估准则在早期带有浓厚的不动产评估色彩，评估准则条文中大量使用了不动产概念，如资产在没有特别限定的情况下仅指不动产，许多用语、表达方式也都潜移默化地沿用了不动产的概念。随着全球经济、资本、金融一体化趋势的加强和资产评估理论与实践的发展，评估准则委员会逐步修改评估准则，使美国评估准则与时俱进，成为适用于不动产评估、动产评估、无形资产评估和企业价值评估等所有评估类别的综合性评估准则。在美国各大学的商学院课程中普遍开设企业价值评估课程，企业价值评估著作也十分丰富。评估业务范围由过去以不动产评估为主转向了企业价值、抵押贷款、企业买卖等金融风险、资本买卖风险等相结合的评估，理论成果不断规范和完善。

2. 稳定性与灵活性相结合

美国评估准则从一开始就设计严密的层次性和高度的概括性和系统性，虽然已进行过多次修订，但其主要结构体系仍保持相对稳定。美国评估准则由定义、导言、条款、准则及准则条文、评估准则说明等五部分和附录（咨询意见）构成。可以说具有稳定性，同时也具有灵活性。灵活性主要体现在：一方面，评估准则说明十分灵活，因事、因需而设立，成熟一个制定发布一个，这样既保证了 USPAP 的稳定性，也适应了日新月异的评估实践所带来的变化。另一方面，美国评估准则并不要求评估师在执业时必须遵守其全部条款要求，评估师可根据实际情况背离部分条款要求，具有一定的灵活性。

3. 理论与实践并重

美国评估准则不仅在理论上具有前沿性，同时也是一部不断接受实践和法律诉讼考验的准则，具有较强的操作性。实践表明，它既能够有效地指导和约束评估师的执业行为，还能引导评估师、委托方、使用者以及政府监管部门正确处理相互之间的关系。在保护评估师、评估行业合法权益和维护公众社会利益之间达到很好的平衡，得到上述各方的认可。

4. 评估和会计相分离

美国评估界认为，资产评估和会计属于两个完全不同的领域，导致一方面极少关注评估与会计之间关系的协调问题。另一方面，美国会计界长期受公认会计准则（GAAP）的影响，以历史成本为原则，不主张按现行成本对资产进行账务调整。因此，美国资产评估结果一般作为资产交易、纳税减免的依据，并不涉及根据评估结果进行会计调账等问题。

有鉴于此，美国评估准则中的规定几乎很少涉及与会计的关系问题。不过，随着在会计处理和财务报告中列示资产价值时以评估的现时价值为基础取代历史成本的做法日益成为国际主流的趋势，美国评估界也开始越来越多地关注资产评估准则与会计准则的协调问题。

三、英国评估准则

（一）英国评估准则简介

英国是最早出现资产评估行业的国家之一，英国最具影响力的评估准则是《评估与估价准则》（Appraisal and Valuation Standards），也被称为"红皮书"（The Red Book）（以下简称"红皮书"），其是由英国皇家特许测量师学会（The Royal Institution of Chartered Surveyors，RICS）制定的，之后又经过了多次修订和不断完善。英国皇家特许测量师学会（RICS）不仅是英国最大、最具有权威性的评估行业组织，而且对整个英联邦地区的评估业都具有重要的影响，是被全球广泛、一致认可的专业性学会，其专业领域涵盖了土地、物业、建造及环境等17个不同的行业，目前有18万多会员分布于146个国家。"红皮书"最初主要适用于以财务报告为目的的评估，自20世纪90年代中期以后，随着评估准则内容的不断丰富，其适用范围已经扩展到几乎涵盖所有的评估业务领域，成为世界范围内一百多个国家的所有RICS会员从事各种评估目的的评估业务的执业标准参考。

（二）英国评估准则的产生与发展

20世纪70年代，英国出现了不动产危机，许多金融界的银行家及会计师、投资人等对不动产的贬值非常失望，认为是由对不动产评估中一些不规范、不一致行为引发的。在这样的背景下，英国皇家特许测量师学会开始着手制定统一的评估准则，并由评估与估价准则委员会（AVSB）具体实施。1975年评估与估价准则委员会正式向英国皇家特许测量师学会理事会提交讨论英国评估准则，世界范围内最早的评估准则就这样诞生了。

最初的英国评估准则主要是规范以财务报告为目的的评估行为，以及测量师出具的其他公众使用的评估报告，其内容由两个单独部分组成，即《资产评估指南》（Guidance Notes on the Valuation of Assets）和《评估指南手册》（Manual of Valuation Guidance Notes）。1976年正式发布的第一版评估准则是《资产评估指南》部分，并于1981年进行了修订，形成了《资产评估指南》（第二版）。1990年再次进行了修订，发布了《资产评估指南》（第三版）。《评估指南手册》部分最早发布于1980年，并于1989年和1992年分别进行了修订。《资产评估指南》（第三版）发布后，其规定的执业标准逐渐得到英国评估执业界的广泛认可，1991年该评估指南已经成为所有特许测量师执业的一个强制性标准。第四版、第五版、第六版分别于1996年、2003年和2009年修订生效。第七版"红皮书"于2011年发布并生效，2012年第八版修订并生效。

英国评估准则发展过程，体现了与国际评估准则不断融合的过程。随着国际和欧洲评估准则研究和制定工作取得重大进展，RICS认为为全世界的评估师提供一个共同的框架是其最终目标，而国际评估准则理事会是最适合于实现此目标的实体，因此，有意识将"红皮书"与《国际评估准则》相融合，并对于《国际评估准则》中某些以不太严格、不太详细的形式出现的内容，则仍保留在准则中并根据需要不断更新。

2003年5月1日起执行的英国评估准则第五版，对"红皮书"的结构进行了大幅度的调整，实现了与《国际评估准则》和《欧洲评估准则》的接轨。该版根据国际评估行业的发展趋势，在参考并借鉴《国际评估准则》重要理念和思路的基础上，形成了英国的评估实务准则，适用于英国皇家特许测量师学会世界各地的所有会员从事各种目的的评估业务，供全球100多个国家的英国皇家特许测量师学会的会员及其客户遵循和参考。通过全面与国际估价标准接轨，该准则具有了国际通用性。随着越来越多的英国测量师在世界各地工作，英国皇家特许测量师学会将英国本土会员应遵守的执业规范和指南从全球的英国皇家特许测量师学会会员共同遵守的执业规范和指南中独立出来，形成了该版"红皮书"特殊的两部分结构形式：一个是适用于在英国本土执业的专业标准，另一个是适用于在世界其他各个国家执业的通用标准。

第五版"红皮书"主要由八个部分构成，包括第一部分引言，第二部分术语，第三部分执业规范，第四部分附录，第五部分指南，第六部分英国执业规范，第七部分英国附录，第八部分英国指南。而2011版《国际评估准则》发布后，英国皇家特许测量师学会又对"红皮书"的内容进行了相应的修订，并于2012年3月发布了新的"红皮书"暂行版本。该版中将完整的《国际评估准则》作为"红皮书"的一个独立部分附在其后，并根据《国际评估准则》的变化对相应内容做了适当修改。修改后的"红皮书"更加强调了《国际评估准则》的作用，对于英国皇家特许测量师学会"红皮书"中没有涉及的企业价值评估和无形资产评估准则，提醒评估师应遵循《国际评估准则》标准。虽然个别之处英国皇家特许测量师学会的评估准则内容会以不同于国际评估准则的方式出现，但二者在评估原则、目标和术语定义方面都是相同的。因此，英国皇家特许测量师学会认为按照"红皮书"进行的评估也符合国际评估准则。

2012年1月，2011版《国际评估准则》生效，为保持一致，英国皇家特许测量师学会又于2012年3月修订"红皮书"。新版的红皮书于2012年3月30日生效。至此，英国皇家特许测量师学会已先后发布了八版红皮书。《国际评估准则》2013版发布后，第九版红皮书于2014年发布，第九版红皮书完整引用了《国际评估准则》2013年版。2017年，RICS发布了第十版红皮书。2019年11月发布了第十一版红皮书，自2020年1月31日生效。2021年11月发布了最新版本的红皮书，自2022年1月31日生效。

(三) 英国评估准则的基本特点

1. 准则内容与国际评估行业接轨

英国皇家特许测量师学会认为《国际评估准则》能够较好地反映国际评估行业的发展趋势，在国际上具有较高的影响力，而且与英国皇家特许测量师学会的目标一致。在"红皮书"多次修订过程中，逐步将《国际评估准则》的理念和思路纳入其中，不断向《国际评估准则》靠拢。比如，从"红皮书"第五版起，接受《国际评估准则》关于市场价值的定义，取代了公共市场价值的定义；采用国际评估标准委员会确定的定义解释相关的价值类型和专业术语等，并在2012版的"红皮书"中，将《国际评估准则》列为其准则的一个独立部分，并特别提醒会员，如果开展企业价值和无形资产评估业务，应当遵守《国际评估准则》。此外，"红皮书"还吸收和借鉴了与评估相关的欧盟指令和法规，如附录中关于按揭贷款价值的欧盟文件等。这些都充分反映出"红皮书"已经全面与国际评估行业接轨，能够充分反映国际评估行业的发展状况。

2. 准则体系具有完整性和严密性

"红皮书"通用准则部分由引言、术语表、职业规范、附录、指南五个部分构成，针对英国的专业准则部分按照英国职业规范、英国附录、英国指南三个层次分别进行介绍，各部分之间的内容相互衔接、层次分明，具有结构体系完整的特点。在职业规范中重点对遵守标准及道德要求、约定条款的协议、价值类型、应用调查和评估报告进行总体规范。在《资产评估指南》部分中重点对不同类别资产等具体的评估事项进行指导和规范。此外，每个评估准则都包括一个简短声明或"规则"，通过注释来提供更多的信息，以帮助理解和应用。在每个附录中都包括了评估准则注释的支持信息，有助于了解所涉及的具体评估背景。这种准则结构和设计体现了较强的整体性和严密性。

3. 准则的内容向综合性方向发展

英国皇家特许测量师学会"红皮书"是开始侧重于不动产评估，伴随着经济发展和知识经济时代日益增长，英国皇家特许测量师学会已开始突破自创立时一直坚持的不动产评估范围，开始向企业价值和无形资产评估等新的评估业务领域拓展。特别是在香港成立了企业价值评估委员会以后，文化艺术品及古董评估市场拓展了，英国皇家特许测量师学会还希望随着时间的推移，可以进一步发布与特定资产相关的指南。

四、欧洲资产评估准则

(一) 欧洲评估准则简介

《欧洲评估准则》（European Valuation Standards，EVS）是由欧洲评估师协会联合会

（The European Group of Valuers Associations，TEGOVA）制定的一部适用于欧洲地区的区域性评估准则，也是当前国际评估界具有重要影响力的评估准则之一。

欧洲评估师协会联合会是在20世纪70年代末根据比利时法律成立的，以评估领域的研究和教育为目的的非营利性专业协会，总部设在比利时布鲁塞尔。目前，其会员由34个国家的63个专业评估协会组成，并代表着约7万个欧洲评估师的利益。

（二）欧洲评估准则的产生与发展

1978年，为配合《欧盟公司法》的有关规定，欧洲固定资产评估师联合会出版了关于固定资产评估的指南、背景材料和论文，这些指南和论文被称为第一版《欧洲评估准则》。1981年修订后出版了第二版，即为被称作"比利时—卢森堡经济同盟指南"的《固定资产评估指南》，1993年更新后出版了第三版。1996年，欧洲评估师协会联合会根据关于保险企业年度会计和合并会计的欧盟法令出版了《保险公司资产会计目的评估指南》。

随着资产评估业务由单一的不动产评估向多元化评估发展，欧洲评估准则所涉及的领域也在不断拓宽。1997年4月29日在对原评估指南进行全面修订的基础上，2000年出版了第四版《欧洲评估准则》，其内容逐渐涉及除不动产评估和以财务报告为目的的评估业务以外的领域，首次增加了"指南7——企业价值评估"和"指南8——无形资产评估"两个评估指南，彰显出了评估业的全方位综合发展的国际趋势。2003年推出了第五版《欧洲评估准则》，该版本加快了向非不动产评估领域延伸的速度。2009年出版了第六版《欧洲评估准则》，相对于第五版，该版本在内容上做了较大幅度的调整，准则部分由第五版的9个压缩为5个，指南部分由14个压缩为5个。2012年出版了第七版《欧洲评估准则》，该版本将第六版本的准则及指南部分合并为第一部分，并增加了3个指南，还增加了第二部分欧洲联盟立法及资产评估和第三部分其他技术文件。《欧洲评估准则》第九版于2021年1月1日起生效，本版《欧洲评估准则》更加重视向评估师、客户及公共监管部门提供相关的、更易于理解的准则，进一步澄清市场价值的重要概念，弥补了不同语言版本的欧洲法律所带来的缺陷，并对评估途径进行更加详尽的解释。随着实务操作的不断成熟，《欧洲评估准则》也更加完善。

（三）《欧洲评估准则》的主要特点

1. 偏重于不动产评估的研究

欧洲评估业受英国等传统评估业发达国家的影响，长期以来主要涉及不动产评估领域，特别是受到《欧盟公司法》及相关会计改革规则的影响，形成了早期以"固定资产评估"为主的特色。

2. 采取了"准则+注释"模式

早期的《欧洲评估准则》较多采用了说明、阐述的方式，对某些评估方法、理论进行了详细论证，并不像《国际评估准则》那样具有严格的规范格式。不过，2009版、2012版、2021版《欧洲评估准则》的形式则与《国际评估准则》类似或接近，采取了"准则+注释"模式，力求评估准则的简约和明了。

3. 注重评估与会计的协调

《欧洲评估准则》与《欧盟公司法》特别是会计改革紧密相关，这一点与美国《专业评估执业统一准则》形成了明显的区别。欧洲评估师协会联合会成立的缘由之一，就是欧盟对《欧盟公司法》中固定资产计价规定进行修改所作出的回应，它所强调的评估大多是为了在财务报告中反映市场价值或现行价值而进行的评估。

4. 强烈的区域政治特性和非开放性

欧洲评估师协会联合会是以欧盟而不是以欧洲为基础，正式会员应当是欧盟成员国的评估协会，联系会员则是欧盟成员国之外的欧洲国家的评估协会，欧洲之外的评估协会只能成为其观察员。

思考题

1. 如何认识资产评估准则发展变化趋势？
2. 论述我国资产评估准则的框架体系？
3. 分析我国资产评估准则与国际资产评估准则区别联系？
4. 阐述《国际评估准则》的框架体系？
5. 阐述美国资产评估准则的主要特色？

本章参考文献

［1］刘萍、韩丽英、纪益成：《中外资产评估准则》，中国财政经济出版社2014年版。

［2］刘玉平：《资产评估理论与管理》，中国财政经济出版社2014年版。

［3］陈明海：《资产评估准则思路与思考》，经济科学出版社2017年版。

［4］彭晓英、史婉玲、石春红：《资产评估学》，清华大学出版社2018年版。

［5］全国人大常委会法制工作委员会行政法室：《中华人民共和国资产评估法解读》，中国法制出版社2016年版。

［6］田林：《资产评估法立法理念解读》，《中国资产评估》2016年第9期。

［7］张国春：《〈资产评估法〉的十大突出亮点》，《财务与会计》2016年第16期。

［8］陈渊鑫：《〈中华人民共和国资产评估法〉部分条文的解读（一）》，《财政监督》2018年第23期。

［9］陈渊鑫：《〈中华人民共和国资产评估法〉部分条文的解读（二）》，《财政监督》2018年第24期。

［10］陈渊鑫：《〈中华人民共和国资产评估法〉部分条文的解读（三）》，《财政监督》2019年第

1期。

　　[11] 陈渊鑫:《〈中华人民共和国资产评估法〉部分条文的解读（四）》,《财政监督》2019年第2期。

　　[12] 陈渊鑫:《〈中华人民共和国资产评估法〉部分条文的解读（五）》,《财政监督》2019年第3期。

　　[13] 陈渊鑫:《〈中华人民共和国资产评估法〉部分条文的解读（六）》,《财政监督》2019年第4期。

　　[14] 陈渊鑫:《〈中华人民共和国资产评估法〉部分条文的解读（七）》,《财政监督》2019年第5期。

第七章

典型国家和地区资产评估行业的发展

本章学习目标

通过本章的学习，了解典型国家和地区评估行业产生和发展的状况，了解国际资产评估准则组织，以及美国、英国、俄罗斯等国家或地区资产评估管理的组织机构和管理模式。

第一节　资产评估业

一、资产评估业的产生

评估行为是由过去的商品交换而形成的。对评估行为越来越重视，也是由于商品交换逐步发展的结果。就过去而言，评估的行为属于个人性的、偶然性的，发展至今，评估行为在市场交易中已占据了不可或缺的地位，评估行业成了现今重要的中介行业。以下为资产评估行业经历的三个发展阶段：

（一）原始阶段

第一阶段属于原始阶段，也是资产评估中最早的阶段，该阶段的评估行为较为简单，对资产的评价具有直观性、偶然性和非专业性的特点。原始阶段始于原始社会时期，在向奴隶社会过渡的时期中逐步发展，房屋、牲畜等财产在该阶段是人类的重要财富，当生产力发展到一定水平，商品生产和商品交换逐步产生，人类的房屋、牲畜等重要财产成为商品进行买卖。然而这种商品市场并不发达，买卖双方难以达成公平交易，因此，人类期望存在第三方，以公正的角度规定价格以使商品买卖公平。而充当这种角色的人，一般为公信度较高且双方均熟悉的人。作为公正角色的第三方，也就是现在所谓的评估师最原始的形态。

（二）经验阶段

第二阶段为经验阶段，该阶段发展于原始阶段之后。这一阶段开始的标志为 16 世纪欧洲的安特卫普（现比利时）成立的世界上第一家商品和证券交易所。在 14 世纪到 15 世纪，西欧资本主义经济开始萌芽，然而，由于封建势力依然强大，封建经济仍然占据主导地位，资本主义生产关系发展受到阻碍。直至 15 世纪末 16 世纪初期，随着美洲大陆的发现以及新航路的开辟，世界市场骤然扩大，世界贸易中的商品数量和种类都急剧增加。这些变化为资本主义手工工场的发展提供了市场和原料产地，促进了资本主义的原始积累，极大地刺激了资本主义的发展。此时第一家商品及证券交易所的成立也意味着资本主义初期商品与资本融合的市场开始出现。

在这一阶段中，随着商品交易的发展，出现了大量从事评估工作的人员，他们就商品的评估积累了大量的经验，这一时期的评估工作室依靠评估人员的经验进行。与原始阶段相比，这种经验评估明显更加可靠，但是，这一阶段的评估行为仍然是无组织、无约束的个体行为，评估工作尚缺乏规范性和科学性。

(三) 科学阶段

200多年以前，英国等资本主义发达国家首先成立了专业的评估机构，专业的评估人员也随之出现，资产评估进入科学阶段。这一阶段开始的标志是1792年英国测量师俱乐部的成立，该俱乐部是现今英国皇家特许测量师学会的前身，属于专业的评估团体。目前，拥有超过18万会员的英国皇家特许测量师学会是世界上影响最大的评估组织之一。1896年，美国评估公司成立，这是世界上最早的专业评估公司。

评估师隶属于专业的评估机构、评估活动具有规范的评估程序和科学的评估方法是科学阶段的特点。评估结果的准确性与权威性较前两个阶段而言大大提高，原因在于该阶段的评估不仅需要评估师具有大量的经验，同时还要求有大量的客观数据和研究方法以供参考和运用。此外，该阶段的评估行为已基本发展成熟，行业管理也十分规范。

自20世纪以来，随着第二次世界大战的结束，全球进入和平建设时期，商品经济开始飞速发展，资产评估行业随着经济的发展也逐步发展起来，该行业作为一个独立完整的中介行业开始逐渐被国际社会和经济组织所认可。1977年，英国、法国、德国等在比利时共同建立了欧洲固定资产评估师联合会，目的在于配合《欧盟公司法》中规定的相关内容，于同年出版了《欧洲评估指南》。之后，欧洲固定资产评估师联合会更名为欧洲评估师协会，并于1997年公布了《欧洲资产评估准则》。1981年，国际资产评估准则委员会成立，该委员会也是联合国非政府组织成员，当时是在世界各国的资产评估专业团体的推动下成立的。该委员会于1985年在联合国经济社会理事会注册，同年公布了《国际评估准则》。1986年，美国各大评估师协会和加拿大评估协会联合成立了统一准则特别委员会，1987年制定和出版了《专业评估执业统一准则》，并于同年改名为美国评估促进会。

二、国际评估准则理事会

国际评估准则理事会（IVSC）是一个独立的、不以营利为目的的国际性机构，在美国注册成立，其总部设在英国伦敦，职能有：（1）为确保公众利益得到有效保护，发展《国际评估准则》和相关的技术指导；（2）确保估价问题得到正确理解和使用，与其他机构合作积极参与金融市场的监管；（3）推动国际评估协会的交流与合作。目前主要国家的专业评估协会都是国际评估准则理事会的专业组织成员，包括的国家有：中国、日本、韩国、英国、美国、澳大利亚、加拿大、德国、俄罗斯、意大利、印度等。此外，还有来自各国的评估公司、学术机构及其他行业协会作为国际评估准则理事会的成员发挥作用。到2020年，国际评估准则理事会已经有超过130个成员组织，超过150个国家或地区的评估从业人员在应用《国际评估准则》。

在20世纪60年代到70年代，随着评估业的发展，许多国家都建立了评估协会、行业学会等组织，并制定了符合本国情况的评估准则和道德准则等，但20世纪80年代以前评估行业始终未能形成一个世界性、中心性和国际性的行业，来协调不同准则及不同区域之间的差异，所以各国自身的评估准则及专业术语上的差异给评估行业国际化带来了很大困难。在这样的背景下，制定统一的《国际评估准则》已成为共同的目标，并希望通过它促进评估行业的国际化发展。

1981年，在澳大利亚墨尔本，来自英国、美国、澳大利亚、新西兰、法国等20个国家和地区的评估专业协会召开会议，正式成立国际资产评估准则委员会（The International Assets Valuation Standards Committee，TIAVSC），除制定并推广评估标准以外，国际资产评估准则委员会也把推动评估标准被国际会计准则和其他报告准则认可作为一项特殊目标。1985年，国际资产评估准则委员会成为联合国非政府组织成员。1994年，国际资产评估准则委员会正式更名为国际评估准则委员会（International Valuation Standards Committee，IVSC）。2007年，国际评估准则委员会开始进行重组，除各国的评估专业协会之外，评估公司、评估报告使用者和学术机构等也能够成为会员，并参与国际评估准则委员会的工作。2008年，国际评估准则委员会顺利完成改组，正式更名为国际评估准则理事会（International Valuation Standards Council，IVSC），并成立了管理委员会（Board of Trustees）、标准委员会（Standards Board）和专业委员会（Professional Board），还设立了金融工具评估专家咨询小组。2016年，有形资产标准委员会（Tangible Assets Standards Board）、企业价值评估标准委员会（Business Valuation Standards Board）和标准审查委员会（Standards Review Board）建立了起来。2018年，金融工具委员会（Financial Instruments Board）成立。经过40多年的发展，国际评估准则理事会（IVSC）的专业领域从不动产评估逐步扩展到企业价值、不动产、无形资产、机械设备和金融工具评估等多个方面，制定的《国际评估准则》也成为国际评估行业广泛认可的行业准则。

三、世界评估组织联合会

随着国际化的深入和跨国投资的逐渐增加，各国业界对评估执业标准的一致性和标准化提出了更高的要求，世界评估组织联合会在这种背景下应运而生。

世界评估组织联合会（World Association of Valuation Organizations，WAVO）成立于2004年，总部位于新加坡，是由国际评估界专业协会和评估机构会员组成的专业组织。自成立以来，世界评估组织联合会一直致力于发展包括不动产评估、机器设备评估在内的多学科、跨领域的评估理论研究，并设置世界评估组织联合会最佳评估报告奖，通过审查评估报告来奖励优秀的评估实践。

世界评估组织联合会代表公众利益，宗旨是：通过完善和推广最佳评估专业教育、培训、评估理论和操作实务的研究与发展，鼓励和支持各成员组织逐步达到职业要求的统一性，推动国际评估行业使用统一的评估标准、评估方法和专业术语。世界评估组织联合会重点支持并推动发展中国家和经济转型期国家评估行业的发展，承认并配合国际评估准则理事会（IVSC）在制定、发布、修订和解释《国际评估准则》方面所扮演的领导性角色，倡导会员在评估实践中执行和遵守《国际评估准则》，推动全球评估行业的共同发展。

为了增强评估执业者的专业性，鼓励国际业务采用一致的做法，世界评估组织联合会制定了《评估专业能力与执业指引》。它平实的语言便于理解，并根据行业环境变化和发展情况适当进行更新。该指引全文共由四部分组成：第一部分概述了评估师需要具备的核心能力、评估目的、评估业务及职业道德。第二部分主要介绍了不同国家不动产评估师所采用的一般性原则和方法。第三部分涵盖了企业价值评估和无形资产评估的相关内容。第四部分则着重讨论了除不动产及企业价值评估外的其他资产的评估，如厂房和机器设备评估。

四、发达国家资产评估业的现状

市场经济相对发达的国家，资产业务同样十分发达，资产评估行业也因此较为发达，他们代表着国际上资产评估行业的先进水平。当前，发达国家资产评估业的基本现状是：

（一）资产评估主体公司化

公司化也就是指资产评估机构以自主经营、自负盈亏的企业法人形式进行经营管理，完全符合一般服务性企业的特点。客户是参与资产业务的各方；产品就是为客户提供的优质评估报告。发达国家的资产评估公司分为两大类：一类是专业化的资产评估公司，另一类是兼营资产评估业务的各类管理咨询公司。前者为客户提供几乎所有的资产评估业务，专业化程度较高。例如，美国资产评估联合公司已有100多年的历史，评估人员众多，业务范围也十分广泛。后者除了从事其他有关业务，也从事资产评估业务。例如美国的一些管理咨询公司除了从事企业财务管理、市场营销管理、战略管理等方面的咨询业务以外，还兼营资产评估业务；其他机构如会计师事务所等也兼营资产评估业务，表现出多元化经营的特点。

（二）资产评估管理科学化

发达国家的资产评估管理工作比较科学、有效，这主要表现在评估管理机构健全、评估规则统一和监测评估结果三个方面。在美国、加拿大等发达国家，政府一般不干预评估行业的管理与发展，以避免影响评估的独立性和专业性。评估行业的管理主要以专业协会的自律性管理为主。虽然一个国家内可能存在若干个行业协会，但其中几个主要的评估行业协会一般会制定一部全国统一的资产评估准则，且定期修改、发布。评估准则的内容包括评估公司的组织、评估师的资格、评估师的职业道德规范、资产评估的操作规范及资产评估应遵循的一般原则等。监测评估结果的主要目的是防止评估人员在评估中违反职业道德，恶意损害一方利益。在美国，如果获得评估资格的评估师违反了相关规定或职业道德，评估师协会将根据情节轻重对其给予处罚，包括在评估师档案中作过错记录、在学会刊物或相关报纸上进行训诫公告、暂时取消专业称号甚至永久性剥夺专业称号等。

（三）资产评估从业人员多层次化

从总体上看，发达国家的资产评估从业人员一般可分为三类：一是评估公司的经理和其他管理人员，他们是公司的管理层，负责公司的经营管理工作。二是评估公司的销售人员，他们的主要任务是通过各种方式把公司的服务推销出去，为公司承揽评估业务。三是专业评估人员，他们主要由专业技术人员构成，一般都有较高的教育水平，大都是具有工程师以上的技术职称，公司的评估工作是由他们来完成的。

（四）资产评估业务多元化

在资产评估比较发达的英国和美国，不动产评估曾经是评估业务中最主要的，甚至是唯一的内容，后来各评估协会意识到资产评估综合化发展的趋势，现已将评估业务扩大到动产、机器设备、企业价值等领域。

第二节　美国资产评估业

一、美国资产评估概况

美国是目前商品经济最发达的国家之一，同时也是资产交易最活跃的国家。因此，美国的资产评估业务不仅开始较早，而且十分发达。目前美国资产评估行业专业性强，评估业务综合性高，行业准则也比较完善。

美国资产评估起源于会计的按现值记账准则。企业每进行一次资产交易都必须向政府缴纳一次财产转移税，纳税额的大小依交易资产的价值而定；同时，美国会计制度规定，所有的资产都是按现值记账。所以按统一规则来记账的美国企业必须要对资产进行评估，否则，企业内部的会计核算就无法进行。这一特殊的规定促进了美国资产评估业的发展。

美国资产评估业现有100多年的历史。最初的评估目的主要是财产保险、产权交易维护、抵押贷款、财产分割等。随着行业发展，评估者们自发地成立了许多有影响力的民间自律性评估组织。随着评估业务的不断扩大，评估公司也不断发展，形成了一套完整的资产评估体系和评估工作章程、标准。

美国评估业的行为准则是《专业评估执业统一准则》(Uniform Standards of Professional Appraisal Practice, USPAP), 其是一部十分成熟、完备和综合的准则。它是通过《金融机构改革、复兴和实施法》（Financial Institutions Reform, Recovery and Enforcement Act, FIRREA）的规定在全美强制执行的，各级政府对评估行业的管理，评估师资质审查发证行为、估价服务机构的操作、估价师联合会及各专业评估个人的估价行为都要遵循《专业评估执业统一准则》的有关规定。

尽管在各方努力下，美国评估行业基本实现了评估准则的统一。但由于协会众多，每个协会授予不同的专业称号，各个协会会员之间从事的业务还有交叉，因此，整个评估行业对外缺乏统一的形象，给消费者带来认知和理解方面的障碍。而且，随着会员对教育、出版、与公众、国会等方面的沟通要求的不断提高，各协会内部单独的发展满足不了协会会员发展的需要。为了维护广大消费者利益、为行业会员提供更好的服务、促进行业发展，近年来各个协会一直致力于促进行业协会之间的协调与合作。

这些协调与合作同时也促进了美国评估准则的发展，并且使准则更加通俗易懂。这样的发展态势不仅可以减少评估师的困难，而且更重要的是能够帮助评估服务使用者更好地利用评估结论，从而提升公信力。

二、美国评估行业的管理体制

长期以来，美国评估业与律师业、会计师业等被视为自由职业，评估行业的从业者属于传统意义上的专业人士和自由职业者。因此，美国政府对于资产评估行业几乎不进行任何干预，主要是通过评估协会等非政府性质的评估行业专业组织进行自律性管理。在行业发展过程中，不同的评估领域自发形成了各自领域的专业协会，部分协会经历合并也形成了一些综合性的行业协会。主要的协会有：美国评估师协会（ASA）、美国注册评估师协会（ACA）、美国评估学会（AI）、美国农场管理者与农村评估师协会（ASFMRA）、国际评估官员协会（IAAO）、国际道路通行权协会（IRWA）、国家高级评估师协会（NAMA）、国家独立产权评估师协会（NAIFA）等。所有协会都有自己的章程和会员入会标准，可独立发展会员，授予会员专业称号，这些协会也依据自己的专业领域制定了职业道德准则和评估执业准则，以规范本协会的会员。美国评估业长期实行这样的行业自律管理体制，既没有形成统一的评估执业准则，也没有统一的评估师资格标准。这是因为，评估被认为是委托人与评估师之间的民事行为，一旦评估师执业不规范给委托人造成损失，委托人可以通过民事诉讼解决争端，评估师所属的协会也会进行处罚。行业自律管理可以实现评估业的可持续发展，而且评估业务通常也不会对第三人或社会利益造成损害，因此，美国政府并未介入对评估行业的干预。

随着美国经济社会的发展，纯粹行业自律的管理体制的弊端逐渐显现。20世纪80年代美国的"储蓄和贷款"危机彻底改变了人们对评估行业的看法。里根政府执政后在金融领域放松了对金融机构的监管，大量金融机构盲目开展抵押贷款业务。由于当时评估业缺乏统一的评估准则和评估师资质标准，评估行业在职业道德、人员素质、执业水平等方面参差不齐，相当多的评估师对作为抵押物的不动产进行了不恰当的评估（往往是乐观性的高估），在出现无法还款处置抵押不动产的情况时，抵押物价值远远达不到评估值，造成银行等金融机构贷款呆账、坏账大幅度增加，引发了一大批金融机构倒闭，由于美国实行储蓄存款保险制度，联邦储备基金在危机中遭受了1000多亿美元的损失。

这场危机成了美国评估行业管理体制转变的契机。国会就这场危机进行了调查，调查认定了金融监管部门和金融机构存在问题的同时，对评估行业存在的问题也予以严厉抨击，包括缺乏统一的执业人员资格标准，缺乏统一的评估标准，并认为不当评估和欺诈评估是促成金融危机并导致联邦政府遭受损失的主要诱因之一。加强对评估行业的监管成为共识，《专业评估执业统一准则》就是在这种背景下产生。1989年《金融机构改革、复兴和实施法案》（FIRREA）实施，根据该法案要求，美国政府建立了评估行业的监管体系，行业自律和政府干预相结合的管理体制逐步建立起来。

从横向来看，法律规范（FIRREA等）、政府监管、行业自律三层一体，从纵向来看，联邦政府、州和地方政府与民间三级相互协同，最终将评估有关各方主体均纳入管理范围，有效降低评估风险。美国资产评估行业管理体系体现为：第一，在联邦金融机构监察委员会（FFIEC）下设评估分会（ASC）负责监督各州监管机构、行业协会以及全国范围内的评估活动；评估分会具有否决权，不直接监督单个评估者，一旦发现某个州在评估师监管存在问题，有权暂时取消整州评估师注册及许可资格。第二，联邦金融机构监管部门为其管理下的金融行业制定评估要求，监督其遵守情况。第三，建立州和地方评估师管理部门，负责本区域评估师注册和许可事宜，监督评估师执业。第四，建立州和地方评估师管理部门，负责本区域评估师注册和许可事宜，监督评估师执业。

三、美国不同类别资产评估的发展

（一）美国不动产评估发展

美国的不动产评估起源于对地租和地价问题的研究。最早，美国学派的经济学家约翰·B. 克拉克，运用边际分析、数量分析及报酬递减规律论证了地租地价问题。后来，美国经济学家威廉·阿朗索利用"区际均衡"和"区位边际收益"等空间经济学理论，提出竞标地租观点，促进了不动产评估的发展。

美国将房产和地产共同评估，各城市的房地产局或课税局拟定各种路线价格法则，如深度价值表4321法则。它简明易记，但过分粗略，会有估价不准确的现象。此后，尼尔（Nell）创立了众所周知的霍夫曼—尼尔法则（Hoffman – Nell Rule），曾在纽约市施行。苏马斯（Sumas）还对于市街地的课税价格进行评估，建立了有效的估价方法。美国现在采用三种房地产估价方法，包括市场比较法、收益法、成本法。

（二）美国无形资产及企业价值评估发展

美国较为重视无形资产评估的发展。美国最大的评估协会——美国评估师协会（ASA）早在20世纪60年代就设立了无形资产评估委员会，对无形资产评估工作进行指导。

美国丰富的无形资产评估实践与会计计价并无关系，大都是以产权交易咨询和企业价值分析为目的。由于无形资产评估与企业价值评估有很大的相似性，美国评估师协会后将无形资产评估委员会改为企业价值委员会，负责指导企业价值评估和无形资产评估。这一改革对美国评估业的发展起了很大影响。

美国评估行业不论在评估实践和理论研究上都处于领先地位，许多商学院开设了无形资产评估和企业价值评估课程，促进了学术理论的形成。美国无形资产评估的实践和理论促进了世界各国无形资产评估行业的发展。

在无形资产及企业价值评估准则制定方面，美国制定了较为完善的准则性文件。美国《专业评估执业统一准则》中虽然在结构上没有专门的无形资产评估准则，但准则9是关于企业价值评估（包括无形资产评估）业务的准则，准则10是关于企业价值评估（包括无形资产评估）报告的准则。这两个准则最早制定于1987年，并经过了多次修订。

四、美国资产评估行业发展

20世纪90年代随着贷款需求的增加，评估人员的数量快速增长。但在过去的几年间，行业合并和技术的优势将评估行业改变了很多，专家预测，评估业的合并是不可避免的，并且还会持续下去，所以将来评估行业还会有更多的变化。由于商业环境的不景气和新技术的应用，使评估人士用很少的时间做了更多的工作。芝加哥评估机构的会员比原来减少了25%，专家认为，即使没有技术和结构上的变化，评估人士的数量也将会因为经济的因素而减少。另一个评估人员数量减少的原因可能是几年前法规最低标准的提高。但主要原因还是评估技术的提高。

现在所有的评估依靠技术和自动化比过去多很多，打字员和胶卷相机已经过时，评估人员大部分的工作是通过电脑和数码相机扫描物理图像完成的。所以现今的技术使评估人员的效率比10年前提高了两倍。自动化也使评估管理公司和非传统公司把评估业务作为他们核心业务的一部分，这些都导致资产评估行业有了很大的变化。

（一）评估公司

专业评估公司和评估管理公司的区别在于：专业评估公司的雇员是归公司所属，使用公司办公室的办公设备；而评估管理公司以合同制的方式雇佣评估人员。

（二）数据库统计评估

一些评估是严格遵照数据库的评估完成的，例如，Bank of America of San Francisco 做了一些有关数据库的测试比较和评估。又如，Contour Software of Campbell 的网上评估，它以统计信息来提供评估，每个信息询问价格为8.5元。财产增值信息是以 TRW Home Value 指数为基准的。与此同时，这些评估是可以用来做 low-LTV 抵押，但是当杠杆有点高的时候，它们是不恰当的。每一个贷款人需要确定哪种评估方式是最好的。因此，Contour Software of Campbell 正在发展一种完全的在网上评估的方式。

但数据库评估有它的缺点，即一些数据库只是提供少量信息而且更新不及时。另外，数据库对于用户和操作者的费用是很昂贵的。现在大多数的数据库处于地方级别，专家陈述，对于评估来讲，最有效的方式是以全国为基础的，因此整合地方级别的数据信息是很有必要的。但一个国家范围的数据库可能更加昂贵，尽管可能一些当地的政府部门或者是联邦政府能够免除一些费用。但是政府也希望能在维护数据库和传媒信息当中获取利益。

（三）未来新技术

除了数据库，所有的电子评估，包括通过互联网交换的电子数据，在未来都有很大的发展前景。电子数据交换（EDI）在某段时间曾被讨论，但是所有的漏洞还没有解决；还有讨论更新 Freddie Mac's Loan Prospector 和 Collateral Express 来提供更好更快的电子服务。尽管试点运行还不错，但是没有人知道这样的公共设施将会什么时候在现实中运营；另外还有 ACB 的 Pincich 预测，它会将某些评估最终与卫星链接，以显示财产购买时的状况。

第三节 英国资产评估业

一、英国资产评估业的发展概述

资产评估在世界范围内有着悠久的历史，但过去评估的历史主要是不动产评估的历史，即房产和地产评估得到了深入发展，传统上被人们熟知的资产评估也往往仅限于不动产评估。这在英国及英联邦体系国家尤其明显，评估往往被视为不动产产业的一个分支，在大学中有关评估的专业大多设在建筑系、测量系。不动产评估师（测量师）在这些国家受到广泛重视,在经济领域甚至是政治领域发挥了重要作用。应当说资产评估行业是由不动产评估发展而来的,过去、现在和将来不动产评估都在资产评估业中占有重要地位。

结合经济因素、国际因素、政治因素、法律因素以及其他影响资产评估行业发展的主要因素,可以了解到英国资产评估行业发展过程中的特点。比如经济因素是由生产力因素、经济体制因素、经济发展水平、资本市场等组成。资产评估本身是一个服务性质的行业,是生产力发展到一定水平的产物,所以生产力的发展对资产评估行业的发展有着十分深远的影响。18世纪60年代英国进行第一次工业革命,生产力得到了极大的发展,经济空前繁荣。1792年英国成立了第一个资产评估团体——英国测量师协会,迄今为止英国的资产评估准则在全国资产评估领域有着开拓性和奠基性的地位。在国际因素中,历史发展进程形成的经济联系也就是早期殖民地与被殖民地之间的联系形成了英国与美国资产评估业之间的联系。因为美国在脱离英国独立时,英国就已经形成了资产评估团体,这就造成了英国资产评估对美国的影响,从而使美国资产评估准则有着浓厚的英国色彩。

二、英国资产评估行业管理体制

(一) 管理体系

国外资产评估管理制度主要包括以下几种方式:政府干预型、行业自律型模式、政府监管下的行业自律型模式。英国资产评估行业基本上可以分为两大体系:政府管理下的资产评估体系和民间自律性资产评估体系。

政府监管下的资产评估体系的主要目的是服务于政府的税收需要,在组织上分为三个层次,即中央级、大区级和区级评估办公室。中央级评估办公室设在财政部税务局之下,其主要职能是制定有关政策并管理大区和区的评估工作。大区级评估办公室在全国共设有5个,主要职能是协调其所管辖区域内评估办公室的评估工作。区级资产评估办公室,全国共设有95个,具体职能是协调其所管辖区域的评估工作。最初,大区级和区级评估办公室都归当地税务部门直接管辖,由于评估工作的技术性和独立性越来越强,加之政府为减少行政开支而精减人员,因此在随后的发展中,大区级和区级评估办公室逐渐从税务部门独立出来,成为非行政序列的单位。二者的性质与我国事业单位类似,但主要职能都是为公共部门提供评估服务以及对房地产进行征税。除此之外,也承揽一些其他的评估项目。

民间的资产评估机构则是完全不依赖任何部门的社会性中介服务组织,它不同于政府管理下的资产评估机构,其具有独立、客观、公正的性质,其组织形式主要是合伙制和有限责任公司,也有少量独资形式的。民间资产评估机构大多数是以顾问、咨询公司的形式存在,还承揽了许多相关的服务业务,比如接受委托从事房地产购买、销售、出租、承租、投资等业务。在大多数情况下，资产评估是整个房地产中介服务的一个组成部分，是针对整个中介活动进行收费的，很少对评估进行单独收费。

随着民间评估机构的不断发展，逐渐形成了行业协会组织。在前期国内影响力最大的协会组织是英国皇家特许测量师学会（RICS），另外两家是评估师与拍卖师联合会（ISVA）和税收评估学会（IRRV），英国资产评估行业的"红皮书"——《皇家特许测量师协会评价与评估手册》就是这三家协会联合制定发布的。在2000年，英国皇家特许测量师学会与评估师与拍卖师联合会成功实现联合，评估师与拍卖师联合会逐步融入英国皇家特许测量师学会。

（二）评估目的

在英国，传统意义上的资产评估往往被视为是不动产评估的一个分支。房地产作为英国政府主要的征税对象，同时也是非常重要的财政来源，因此在政府管理下的资产评估体系主要是为政府对房地产征税提供服务的。此外，对于政府及公共部门征用土地而给予土地所有者的补偿以及投资项目对环境造成的影响，政府也要求对这些情况进行评估。

民间资产评估一般包括以下目的：资产的买卖、抵押贷款、公司上司、资产在母子公司之间的转移以及公众公司资产负债表的调整等。所谓公众公司资产负债表的调整进行的资产评估，是按照英国公司法的规定，对公众公司的房地产价值每5年进行一次评估，以保证财务报表的真实性。

（三）评估收费

一般情况下，政府部门和行业协会都不规定收费标准，所以评估收费完全是通过市场竞争也就是市场调节来实现的。英国评估组织主要是为政府及公共部门服务的，并非完全的民间商业性机构，所以其收入取决于业务量并由政府及公共部门支付，所以其收费往往低于市场价。当然，如果承接其他业务，也是按市场价收费的。

民间评估机构的收费则完全市场化，向委托人以及评估报告需要人进行收费时，谁是委托人、谁要评估报告、向谁收费、收费的高低都取决于他们的服务水平和信誉水平的高低。

（四）诉讼程序

评估部门所提供的评估结果是税务部门征税的依据，直接决定了应纳税额的大小，直接涉及国家、企业和个人的经济利益，因此，无论是税务部门还是纳税人都非常关注评估结果，并要对其进行仔细的核实。任何一方如果对结果有疑问，有可能就会产生争议，这种争议一般是按照下列程序解决的：第一，税务部门、纳税人或评估办公室三方或其中任何两方以协商的方式重新审定评估值。第二，如果经过协商得不到一致的意见，可以到初级法庭上诉。由初级法庭对评估项目进行调查，并在基础之上重新判定评估结果。第三，如果上诉人仍然不服，可以到高一级的法庭上诉。一般来说，大多数案件到此环节都能的解决。第四，如果上诉人仍然不服，那么可以上诉到最高法庭。

对于民间的资产评估纠纷的解决途径基本上也是两种，一是协商，二是上诉到法院。

（五）英国资产评估行业与注册会计师行业之间的关系

在英国，资产评估业与注册会计师行业一样，都属于社会中介服务行业，目的都是为企业、社会提供客观公正的服务。但二者的服务方向不同，并且管理体制也是相互独立的，各自都有一些自律性的行业协会组织。资产评估业和注册会计师行业在业务上也有一定的联系，比如企业上市时的资产核实，不动产的评估需要评估师即测量师来做，而流动资产等则需要注册会计师来核实。

三、英国皇家特许测量师学会（RICS）

（一）英国皇家特许测量师学会简介

英国皇家特许测量师学会简称RICS，英文名Royal Institution of Chartered Surveyors，其专业领域涵盖土地、物业、建造及环境等17个不同的行业。它是全世界最大的房地产、建筑、测量和环境领域的综合性专业团体，是被全球广泛认可的拥有"物业专才"之称的世界顶级专业性学会。同时英国皇家特许测量师学会既是一个行业自律管理组织，又是一个权威的专业服务组织，其制定的房地产领域的专业法规，被主要金融机构和各国政府视为"黄金准则"。它在房地产规划与开发、房地产估价理论、商用房地产、管理咨询、估价标准、技术方法等方面均在世界处于尖端，并把宗旨定位于为公众提供最高质量的专业服务。英国皇家特许测量师学会得到了全球50多个地方性协会及联合团体的大力支持，现有18万多会员分布在全球146个国家，在世界各国的知名大学内拥有500多个英国皇家特许测量师学会认可的学位专业课程，每年发表超过500多份研究及公共政策评论报告，向会员提供覆盖17个专业领域和相关行业的最新发展趋势，如房地产建设管理、项目管理、资产评估、规划与开发、设施管理、土地测量、建筑测量、管理咨询等相关行业。

英国皇家特许测量师学会致力于以严格的专业和操守水平保障消费者的利益，并为政府和企业提供专业、公正的忠告、分析和指导。它凭借全球标准、专业发展，以及可靠的数据与洞见，在土地、房地产、建筑和基础设施的开发和管理领域，推广和执行最高的专业国际标准，确保建筑和自然环境领域发挥最高的专业水平，为消费者和企业提供保障。英国皇家特许测量师学会也致力于为建筑和自然环境带来正面变化，与不同机构鼎力合作，把握机遇，克服城市化、全球资源匮乏和气候变化带来的挑战，构建更具韧性的成功社群，奠定市场信心的基石，倡导更理想的居住和工作环境，为社会带来正面的影响。同时英国皇家特许测量师学会还为政府有关部门的决策提供相关的资讯和建议，为会员提供信息和其他服务，保护消费者权益，维护公共利益。

（二）英国皇家特许测量师学会的历史沿革

英国皇家特许测量师学会成立于1868年，1881年荣获"皇家"荣誉，于1946年正式启用皇家特许测量师学会名称，已有150余年的历史。作为一个独立的第三方非营利行业自律组织，英国皇家特许测量师学会对会员的培训与教育一直保持在高水平上，对会员专业能力的考核及以正直、诚实为核心的职业道德建设要求一直保持严格水平，以使行业走向快速发展的道路。

2000年，随着评估师与拍卖师联合会的并入，英国皇家特许测量师学会焕发了新的活力。考虑到全球一体化的推进和不动产市场的最新变化对测量师行业的要求，英国皇家特许测量师学会进行了一系列的变革，包括了学会的教育标准、会员管理、发展方向、各个专业的发展战略以及行为守则等方面。作为英国评估行业的自律管理组织，英国皇家特许测量师学会对于管理方面进行了较大改革，比如对评估准则的重大修改、评估专业的设置与分类等均体现了评估行业的最新发展方向。

英国皇家特许测量师学会近年来顺应经济全球化的趋势，积极推进其全球化发展战略，已经成立了欧洲特许测量师学会、美国特许测量师协会，另外在加拿大、澳大利亚等大部分前英联邦国家设立有英国皇家特许测量师学会地区分会。

（三）英国皇家特许测量师学会的管理结构及主要职责

1. 英国皇家特许测量师学会的组成

（1）理事会。英国皇家特许测量师学会的最高权力机构是理事会（Governing Council），是由来自世界各个地区的代表组成的，负责制定英国皇家特许测量师学会的最高战略计划和各项政策。理事会每年召开3次会议，由英国皇家特许测量师学会在世界各地的会员组织参加。最新的英国皇家特许测量师学会理事会下设战略与资源委员会、政策委员会、专业学科委员会、英国皇家特许测量师学会澳大利亚委员会、英国皇家特许测量师学会欧洲委员会、各个国家协会、地区委员会。为了实现英国皇家特许测量师学会的目标和功能，理事会根据其需要及会员意愿，可以建立、分立及合并有关的委员会与专门小组。

（2）政策委员会。政策委员会对理事会负责，并对以下方面承担具体责任：①教育和会员资格；②争议解决；③市场推广；④公共事务；⑤职业道德、行为和消费者事务等。

（3）战略与资源委员会。战略与资源委员会负责监督预算和行业发展规划，对英国皇家特许测量师学会相关的财务资源分配及战略进行咨询。

（4）欧洲委员会。欧洲委员会的主要责任是协调代表16个欧洲国家协会的政策。

（5）澳大利亚委员会。澳大利亚委员会主要责任是支持在澳大利亚、巴布亚新几内亚、斐济和新西兰会员的发展并起到推进作用。

2. 英国皇家特许测量师学会的主要职责

（1）行业标准的制定。英国皇家特许测量师学会所负责制定的行为准则和行业操作规范包括《评估与估价准则》和《行为守则》。《评估与估价准则》所包含的主要内容有评估指南和执业说明；《行为守则》对皇家特许测量师的职业道德起到规范作用。

（2）执业行为的规范。英国皇家特许测量师学会既规范执业的行为，同时对参与评估的人员起到监督作用。对于有关评估涉及违规的行为举报，英国皇家特许测量师学会会进行相应的调查和处理，而对于违反执业规范的行为，英国皇家特许测量师学会会予以相应惩戒，情节严重者会被取消会员资格。

（3）政府事务的参与。每年全国各级政府及欧洲各级机构都会收到英国皇家特许测量师学会所提交的数以百计的提案。除此之外，英国皇家特许测量师学会还担任组织者的角色，组织政府各级官员参与会议。同时，英国皇家特许测量师学会还需在政府立法和决策前参与听取正式或非正式的相关咨询意见。

（4）专业服务的提供。英国皇家特许测量师学会专业服务到位，会为会员提供多种多样的服务，如培训服务、网络服务等，同时提供图书馆供会员使用。英国皇家特许测量师学会还会给予某些大学院校有关课程设置的建议，以供大学院校参考。

"会员持续专业发展项目（Continuing Profession Development，CPD）"是为会员提供的一项服务，通常是以培训课程、研讨会或经验交流会议的形式存在，旨在帮助会员持续积累专业经验，发展自身技能，加强与其他会员以及同其他专业团体的交流，从而使会员的职业水准始终保持在业内的领先地位。作为英国皇家特许测量师学会的会员，每年至少要有20小时的CPD参与记录。

（5）行业发展的促进。英国皇家特许测量师学会的职责是拓展在全球范围内的影响程度，目前也在多地建立了地区性质的组织机构。英国皇家特许测量师学会会在交流的基础上通过研讨会与材料寄送方式扩大行业影响程度，并让外界充分了解行业的特点。

3. 英国皇家特许测量师学会的专业分组和评估对象

英国皇家特许测量师学会下设总的专业学科和论坛委员会，同时根据专业学科划分、设置各个专业学科委员会，对每个专业分组进行管理。各个专业学科委员会的责任有：进行网络建设、开展培训和开发行业发展机会、制定专业指南与准则、提供专家与研究信息、进行专业推广及对本专业的测量师进行监管。

在2001年以前，英国皇家特许测量师学会将测量组分为7组，这种分组方法是根据不同专业以及不同分工进行的区分，分别是规划和发展测量组、矿业测量组、建筑测量组、农业测量组、工料测量组、产业测量组、土地及海洋测量组。测量师也分为7类与专业小组相对应。在2001年之后，英国皇家特许测量师学会进行专业分组调整，划分17个专业组。测量师在评估上涉及了更多的领域，有股东、艺术品、城市土地、农村土地、林地、厂房设备、企业价值等，使评估对象具有多样化。该种扩大行为对英联邦，甚至是全球范围的评估行业都产生了巨大的影响，如现今的《国际评估准则》将不动产评估、动产评估、企业价值评估、财务权益等纳入同一领域进行规范和管理。

4. 英国皇家特许测量师学会的约束机制以及评估师的执业准入

（1）约束评估师执业行为的机制。英国皇家特许测量师学会的《行为守则》用于指导和规范测量师的执业行为。除了有特殊说明外，对所有的测量师都具有效力。并且为了对更为广泛的公众负责，《行为守则》规定了测量师与委托人、雇主之间的关系。

《行为守则》除了起到指导行为的作用，对测量师的行为规范也提出了相应要求。若测量师及其事务所或团体拥有委托人的机密信息，不允许故意使用该信息威胁委托人。同时，对于委托人的费用与收益的来源、金额等应当予以披露，其中应当包含所有酬劳、费用或其他所有从委托合约中可能获得的利益。

同时，《行为守则》也对测量师的职业道德提出了相应的要求，即测量时的所有行为及判断必须基于以下核心道德标准：对自己的行为负责；诚实；工作公开、透明；尊重他人；了解自己的能力并在此范围内行事；客观；行为正直；有奋斗的勇气；树立榜样。

《行为守则》明确了测量师的投保义务。在理事会承认的商业条款所允许存在商业保险的国家中，经理事会与该国的相关组织协商后，理事会要求目前正在该国执业的测量师投保。

英国皇家特许测量师学会就《行为守则》的要求还制定了相应的惩戒规则，并将其公布。规则规定了专业行为委员会、惩戒委员会及申诉委员会职责，并明确了对测量师投诉时需要遵循的程序。

（2）执业准入。英国皇家特许测量师学会的测量师与其他各国的资产评估师的实际含义基本相同，有着鉴定人员、检察人员和测量人员的含义。测量师共有四种类别，包括一般类、住宅类、家庭动产类和机电设备与装置类。根据测量师的类别，英国皇家特许测量师学会的考试也分为四个类别：一般类测量师考试主要是对城市建筑相关内容的评估；住宅类测量师的考试主要是对住宅开发和住房提供的相关内容的评估；家庭动产类测量师的考试主要是对住宅内部装修、家具、家用器皿、绘画等艺术品相关内容的评估；机电装置与设备类测量师的考试则是对工业生产线、机电设备和整体企业的内容的评估。

英国皇家特许测量师学会测量师的考试共设有三个阶段。其中，年龄在35岁以上，并具备15年以上资产评估实践经验者，可以仅参加最后阶段的考试。在英国皇家特许测量师学会测量师考试内容中还涉及对其实践能力的考核要求。

由于一般类测量师所涉及的城市建筑范围更广，不仅涉及了工业建筑，还包括交通公用设施等，而这些建筑具备与住宅建筑不同的特点，所以要在英国皇家特许测量师学会的考试中，将涉及城市建筑的一般类测量师与涉及住宅评估的住宅测量师分开进行考察。同时，城市建筑中的工业建筑与机电装置和设备有关，因此英国皇家特许测量师学会还要求设备和机电装置类的测量师必须参加《建筑Ⅰ》和《建筑Ⅱ》的考试。

经济学是英国皇家特许测量师学会考试的必考科目，因为如果评估人员没有经济学的基本知识，没有从经济学的宏观角度去分析一项资产的价值，则其得出的资产评估价值只能是不正确或者是盲目的。

5. 英国皇家特许测量师学会专业能力发展中心

（1）全球学习平台。英国皇家特许测量师学会专业能力发展中心在全球范围内提供关于建筑环境方面的各种培训产品和解决方案。通过面对面或在线方式交付给公众或客户。英国皇家特许测量师学会为在线学习内容提供了一个全球平台；客户不仅可以从课程和培训项目中获益，还可以管理个人发展计划，跟踪学习进度和合规，从而管理个人和团队的发展。

（2）课程开发。整个培训课程与建筑环境专业人员所需要的能力有关。英国皇家特许测量师学会与世界各地的许多组织和政府合作，在流程、技术、业务和个人发展相关主题上提供现成的和完全定制的解决方案。英国皇家特许测量师学会与相关领域专家在全球范围内建立了广泛的合作网络，以支持他们所在国家或地区有关的培训课程和产品开发；为了更好地支持学员的学习体验，更好地解释相关产品的内容和标准，英国皇家特许测量师学会开发了本地和全球适用的最佳实践和案例研究。

英国皇家特许测量师学会课程设计通过与培训师的互动最大限度地提高学习经验，并且这些课程均有文档支持这以便学员回到工作场所时也能随时随地学习培训课程提供各种学习方法，如讨论、个人练习、小组练习、讲座和网络学习。所有内部和外部的培训内容都由培训团队进行全面审核，以确保产品的质量和标准。

（3）定制化课程。设计定制化培训课程，英国皇家特许测量师学会使用协作的方法，联系各种客户的利益相关者，包括主题专家、潜在学员、内部学习和开发经理，以识别客户具体的业务问题，设计能够提供该问题解决方案的培训课程。在设计过程的所有阶段都涉及到客户，从最初课程内容的确定、到培训目标的识别、讲师的选择，到最后的评估和报告。通过这种方式，英国皇家特许测量师学会提供了一个完全量身定制的课程，创建了一个世界级的定制培训课程。

6. 英国皇家特许测量师学会会议

每年，英国皇家特许测量师学会在全球范围内组织200多个旗舰、地方会议、定制会议，涵盖来自各国政府、专业机构、跨国公司和学院的5万多人，与包括亚洲基础设施投资银行、戴德梁行、安永、AECOM、世邦魏理仕、万科物业、麦肯锡、微软、凯谛思、晨越、特纳唐逊等在内的全球知名企业和权威机构建立了战略合作关系。

基于英国皇家特许测量师学会的全球平台，英国皇家特许测量师学会通过组织不同类型的活动，包括旗舰活动、年度行业特定的专业活动，完美建立了沟通网络并及时更新最新的行业国际标准、市场发展动态和指导。会议团队通过组织与土地、基础设施、房地产、建筑和技术相关的高质量、专业的活动，以促进行业专业化、国际化的可持续发展，为整个建筑环境和世界带来积极的变化。英国皇家特许测量师学会会议及活动策划帮助客户和商业伙伴在业界竞争中保持领先的市场洞察力、高水平标准和最佳实践力。英国皇家特许测量师学会也提供相关领域行业领袖建立沟通交流网络的最佳机会。通过专业标准、知识和创新公信力的不断培养，为世界主要经济中心的发展树立信心，为全球面临的挑战提供解决方案。

区域会议是属于中型会议，在行业中有更具体、更热门的主题。除此之外，英国皇家特许测量师学会还邀请各协会、政府、行业巨头、领军企业和其他关键参与者共同组织定制会议，这些会议就及时和专业的话题讨论，分享他们的观点，发现潜在的问题并寻找解决方案。

最重要的是，英国皇家特许测量师学会提供全球思想领袖峰会，邀请阵容强大的发言嘉宾和参与者提供前所未有的知识、技能和经验，讨论人类在 21 世纪生活和工作的方式，和政治、社会和经济趋势对城市和周边地区的影响。

四、英国不动产评估的发展

房地产评估作为资产评估的重要组成部分，是市场经济发展的必然产物，也是维系房地产市场持续稳定向好的重要基石。英国房地产市场发达、房地产评估历史长久，评估技术相对完备，具有较强的代表性。研究和分析英国房地产评估方法，研究成熟的理论评估体系与丰富的实践经验，对于探讨中国房地产评估业如何借鉴经验、健全完善房地产评估体系显得极为重要，也是非常有益的。

（一）理论起源

在 17 世纪初，英国古典经济学家威廉·配第就曾第一次提出级差地租的概念，对地租理论作出了开创性的贡献。配第的理论用公式表示为以下内容：地租 = 市价 - 生产成本，他率先指出了土地的价格由其产生的地租通过资本化得出，其缺陷在于没有把利润和地租区分开，没有把价值和使用价值区分开。

英国古典经济学家查德·坎蒂隆认同配第的关于地租是一种剩余的观点，但是他认为：地租 = 市价 - 生产成本 - 利润。

亚当·斯密是英国古典经济学的代表人物之一，他在著作《国富论》中比前人更明确地论述了地租量的确定问题。亚当·斯密认为价值是一种客观现象，价值的存在是商品效用的源泉，在短缺的情况下，商品的交换价值会被影响。但是商品的基本价值或自然价值由土地、劳动力和资本等基本生产要素决定。所以亚当·斯密的生产要素成本价值论成为现代西方成本估价法的基础理论之一。

大卫·李嘉图是古典政治经济学的杰出代表之一。李嘉图对地租问题进行研究之后，对级差地租理论作出了突出的贡献。基于土地边际收益递减理论，他建立了地租理论，成为现代西方收益还原法中土地剩余估价技术和最佳使用原则的理论基础。

英国经济学家阿尔雷德·马歇尔是现代西方房地产价值论的奠基人，他成功地将供应成本学与边际效用的需求价格学说相结合，创造了新古典综合论，该理论为当代价值论奠定了基础。在供应成本学与需求价格学的基础上，他将边际分析与供求分析结合起来，对地租地价进行了分析，他认为供给与需求就像一把在共同起着作用的"双刃剑"，不能认为其中的任何一方可以单独决定价值。价格与成本在市场机制的作用下达到某种均衡，完善的市场经济能够使价格、价值及成本达到和谐统一。所以从某种角度来说，马歇尔是现代西方房地产估价理论和三种基本估价方法的奠基人。

（二）英国房地产评估的原则

英国房地产评估遵循内部与外部评估、定性与定量评估、专家（测量师）评估与公众参与相结合的原则。

1. 内部评估与外部评估相结合

英国的土地登记制度名为土地登记，实际是不动产登记，对房屋不另行发放单独的房屋产权证书，而是在土地权属证书及宗地图中，以文字和图形载明。英国每年有50万件左右的规划许可申请，开发者获得许可需事先做好经济发展、就业、结构、生态及是否符合发展方向和总体要求的详细设计，同时通过新闻媒介、通知单等形式将开发行为或活动计划予以公告，征得当地周围的居民意见或建议并邀请相关机构和专业人士讨论商议，充分考虑土地利用效率和可持续性，最终与开发商达成协议，在化解社会问题方面扮演了很重要的角色。

2. 定量评估与定性评估相结合

英国制定定量与定性评估相结合的评价内容和要求。定量评估方法涉及运筹学、统计学、计量经济学等学科理论知识，建立评估数理分析，对采集的评估对象进行大量的数据信息化分析，通过房地产价值评估数据对未来房地产的持有或租赁效果制定出量化的目标，并利用事先收集到的数据对未来预测的结果进行原目标的量化比对评估，从而基于真实数据与预期目标两者的契合程度或达成度，衡量评估的真实效果。英国在房地产评估过程中遵循"柔性"的灵活原则，对房地产状况、市场环境和毗邻房产价值等特性表达不便于采用定量评估的内容，往往按一定评估标准对资料进行思维加工作出定性评估，运用归纳、综合、演绎等逻辑分析以弥补定量分析中的缺憾，甚至还会借助重点目标群体的"公共"性认知程度的客观评价，采用"公众参与"与"价值判断"相结合原则，如通过公众意愿、偏好、满意度等全方位规范性调查以达到房地产评估的公正与理性判断的目的。

3. 专家（测量师）评估与公众参与相结合

英国土地开发活动中与规划许可不符的建设内容和结果，当地规划机构有权采取改正和拆除等强制措施，对违规建筑或建设行为采取规划强制措施，必须恢复土地原状。只要不主观恶意，不侵害他人利益，不破坏周边环境，符合未来规划和发展需要的可予以保留，不进行罚款。根据未经规划许可的建筑物类型不同，有4年或10年追溯期，过期未查处则不再强制处理，但也不能合法化。另外，英国除政府机构通过严格的规划许可制度管控约束，还构建了完备的公众监管制度，社区居民、利益关联方、专家学者均可对地方附着物的房地产潜在买家和租户的信息及开发建设是否合理性存在发表主张和意见，这些体制外的因素也是专家（测量师）在开展房地产评估工作中予以考量的重要因素。

（三）英国房地产评估的依据和内容

1. 房地产评估依据

从房地产交易角度讲，评估存在两个人：一个人愿意以价值去卖，另一个人愿意以价值去买，这个交易过程本身就形成了价值体系。从另外一个角度讲，除买方和卖方以外，交易中间有时会产生第三方，帮你实现这次交易，第三方需要对房地产有一个必要的价值评估方法，对良莠不齐的房地产进行各种交易的未来价值产生判断。对某一特定投资者或某一类投资者而言，需确定投资目标所具有的可认知价值。价值并非内在一成不变、固有的，房产的地理区位、类型、质量、大小、形状、便利性等会对估值产生影响。

房地产价值是房地产评估主要的、基本的依据，是房地产评估中使用的一个重要价值类型，也是评估师在评估业务中使用最多的价值类型。在某一特定环境和状况中，实质上在房地产真实的价值或价格产生过程中的相关联交易，与买卖双方直接交易当中的心理承受能力以及主观意愿存有很大关系。对特定的投资者、特定人或某一群特定的投资者，在公平竞争市场上的有意愿的买家和有意愿的卖家，交易双方根据主观判断或自愿协商在达成共识的基础上确定交易价值。在这个过程中双方本着自愿的和专业的判断，没有强制性的方式，市场价值对于双方而言是相对合理的。交易双方能够找到买家和卖家的价值称为市场价值。有时受不活跃市场和有限信息影响，借助历史估值来看市场涨跌，加之估算保守，评估价不太可能与最终价格相符甚至达成一致。

2. 房地产评估内容

英国房地产评估包括多种形式的评估，从生产、生活、生态方面评估厂房、公寓、住宅楼、私人土地、农庄经营、环境影响等；房地产金融方面评估包括房地产估价和房地产投入、买卖、抵押、税收、理赔等方面的评估，评估过程中大多数是针对市场价值的评估。理论上，不管是土地评估还是房地产评估，凡是存在交易的东西都可以进行评估。

英国房地产评估包括住宅房产评估、经营性非住宅商业房产、农业房产等评估，也有针对土地开发强制征用和补偿、房产抵押、房屋改造重新利用资本收益、房产遗产继承评估等。住宅房地产评估主要针对公寓、民房、单元楼等有人居住的房屋空间而设计，包括房产所有人持有的居住房产和用于投资或经营的租赁房产，这类房产都有人居住，易于找到科学评估方法。对运营商业客户而言，经营性非住宅房地产主要包括写字楼、零售、商铺、工业、仓储、酒店、培训等业态场所，其共性是从事经营活动中把盈利作为房产运作的目标，长期来看非住宅房产的价格取决于有能力并有意愿承租或购买土地所有权人土地上附着的建筑物，从而获取后续经营中赋能的客观回报或利润。从评估角度来讲，农业房地产评估主要对农业类型的农场、林地、草地等进行评估，即使所有者拥有的土地上没有房产，也会对土地进行分类，要求对农用租金、种植作物效益、土地所有者收益、土地质量等进行评估。若能充分说明农用地没有任何收益、土地质量贫瘠或为废弃污染土地，可以向政府申请某些事项调整或免除评估。

第四节　其他国家和地区资产评估业

一、俄罗斯

俄罗斯是世界上最重要的经济体之一，其经济地位不可小视。经历了经济转轨的痛苦过程之后，自1999年至今，俄罗斯的经济有了长足的发展，各个行业的复苏发展以及国有经济的转轨，使资产评估行业得以重新焕发生机。

（一）俄罗斯评估行业的历史沿革

俄罗斯资产评估行业的发展并不像人们想象的那么短暂。早在19世纪前的很长一段时间，俄罗斯的农村就首先出现了类似的资产评估的行为。1861年农奴制改革后，俄罗斯农村出现了广泛的土地租赁现象，而评估土地的价值，成为土地租赁的关键。与此同时，俄罗斯城市房地产的评估业逐渐兴起。1870年，一些城市的政府要求专门机构对城市的房产进行评估，以便收取房地产税。在这之后，一些城市开始出台专门的评估委员会细则，用来规范房产评估的流程和细节，还出现了针对评估委员会的监事会。当时的哈尔科夫市制定了代表性的评估细则，并把当地的不动产分为八个类型：住宅物业，商业楼宇，工厂、工业设施工业中心，仓库，工业厂院，园林、田野、草地和牧场，荒地。根据不同的类型和地域特征，对这些不动产进行价值评估，1893年6月，俄罗斯政府以法律的形式规定了"不动产价值"评估规则，至此，俄罗斯评估工作有了法律的规范和支持。

总体来说，到19世纪末，俄罗斯的评估行业在评估方法和评估活动组织方面，都走在世界前列。西欧、美国等国家和地区的评估行业直到20世纪70年代，才达到俄罗斯19

世纪末的水平。但从1918年到苏联解体,是俄罗斯资产评估业发展的停滞期。在此期间,国家规定了一切物品的价格和价值,评估活动仅存在俄罗斯与境外公司进行的项目合作中。随着苏联解体和俄罗斯经济不断发展,客观需求决定了俄罗斯资产评估行业的复兴。

俄罗斯资产评估行业的发展是一个由繁荣到衰退再到复兴的过程,俄罗斯评估行业有良好的历史基础,而日趋健全的法律法规和完整地自律组织链条,使俄罗斯评估行业向更加规范的方向发展。

(二)俄罗斯评估行业现状

苏联解体后,随着俄罗斯经济的发展,评估行业重新恢复其重要地位。苏联解体后的20年间,俄罗斯资产评估行业有了长足的发展,从法律法规的制定及修改,到行业自律组织的兴起和发展都为俄罗斯评估行业的发展奠定了坚实的基础。

1. 俄罗斯联邦现行评估相关法律

据俄罗斯劳工与社会福利部调查,"评估师"这一职业重新出现是在1996年11月底,最初的评估活动主要在于对房产、汽车等的估值。1998年,受金融危机的影响,俄罗斯许多企业遭遇破产,在这个过程中,财产的清算成为重要的经济过程,评估行业因此有了长足的发展。

在此背景下,经过专家学者、俄罗斯国家杜马(物业、私有化和经济活动委员会专家)及俄罗斯联邦委员会近两年的协商和讨论,在1998年7月,经俄罗斯国家杜马通过,俄罗斯联邦委员会批准,叶利钦总统签署的《俄罗斯联邦资产评估法》正式生效。这标志着苏联解体后,俄罗斯评估行业步入正常发展阶段。《俄罗斯联邦资产评估法》涵盖了属于俄罗斯联邦、俄罗斯联邦各组成实体或地方政府、自然人与法人实体的所有财产的价值评估行为。这部法律定义了资产评估的概念,资产评估活动的主体、客体等,还就签订评估合同的细节、评估报告的撰写标准、评估师的权利和职责等进行了详细的规定。同时该法律规定了对可评估对象的评估结果,不以俄罗斯联邦立法部门为保存国家统计记录、会计记录和财务报表所制定的程序规定为前提条件,也不以其作为依据,而评估对象的评估结果反而可以用于会计记录和财务报表中数据的调整。俄罗斯要求对俄罗斯联邦政府与其他各级政府的资产托管、出租、抵押和出售进行强制性评估。要求进行强制性评估的经济事项还有:俄罗斯联邦政府与其他各级政府的资产用于法人或组织作为资本或基金时、所评估对象的价值量发生争议时、放弃与国有资产相关的债务时、出现按揭贷款、抵押纠纷时、资产国有化、税基评估时等。

此法律对评估的委托约定书、评估报告、评估师的权利和独立性、评估责任的保险合同都进行了规定,还规定资产评估准则由俄罗斯政府根据有关法律制定,这对俄罗斯的价值评估活动提供了法律支撑,对促进俄罗斯市场经济的发展发挥了重要作用。除了《俄罗斯联邦资产评估法》外,俄罗斯联邦还出台了《知识产权市场价值评估法》等专业领域的评估法。

2. 俄罗斯评估行业自律机构

俄罗斯评估行业有自律性行业组织，根据《俄罗斯联邦资产评估法》规定，这些协会和机构一般为非营利组织。在法律的约束下，这些组织负责评估师的管理、调节和控制资产评估活动，发展和实施评估业务标准、行业道德规范，编制评估师自律协会准入标准，代表其成员与俄罗斯政府、国际组织等展开交流，保证其成员利益，按照联邦法律标准，检测其成员的行为，保存成员注册信息，给组织成员提供评估信息和方法，以及完成组织的其他职能。

对于此类自律性评估行业组织，俄罗斯联邦有严格的成立规定，比如，评估行业自律组织要求为非营利组织，会员人数不少于300人，应建立第三方赔偿基金，设立职能部门、管理部门等相关部门，需按照俄罗斯评估相关法律，制定评估准则和规则。同时规定评估行业自律组织的工作人员自身不得从事资产评估活动，并且每名评估师仅能选择一家自律性评估行业组织进行注册。

俄罗斯评估师区域间自律协会（CMA）是俄罗斯最大的专业评估师协会，除此之外，俄罗斯还有评估师区域间联盟、评估执业协会等全国性非营利性评估行业组织，以及地方性非营利性评估行业组织，如西伯利亚评估师自律机构等。这些组织肩负着俄罗斯评估行业发展、评估师注册、培训等各方面任务。

（三）俄罗斯评估师理事会（RBA）

1. 俄罗斯评估师理事会简介

俄罗斯评估师理事会（The Russian Board of Appraisers，RBA），是在俄罗斯联邦最大的专业评估组织之一，成立于1996年11月25日，目前有22各分会，并在俄罗斯80个地区拥有会员公司。俄罗斯评估师理事会旨在监督评估师在评估过程中的职业道德规范，为不同类型的资产评估制定规章和准则，维护会员的专业利益，并在与评估相关的问题上协助州管理机构合理制定政策。

理事会设有州众议员，其下有三个附属组织：监事会、董事会和委员会，监事会和董事会下设执行委员会。

2. 俄罗斯评估师理事会职责

俄罗斯评估师理事会是一个专业自律性评估组织，旨在为会员提供良好的评估环境。其宗旨就是保持理事会的可持续发展并推进独立评估，满足市场高层次需求并保持评估行业对于社会关系和经济关系的独立性，保证市场评估服务的高水平以及推进评估行业以及行业文化的持续发展。理事会的职责主要包括以下几点：（1）提供专业服务，俄罗斯评估师理事会的专家委员会在评估报告专业方面较为突出。（2）为会员提供支持，俄罗斯评估师理事会为会员提供法律、信息和教育支持。（3）游说，俄罗斯评估师理事会在起草政府政策、联邦法律和评估权威文件方面代表着评估机构的利益。（4）为政府服务，俄罗斯评估师理事会为当地政府联邦项目、经济预测和有效不动产管理政策起草提供可行性分析。

（四）俄罗斯评估师协会（RSA）

1. 俄罗斯评估师协会简介

俄罗斯评估师协会（The Russian Society of Appraisers，RSA），成立于 1993 年 3 月 5 日，并与 2007 年 7 月 9 日在俄罗斯联邦注册，是一个社会评估师自律组织。目前，俄罗斯评估师协会拥有 7000 多名评估师，在俄罗斯联邦境内及区域办事处共设有 79 个区域组织。

2. 俄罗斯评估师协会职责

俄罗斯评估师协会对国家评估行业起到监督和规范的作用，包括评估业务的常规审计和协会成员的后续职业发展。该组织的主要任务是：（1）积极促进评估行业自律性，在俄罗斯形成良好的评估市场秩序；（2）根据俄罗斯法律权利、专业理论和行业准则监督约束评估师协会会员；（3）对商业有关的实践活动进行评估；（4）保护评估师的专业利益；（5）为促进俄罗斯联邦评估行业内的有效评估，针对不同类型评估对象的民事权利，研究制定评估规定和准则；（6）保护行业成员在政府和其他机构中的利益；（7）为俄罗斯评估师会员提供专业信息和实践方法；（8）为评估师和消费者提供咨询服务；（9）在合理制定公共政策、规范评估专业行为、维护俄罗斯联邦和评估相关商业利益等活动中发挥俄罗斯联邦国家机构的促进作用；（10）在俄罗斯联邦地区开展评估活动。

其他职能包括：通过专家委员会对与评估相关的争端问题进行调解，认定评估师专业资格并制定评估准则；通过其下属机构国际评估和咨询学院，积极参与评估调查和方法研究，举办半年一度的国际评估会议，并讨论评估方法和公共评估政策的改进措施。

3. 俄罗斯评估师协会的组织结构

俄罗斯评估师协会是俄罗斯行业自律组织，它的最高权力机构是会员代表大会，至少每年召开一次会议。会员代表大会选举出主席和副主席，以及理事会、咨询委员会、纪律委员会和审计委员会的成员。理事会由理事会主席领导，行使管理职能并按照协会章程履行理事会责任，并且理事会会议至少每季度召开一次。

4. 俄罗斯评估师协会的国内和国际角色

（1）俄罗斯评估师协会是下列俄罗斯国内专业组织的会员：①俄罗斯资产评估全国委员会；②俄罗斯联邦工商委员会；③银行联合会（俄罗斯区域）；④俄罗斯区域银行协会联合会；⑤国家抵押贷款市场消费者协会；⑥区域关税专家联盟；⑦"俄罗斯商业圆桌会议"企业联盟；⑧"房地产名单"组织；⑨房地产税收学会；⑩国家领土可持续发展自律联盟。

（2）俄罗斯评估师协会是下列国际专业组织的会员：①国际评估准则理事会

(IVSC)；②欧洲评估师协会联合会（TEGoVA）；③国际联合房地产协会（CEREAN）；④世界不动产联盟（FIABCI）；⑤英国皇家特许测量师学会（RICS）；⑥独联体评估师联合理事会；⑦国际估税官协会（IAAO）。

二、德国

（一）德国资产评估业概况

在德国，评估师可以拥有不同的资历认证，他们的资历认证不仅可以来自不同的州，还可以偏向不同的行业，比如有专门做工商业评估的评估师（由工商业协会 DIHK 认定资质），有专门做物业抵押贷款评估的评估师（由银行认定资质）等。同时，行业的细分使评估师对市场和相关数据的把握更为精准，德国资产评估行业将不同的业务分由不同专业的评估师来负责，其中不动产的评估主要是由公共估价师来完成；工程方面的评估是由相关工程师来执行；企业税收及资产负债表状况的评估是由公共会计师及银行来完成；与交易行为有关的评估，比如买卖不动产主要是由投资银行根据市场价值来进行评估。同时，因为将不同的业务划归为不同的评估师，德国在对评估师资格进行认定时具有严格的规范。主要有以下三个方面的规定：一是税基评估，一般要求评估师具备特许税务咨询师资格；二是诉讼案件和会计目的的评估，要求评估师拥有注册会计师资格或独立专家资格；三是银行和保险业评估，德国对其也有特定的要求。

德国的资产评估业主要是不动产评估，并且德国的地产及其他资产评估由估价委员会专门负责实施。估价委员会由一名主席和若干名委员组成，而且在德国市、县均设有估价委员会，在地区设有高级估价委员会，负责辖区内的估价工作。估价委员会的任务有三项：搜集不动产交易价格；评估已建地产、未建地产及其他多项权利的交易底价；测算不动产评估所需的参数并公布于众。

德国评估法律依据主要是：《评估法》《建设法典》《不动产交易底价评估条例》《土地整理法》等。并且德国的评估分为正常交易和非正常交易两种情况，资产的产权归属、政治因素、市场条件等在正常交易的因素中，都须具备经济合理、正常的现实条件。

德国主要的评估行业组织包括：德国公共测量师协会（BDVI）、德国联邦公共专家协会（BVS）、房地产代理协会（RDM）等。这些协会之间是开放式的，相互之间没有隶属关系，并且都是欧洲评估师协会联合会的成员。

（二）德国公共测量师协会（BDVI）

1. 德国公共测量师协会简介

德国公共测量师协会［German Association of Publicly Appointed Surveyors（Bund der

Öffentlich bestellten Vermessungsingenieure e. V.），BDVI］成立于1949年，已经有了70多年的历史。作为一个商业和评估行业的专业组织，德国公共测量师协会代表了其会员的利益，而且如今德国公共测量师协会已经成为德国测量专业领域最重要的协会之一，德国国内超过90％的公共测量师都是德国公共测量师协会的会员。它也是社团法人，已经开始采用欧盟统一制定的估价标准，并不断推进与国际的接轨。2009年，德国公共测量师协会会员为德国评估行业制定了评估准则和仲裁规则，两者在公共及非公共领域都有所涉及，评估准则的产生使行业地位更加稳固，而仲裁规则有助于解决德国公共测量师协会会员间的纠纷。

2. 德国公共测量师协会的主要职责

作为行业协会，德国公共测量师协会的主要职责是代表会员的利益，为其提供政治、经济和管理方面的支持，并维护该行业的整体利益。协会的主要工作一方面旨在提高个人在公共测量领域的专业素养，另一方面强调已认证的自由评估师的整体利益，以发展行业协会。该组织的主要任务是：为公开任命的测量工程师创造法律、经济、政治上的良好环境和条件；为德国中小型企业和自由职业者创造自由的企业氛围；将测量勘测服务由政府的行政管理转移到个人，即测量工程师；提高测量行业成本及费用的透明度，并审查规章制度；改善政府行政管理并促进自由测量师的良性竞争。

3. 测量师、机构及业务范围

在德国，经过系统的教育到成为测量师之前，还需两年的工作经验，才能取得测量师资格。测量师所在的评估机构的业务范围包括：地籍、分配、建筑物等各种测量；出具地产交通价值评估报告；在边界及建筑物测量方面出具鉴定书。目前，德国公共测量师的业务又向建筑、矿产和森林资源等领域拓展。

4. 德国公共测量师协会组织结构

德国公共测量师协会的执行机构为理事会，由会长和两名副会长领导。该理事会对外代表协会，实施执行委员会及会员代表大会的决议，还针对重要的议题，指定专门委员会为其提供咨询。由于德国各联邦对测量业的管辖权不同，德国公共测量师协会据此以州为单位设立州分会。目前共有15个州分会，州分会按照相关事务规程中的规定履行自己的职责。德国公共测量师协会的工作由专职人员和会员提供的义务工作两部分组成，并且其联邦办事处设在柏林，直接为会员服务，即为会员之间传递与职业政策相关的信息和活动，辅助执行委员会的工作，并支持州分会的工作。另外，联邦办事处还负责与其他评估协会、机构及有关政府部门协调关系。

德国公共测量师协会委员会主要负责对影响公共测量师工作的基本议题进行协商和审议，并负责对执行委员会和管理委员会提供建议。其中，德国公共测量师协会执行委员会负责对协会进行统一管理，并负责对未被管理委员会和会员大会明确列入协会章程的问题进行处理。

5. 测量师的法律责任

德国测量师的法律责任在行政、民事和刑事责任均有体现。其中，民事责任主要指对客户的违约责任和对报告使用人的侵权责任。具体条例为"如果由法院指定的专家故意或由于重大疏忽出具了一份错误的鉴定书，根据此鉴定书所作的法院判决，相关损失应由此专家来承担"。

（三）德国联邦公共专家协会（BVS）

德国联邦公共专家协会（BVS）是德国12家协会及13家专业协会的总会，共有4800名、近200个不同行业中的专家成员。这些专家为政府部门、司法界、经济界、工商界、手工业界及个人消费者出具鉴定书，并在其做重大决定时为其提供专业咨询，评估行业为其中之一。

1. 德国联邦公共专家协会的主要职责

德国联邦公共专家协会对专家会员的管理方式是松散的，主要对外代表各协会及专家成员，协调与政府的关系，并维护其成员的利益。德国联邦公共专家协会还参与相关法律的制定和实施，涉及250多个不同专业服务领域的专业法律条文。德国联邦公共专家协会鼓励并支持其成员的继续深造和进修。

2. 德国联邦公共专家协会的服务范围

（1）协会杂志。德国联邦公共专家协会出版专业杂志《专家》，每年出10期，每期超过4000份。杂志介绍与专家有关的法律、准则及最新技术。其中，《专家》所撰写的各个行业的专业论文，为德国联邦公共专家协会的专家成员与订阅杂志的读者介绍最新的技术革新，并提供与各行业有关的准则及相关的司法解释。此外，《专家》杂志也是讨论专业问题的平台。

（2）专业进修与培训。德国联邦公共专家协会设立专业部门提供专业的经验交流及进修和培训服务。在德国联邦公共专家协会联邦办事处的支持下，通过与各州协会及德国联邦公共专家协会相关的专业协会合作，在德国全国范围内举办课程培训和其他信息交流活动。

（3）德国联邦公共专家协会专家目录。德国联邦公共专家协会以书籍的形式公布协会专家成员的目录，该目录可供司法界、经济界（例如保险行业和银行）使用，便于其选择相应的专家。

（4）互联网数据库服务。德国联邦公共专家协会重要的服务之一是提供互联网数据服务，经过多年的建设，数据库为专家成员提供了大量有价值的信息服务。

（5）对外交流。德国联邦公共专家协会积极拓展在欧洲范围内的合作及国际上的交流。为了适应欧洲一体化进程的要求，在德国联邦公共专家协会的提议下，与法国和英国专家协会一起建立了欧洲的专家总会，如今已有超过半数的欧盟成员国参与其中。

此外，德国联邦公共专家协会还是欧洲评估师协会联合会以及国际评估准则理事会的成员。

（四）德国资产评估管理制度

政府干预型管理模式，是指在较大的范围内由政府参与的一种管理模式，它的主要特点为：国家和部门通过制定相应的法律规范和行业标准对资产评估工作进行指导和约束。德国是资产评估采用政府干预型模式的典型代表。

德国的产业评估由联邦政府通过法令授权州政府成立的估价委员会负责实施的。估价委员会的工作地点一般设置在每个地区，并负责该区域的评估等具体工作。在德国，对评估师有几项重要的规定需要注意：（1）根据法律规定要求，评估师应具备特许税务咨询师的资格；（2）评估师应具备注册会计师的资格。

政府干预型模式主要的优点是：执业规范具有科学性和指导性，同时更具有权威与严肃性；主要的缺点是：评估事务容易受到政府的行踪干预，独立性较差。

三、澳大利亚

澳大利亚的资产评估工作发展较快，现在已形成了一个完整的资产评估行业，建立了有特点的资产评估体系，并且澳大利亚资产评估管理工作分为社会职能层次和政府职能层次两个层次。

（一）澳大利亚资产评估的管理工作

1. 澳大利亚资产评估工作的管理层次

（1）政府职能。为纳税和交水电费而对土地价值进行评估属于政府职能。澳大利亚土地为皇家所有，私人不具有土地所有权。私人占用的土地都要按其价值向政府（地方政府）缴税，有关土地价值评估的法规由评估总署制定。土地的价值由各州评估总署确定，按评估的价值确定纳税额和水电费数额。土地占用者对评估总署评估的价值有异议的，也可请评估公司评估，但必须是以评估总署认可的价值作为基数，并以此计算税额和水电费数额。

澳大利亚各州都有评估人员注册委员会，直属政府管理，负责审查并为从事资产评估的人员注册。评估人员必须有一定专修评估的学历，并有一定的工作经历才能成为注册会计师，但澳大利亚法律上没有规定必须是注册评估师或评估协会成员才能从事资产评估，只是注册的会计师和评估协会会员更为客户信任。

（2）社会职能。澳大利亚主要的评估管理机构就是评估协会，其主要职责是：
① 制定和选择资产评估准则。澳大利亚没有独立的、完整的资产评估法规，资产评

估主要依据澳大利亚法典中有关条款，参照欧美主要是英国的资产评估标准。澳大利亚资产评估协会制定的评估师道德准则就是以欧美资产评估道德准则和澳大利亚律师、会计师等行业的道德准则为基础制定的。

② 考核会员，对申请参加评估协会的会员进行严格审查考核。参加评估协会的会员必须具有评估专业学士学位，有两年以上工作经验，并要经过笔试和面试考察，合格的才能吸收为会员。

③ 对评估会员定期培训，提高其评估水平。评估协会每年都有培训计划，以使评估人员掌握各方面的业务技术。并与没有资产评估专业的大学保持联系，制定评估专业需要学习的学科。

④ 负责出版评估期刊和专业书籍，请评估专家介绍评估经验，不定期举行评估研讨会，研讨评估理论方法。

⑤ 定期参加国际评估协会和太平洋地区评估协会的例会。

⑥ 承担资产评估争议的仲裁，委托协会中有威望的评估专家或声誉高的评估机构进行仲裁。协会会员在资产评估中违反了道德准则，评估协会可以对会员进行调查和质询，问题属实，可以对会员进行处分。

⑦ 为会员提供服务。协会设有图书馆，每月举行一次例会，会员可参加座谈。

（3）资产评估机构的职能。澳大利亚的资产评估机构有两种类型，一种是独立的资产评估公司，即专营机构，该类型均为合伙人制，并且是由房地产交易的经纪人和评估人员发展起来的，除了房地产评估外，也承担企业出售、无形资产的评估，还兼营税务、企业管理咨询。另一种是国际会计公司，即兼营机构。得益于世界上资产评估业的发展，这些公司也开展了资产评估业务。他们没有独立的评估部，而是在税法部、企业咨询部中增设资产评估业务。每个公司从事评估的人员并不多，但是由于国际会计公司的知名度高，经济实力强，对客户的影响大，资产评估发展也很快，具有世界先进水平，也受到客户的信赖。

兼营机构的规模远大于专营机构，这是因为评估主要对象是不动产，评估往往被作为物业服务的重要组成部分。无论是哪一种评估机构，都在内部制定了一套完整的工作制度和工作程序，其中包括以下方面：

① 评估必须遵循独立、客观、公正的原则，评估人员和机构都不得与客户有利害关系，否则实行回避制度。

② 对客户进行保密，即客户所提供的评估资料和评估结果，评估机构不得随意向外提供，要严格保密。

③ 评估机构接受客户的委托进行资产评估，评估报告由指定的合伙人签字。如果评估失误给客户造成损失，要承担法律责任，由公司给予赔偿。因此评估公司都向保险公司投保，一旦发生失误可以由保险公司承担部分或全部损失，以防公司破产。

④ 对于评估人员的培训，各评估机构对评估人员的聘用相当严格，除要求有专业学历和工作经验外，还要求评估人员有管理能力、工作效率、解决实际问题的能力、社交能力，或者能给公司带来客户。为提高评估人员水平，公司定期对评估人员进行培训。除了学习评估业务外，还学习同评估有关的法律、会计、企业管理、工程技术等知识。

⑤ 资产评估收费的方法有两种，一种是按评估项目的资产价值的一定比例收费，另一种是按工时收费。收费标准由公司自己确定，根据公司的信誉和业务水平、客户的承受能力、市场的劳务价格确定。各公司的标准不一，但差距不大。

⑥ 在澳大利亚，评估机构都非常重视办公自动化。评估机构从接受客户委托评估业务开始，通过信息系统将业务指令，输入到系统内建立资产评估项目、评估报告信息文件等，发给相应的评估师。在信息系统中查找相关的资产信息，寻找类似物业的销售，分析计算资产的价值，生成相应的评估报告，由有关人员对评估报告进行复核，最后形成提供给客户的评估报告，以上各个环节全部借助计算机完成。在任务执行过程中，计算机还可以对各项评估业务进行跟踪。与此同时，资产评估机构在执业过程中也非常注意市场数据的搜集和分析。资产的价值不是由哪个机构或评估师决定的，而是由市场决定的。评估师的责任就是要寻找市场价值，因此评估师的一项重要工作就是市场的调研。通过进行实地考察、测量，填写相应的工作底稿，拍摄必要的照片来获取评估报告所需的数据资料，否则评估报告是不合法的。

⑦ 资产评估所需要的评估资料由多种渠道获得：评估案例由被评估的客户获得；进行市场调查、从评估协会出版的评估月刊上得到市场数据；从评估总署的房地产资料库获得；从证券交易委员会的企业登记获得。

⑧ 评估的仲裁和诉讼中，客户如果对资产评估的结果有异议或两家评估机构的评估结论不一致，可以先进行协商。协商不成，可以提交评估协会仲裁，其仲裁人是评估协会选定的有权威的评估机构的评估专家。评估机构评估失误，如给客户造成经济损失，或影响当事人权益，评估协会仲裁无效时，当事人可以提请法庭判决。但是由于法庭审判程序多，费用高，双方一般都不愿意提交法庭，尽量通过仲裁解决。

⑨ 澳大利亚的几个国际会计公司都是综合性的咨询公司，承担财务、税法、审计、评估等多种业务。遇到同一客户委托多种业务时，各公司间往往联合咨询，互相协作。会计公司接受大的评估项目时，也聘请评估公司或评估总署的评估人员联合评估。

2. 澳大利亚资产评估的管理体制

澳大利亚资产评估业实行社会化行业自律管理，并且澳大利亚资产学会（API）是唯一真正的专业化团体。该学会的前身是澳大利亚评估师和土地经济学家学会，于1932年统一成了全国委员会，执行统一标准。1998年5月21日，更名为澳大利亚资产学会。澳大利亚资产学会不是政府组织机构，无政府资金等方面的支持，其各种活动严格遵守澳大利亚的法律，在业务方面有些评估师（会员）是直接为政府服务的。

(1) 澳大利亚资产学会的主要职责及目标。澳大利亚资产学会致力于实施和维持一个有效和全面的管理政策，以及制定相关程序。该学会旨在为其成员和广大的资产行业制定并维护专业实践、教育、道德和职业水平的最高水准，其主要职责是制定和运行统一的资产评估执业准则，考察和培训会员，承担资产评估争议的仲裁，负责出版评估期刊和专业书籍，为评估师提供交流的场所和信息资料。

澳大利亚资产学会的目标是成为澳洲首席资产评估专业机构，具体包括推动学会成为澳大利亚最重要的资产评估专业组织；提高成员的专业水准；用成员的专业可信性赢得和保持社会的尊重；提升学会形象和影响力；鼓励提供和维护澳大利亚产业教育的最高标准；确保学会出版澳大利亚领先的业内杂志——《澳大利亚和新西兰资产杂志》。

(2) 澳大利亚资产学会的组织及会员。澳大利亚资产学会设国家委员会，并由下设机构组成：国家教育委员会、国家金融委员会、国家市场委员会、澳大利亚评估和金融准则委员会、国际委员会、编辑委员会、环境和可持续发展常务委员会以及国家专职小组等。除了有全国性的委员会以外，每个州都有其分会，负责每个州的事务。各分会的职责是执行全国总会政策，落实总会战略计划，发展会员，进行一般教育和后续教育等。

澳大利亚资产学会的会员分资深会员、正式会员、临时会员、联系会员、技术联系会员、学生会员、毕业生会员等类型。澳大利亚资产学会的所有成员都要缴纳年度会费，会员入会不是强制的，但却是必需的。因为做贷款、抵押等项目时，银行和客户一般要求估价师必须是资产学会会员，他们更为客户信任，非资产学会会员很难承接到项目。

虽然在澳大利亚的法律中没有规定估价师应遵守什么样的道德规范，但澳大利亚资产学会每年出版的专业实务手册中均对职业道德规范和行为规范方面有相关规定。澳大利亚资产学会对估价方面的问题不予干涉，但是如果有举报，澳大利亚资产学会则会展开调查，根据调查结果，由地方分会向总会建议，分别给予书面警告、罚款、临时取消或永久取消资格的处分。

(二) 澳大利亚的资产评估业务

澳大利亚资产评估业务量不大，而且较为单一。评估对象尽管包括房地产、机器设备、矿产、企业等多方面，但主要还是集中在对抵押贷款、物业出租等出售物业方面的评估。基于该评估范围，澳大利亚的许多评估活动由各种物业管理公司进行，许多物业管理公司中设有评估部门从事资产评估业务，这样有利于评估师充分了解市场信息，搜集积累大量案例，从而有助于资产评估业务完成。

物业发展状况对资产评估业务有着重要影响。澳大利亚房地产市场价格定位合理，供求关系稳定，同时，市场利率低，对物业市场起到了积极的推动作用。过去几年间，澳大利亚利息率降低到最低点，对居民物业市场起到很大推动作用。充分、规范和有序的市场交易，为房地产评估有关指标和参数获得提供了有利的条件。市场信息是重要的，所有的评估工作都是基于公开市场的前提条件。大量的交易案例和资料，使评估师们可以具体分析比较这些价格。可以说，市场调查、物业市场状况和回报率分析是资产评估人员必须研究的三个问题。当然，大量的信息资料是必要的，但现场评估更为重要，澳大利亚资产学会有关准则规定，评估人员如果不去现场，这种评估的结果无效。

在澳大利亚，资产评估方法也是收益法、市场法和成本法三种。基于对市场的重视和市场发育的日益完善，市场法和收益法的运用则更为普遍。在评估时，往往是采用一种方法进行，采用另一种方法验证其结果的合理性。

市场信息和市场发育状况不仅是市场法应用的基础，也是其他评估方法（如收益法）应用的基础。在收益法应用中，无论使用收益折现法，或收益资本化法，其折现率和资本化率均应从市场上调查分析获得。确定资本化率时，一是要考虑投资者期待的物业投资能提供的回报率，二是要考虑市场上已发生的投资回报率。评估师要对市场信息进行专门分析，并与买卖双方进行交流。在方法的应用中，各项指标的确定是关键点所在。而且，借助于计算机系统进行资料处理和分析，也是不可或缺的手段。

各类评估机构的评估结果无须由政府管理部门或其他部门审验或确认，一切均由评估机构（评估师）负责。评估师凭借与银行的良好关系、优质的服务获得市场。但澳大利亚资产学会规定的评估程序、评估报告内容要素等必须遵守。必要的过程和程序化工作是一项评估结果形成的基础。每一个评估公司都根据澳大利亚资产学会的要求制定本公司的评估程序，并落实到实务工作中，有的程序甚至规定得非常详细。比如，某评估公司将现场勘察房地产的内容，分解为100项指标，要求评估师在现场工作中一一填列分析。按照评估报告撰写的基本要求，充分揭示报告结果的特征，则是评估报告有效使用的关键。根据澳大利亚资产学会的规定，对评估报告的要求包括：物业地点资料、物业所在土地的建筑物状况、所有人和使用人的情况、有关物业财务资料、整体情况和简要的市场分析评价。另外，还包括应遵循的基本原则、评估目的和评估的市场价值定义等。

（三）澳大利亚资产评估教育

在澳大利亚，随着资产评估行业的发展，整个社会对评估的需求也逐渐增加，对评估人员的执业道德和业务素质要求越来越高，因此资产评估的教育日益受到重视。

澳大利亚的评估教育分为专科学校培训课程和大学培训课程，前者教育学生如何做，后者教给学生为什么这样做，来提高适应当今社会的思维分析能力。在专科学校中进行培训的课程涉及资产价格评估、物业价格评估、物业服务、买卖、规划、出租等，还包括机器设备等方面的评估。

为了确保评估师具备的知识和经验足以提供独立和客观地评估，澳大利亚资产学会要求会员有以下领域的大学学历：资产评估、高级评估、法定评估、不动产市场分析、建筑、金融、城市规划、物权法、现金流折现分析。

澳大利亚资产学会的会员无论从大学教育背景，还是实践经验，都按规定达到了较高水平。进入成熟时期后，澳大利亚管理系统日益完善、业务水平较高。澳大利亚资产学会与大学之间进行交流，为专业设置提供了大量信息。基于对高水平、高学历评估师的需求，现在到学校接受硕士课程的人很多，物业方面最高学位是博士学位。澳大利亚资产学会的评估教育包括学历教育和继续教育，继续教育的目的在于提高评估师的专业技术水平和个人技能，包括技术管理和行政管理等方面。

四、韩国

（一）韩国资产评估业的历史沿革

韩国把资产评估业称为鉴定评估业，把资产评估专业人员称为"鉴定评价士"。韩国的鉴定评价业最初始于财产抵押、担保的估价，当时主要由贷款银行自行对抵押或担保的财产价值进行评估，自己承担评估风险。随着经济的发展，鉴定评价业务日趋复杂化，迫切需要建立专门从事财产价值鉴定评价的权威机构，为各银行在贷款过程中的抵押、担保财产提供公正、可靠的估价服务。

1969年4月，由韩国政府财务部、韩国政府独资银行（韩国产业银行）和其他五家私人商业银行共同建立了韩国鉴定院，专门从事财务价值鉴定评价业务。1972年底，韩国建设部根据《国土利用管理法》等土地相关法律，建立了韩国"土地评价士"制度。土地评价士主要从事基准地价的调查和评价业务，为国有土地和公有土地买卖、为政府根据国家开发法、城市规划法对私人土地的征用补偿、课税税基的确定等提供地价标准。基准地价标准每年调整一次，经政府建设部审查后，以建设部长官令的形式向全国公布，韩国称为"地价公示制度"。1973年底，韩国财务部根据鉴定评价有关法律建立了"公认鉴定士制度"。公认鉴定士主要从事银行贷款时抵押、担保财产的评估；国有财产、公有财产的评估，根据《资产再评估法》规定的定期财产评估；法院判别争议中的财产评估；以及其他公正性财产评估的中介活动。1989年4月，韩国将土地评价士制度和公认鉴定士制度统一起来，统称"鉴定评价士"，鉴定评价士可以从事所有公私财产的价值评估业务，韩国鉴定评价业由建设部统一管理。

（二）韩国资产评估业的基本情况

1. 行政管理情况

在韩国，除了机场、码头、公路、铁路、历史文化遗址、大型娱乐园等公益用地外，土地实行私有化，土地评估在评估行业所占比重达60%以上。韩国评估业的行政主管机关是建设交通部，建设交通部下设土地管理局，土地局内设标准地价管理处，对韩国鉴定评价协会进行业务指导。

韩国专门制定《地价公示及土地相关法》,将全国土地分成若干块,制定标准地价,每年对标准地价进行一次修订,由建设交通部向全国颁布,供全国土地交易时参考使用。

韩国大宗评估项目,规定实行三家联评制度,即一个评估项目,选定两个评估机构进行评估,两家评估机构评估值差额在30%以内的,取其平均值;如果两家评估机构评估值差额超过30%的,再选定第三家机构进行评估,第三家的评估值和前两家的评估值中哪一家差额不超过30%,最后便取这两家评估值的平均值。

2. 资产评估机构

韩国资产评估机构的设立不是实行审批制,而是准入登记制。申办方只要达到评价士人数和注册资金等规定设立条件,便可由国家协会直接认证,在国家建设交通部领取证明并进行工商注册登记。

韩国的评估机构没有兼营所,都是专营所。在体制上有三种形式,即有限责任公司、合名事务所、个人事务所。其中,主要形式是有限责任公司,并且有限责任公司出资人的出资额、责任、义务、权益都相同。合名事务所与我国合伙制基本相同,承担无限连带责任,此类事务所逐渐被淘汰,目前已不存在。个人事务所规模小,在评估过程中有评估额的限制,在规定限额内从事业务。韩国名义上没有实行评估机构等级管理,但在执业范围上实质是有等级区分的。

在档案管理方面,评估机构都有业务档案室,工作底稿、各种图表和业务报告都分门别类且放置有序。每份鉴定报告保管10年,前5年由评估机构保管,后5年由支会设专门场所统一集中保存备查。

3. 鉴定评价士情况

韩国鉴定评价士的职责是接受他人委托,对土地等资产进行资产评估。这里的"鉴定评价"是判定土地等的经济价值,并将其结果用价格来表示。

韩国鉴定评价士资格统一由建设交通部管理,并且鉴定评价士的注册登记从资格考试开始。该考试分为两个阶段,两个阶段的考试要在一年内完成,两次考试成绩都要及格才有效。根据韩国《不动产价格公示及鉴定评价法》规定,两次考试及格者还不能直接从事鉴定评价业务,要按规定实习一年,实习期满后相关的考核和考试通过才能具有执业资格,正式开始从事鉴定评价工作。

韩国鉴定评价士资格的取得分为三个阶段。只有具有韩国国籍、法定年龄超过18周岁者才有资格参加第一次鉴定评价士的考试,但考试不限定学历和性别。第一次鉴定评价士考试的时间在7月上旬,包括民法、经济原理、不动产相关法规、会计学、英语五门课程。在国家或地方评估协会、评估机构或相关评估行业工作满5年的可免第一阶段考试,直接参加第二阶段考试。第二阶段考鉴定评价实物、鉴定评价理论、鉴定评价及补偿法规三门课程,考试时间在8月下旬,并且需要在一年内通过。

两个阶段的考试完成之后,需要接受实习。根据规定,实习也分为两个阶段。第一阶段是集中实习,到国家鉴定评价协会进行行规准则教育6个月,目的是通过行业鉴定评价自律管理学习,掌握鉴定评价准则和操作规范要求,有助于今后自如参加各种鉴定评价业务。第二阶段是分散实习,需要到鉴定评价机构进行业务操作6个月,目的是通过实物操作,接受全面和系统的专业实践,提高实际工作技能和鉴定评价水平。

韩国的鉴定评价业务考核制度非常严格,通过严格的考试之后,才能取得相应的注册资格。严格的注册制度可以有效地提高资产评估师的职业水准及能力,并提高鉴定评价结果的公允性,对鉴定评价具有重要的促进作用,同时也保证了鉴定评价结果使用人的权利。

为了不断提高鉴定评价业务水平,韩国也非常重视对鉴定评价士的再培训工作。鉴定评价业协会每年都需针对各种问题举办各种类型的研修培训活动,并规定会员参加研修或培训的次数不得少于四次,这种强制性的再培训基本贯穿了鉴定评价士的一生,促进了鉴定评价士个人素质的不断提高,也推动了韩国整个鉴定评价业水平的提高。

(三) 韩国资产评估业的管理情况

韩国在评估行业的管理上具有自己的特点,即行业协会完全自律,行规自主设立。协会会长在评估机构中选举产生,协会每两年召开一次代表大会,选举有声望、资深的事务所所长担任会长。同时,在评估机构与政府之间,行业协会真正起到了桥梁和纽带的作用。协会工作人员既是行业管理人员,也是评估机构中的执业人员。

韩国评估行业的管理比较规范,评估业务收费有法律明确的指示。国家法律明示不许高收,也不许低收,超过收费标准由法院处罚,低收费由协会行规进行处理。一般客户尤其是银行、法院委托的评估项目完成后,缴费并不直接与评估机构人员见面,而是客户把钱交给银行或法院,由银行或法院通知事务所领取。这种方式既确保评估费用透明,又能使客户及时足额缴费。

(四) 韩国鉴定评价协会 (KAPA)

1. 韩国鉴定评价协会简介

韩国鉴定评价协会 (Korea Association of Appraisers, KAPA) 是根据韩国《房地产价格与物业评估公告法》于1989年2月成立,致力于土地与其他资产类别的评估,为韩国的经济发展做出了卓越贡献。

2. 韩国鉴定评价协会的职责及主要任务

韩国鉴定评估协会的职责是:提高评估师素质,保障评估师权利,提高评估师地位;完善评估系统,不断提高工作成效;致力于促进评估行业发展,并为保障公众利益做出贡献。其主要任务是:为会员提供服务;为会员的评估业务提供支持;研究评估体系、理论及方法；发行评估专业期刊；根据法律规定开展互助项目；管理评估师会员资格；为会员提供福利项目；与外国评估机构保持良好关系；管理房地产咨询业务和咨询师资格。

3. 韩国鉴定评价协会的组织结构

韩国鉴定评价协会的最高权力机构是鉴定评价协会总会，总会下为理事会，理事会内有会长、副会长、企划理事、业务理事、地价理事等职位。其中：企划理事由副会长兼任，企划理事及管辖的企划部是协会综合部门，业务理事及管辖的会员支援部、共济事业室是提高评价士执业质量和后续教育的部门，地价理事及管辖的地价调查部、情报电算室是对地价公示、信息共享和地价管理部门。

韩国鉴定评价协会在各地下设 12 个支会，另有韩国鉴定院协议会、鉴定评价法人协议会、鉴定评价士事务所协议会 3 个独立协议会。地方支会和国家协会职能基本相同，不同的是支会不设专职管理人员，没有单独办公场所。

4. 鉴定评价共济事业

韩国鉴定评价协会对整个评价业实行了行业共济（保险）制度。设立共济基金是韩国资产评估业的特色，该基金是对评估师的责任保障，评估师除参加商业保险外，还需要参加共济基金，实行行业自保。

韩国鉴定评价协会的共济事业成立于 1990 年，其依据是韩国《地价公示及土地相关法》，协会的主要责任是承担损害赔偿相关的评估委托人或善意第三人的损害赔偿责任。共济事业委员会是共济金的提取、有效运用共济基金、为会员进行法律构造调查和扩充福利事业的委员会。委员会除了赔偿损害，提升会员形象，同时也通过增加共济基金的收益，引进新的投资方法，研究投资方案，增加会员福利。共济金的设立有效提高了会员的社会地位及评估活动的公信力，提高了会员福利。

韩国的鉴定评价机构都是承担无限责任的，所以评价机构出了问题首先是用自身的财产向受损客户赔偿，如果评价机构的所有财产仍抵偿不了客户的损失时，协会才负责其余赔偿。如若会员在执业时因故意或重大过失对委托人或其他相关人员造成损失需要进行赔偿，韩国鉴定评价协会会把使用共济基金的利息收入中一部分资金作为"专门人赔偿责任保险"纳入考虑，可以一同经营共济事业和"专门人赔偿责任保险"，防止因会员的名誉毁损和追偿权引发的损害赔偿请求。

五、加拿大

（一）加拿大评估行业概况

加拿大的评估业是在市场经济中形成的一个行业，这一行业随着市场经济发展日趋成熟和规范，体现了发达国家的经济特征。加拿大评估行业特征主要体现在以下几方面：

1. 评估准则

加拿大很早就制定了自己的职业道德准则和评估准则，从20世纪80年代末起又开始采纳更为科学的、由美国评估促进会制定的《专业评估执业统一准则》。在这些评估准则指导下，他们的评估工作十分适应发达市场经济和现代经济的需要，其主要体现是：分工更加专业化，不同的评估对象分别由不同的专业评估师承担，而专业评估师则需通过不同的专业知识考试才能获得执业资格；在评估操作中，市场法和收益法的应用十分广泛，以适应复杂多变的动态市场。应该讲，加拿大评估业的评估准则，在各方面真正做到了法规和标准的严格统一。

2. 行业管理

加拿大评估业形成了政府依法监督指导下的行业自律管理模式。早在1938年，加拿大的评估行业就成立了"加拿大评估学会"，它是该国唯一的全国性行业自律组织。该学会在评估业中发挥了非常重要的作用，例如，拥有授予专业称号的职权，可以授予"加拿大不动产评估师"和"加拿大评估学会注册评估师"两种专业称号；专业人员必须符合学会制定的资格条件才能获得专业称号；行业学会组织负责对会员的教育、培训；严格要求会员在获得专业称号后仍要遵守相关规定和职业道德，如有违反的将给予处罚，包括在评估师档案中作过错记录，在会刊和报纸上进行训诫公告，暂时或永久取消其专业称号；推行会员强制责任保险体制等。

3. 组织机构

加拿大评估业的组织形式相对宽松和多样，有大量个人独立执业的评估师，有少数人共同执业的合伙制、公司制和各种实体形式的评估机构，为此加拿大非常重视注册评估师的个人专业资格（如最终评估报告由注册评估师个人签字才能被认可）。虽然较大的评估机构数量不多，但其作用很大，已经进入其他主要发达国家和地区，有的还参加了跨国公司或国际联盟。

加拿大的资产评估业不仅成熟规范，体现了发达国家市场经济的特征，而且具有若干自己鲜明的独特之处，主要体现在以下两方面：（1）由行业协会推行和实施会员强制责任保险体制。基于在资产评估市场中积累的经验教训（例如发生在评估业较多的诉讼官司以及由此带来的保险危机，保险公司在拒绝了许多索赔要求的同时提高了保险费；同时由于会员流动而改换门庭，雇主为会员购买保单往往会出现不足），为了给评估行业会员带来至关重要的安全和保障，也为了让公众确信能够获得有保障的评估服务，加拿大评估学会于1987年推出了"评估协会责任保险"计划。（2）行业协会非常注重教育培训，尤其是继续教育工作。加拿大的评估教育分为初级、中级、高级三个层次，评估师须分别接受相应层次的课程学习，并通过专业考试，同时具备必要的从业经验和资格条件，才可以被评估学会授予相应的注册评估师资格。同时，加拿大还有八门继续教育课程，要学习掌握有关税务和法律、大型机构财务、投资和行业财务、股权股金的权益价值、法律工作程序和鉴证文件等方面的知识。

(二) 加拿大评估协会 (AIC)

1. 加拿大评估协会的简介

加拿大评估协会 (The Appraisal Institute of Canada, AIC),创立于1938年,总部设在渥太华。该协会在加拿大是首屈一指的不动产估价协会,为客户的各类型产权提供多元化的评估服务。而且加拿大评估协会一直强调专业评估人员的重要性,在不动产评估方面发挥了不可或缺的作用。

2. 加拿大评估协会的主要职责

加拿大评估协会旨在促进和支持会员以客户、员工以及公众的利益为出发点,提供高质量的不动产咨询服务。该组织的主要职责是:(1) 授予资格,包括加拿大协会注册评估师称号 (AACI);加拿大住宅评估师称号 (CRA)。(2) 教育和培训,包括房地产评估研究生证书、圭尔夫大学房地产评估证书、房地产商学学士证书等。(3) 研究与开发,加拿大评估协会鼓励支持其使命的研究,以期进一步保护公共利益,并通过保证高水准房地产专业准则和相关房地产咨询服务以支持会员。

3. 加拿大评估协会的管理体制

加拿大各省的分部是加拿大评估协会在地方上的合作伙伴,同时也支持并执行加拿大评估协会的政策和活动。分部负责执行各种计划和服务,除非在当地无法操作或者当地的经济规模要求由加拿大评估协会或是其他的合作伙伴来操作。各省的分部及分支机构对下列事项负责:(1) 会员的资格认定,包括会员的资质管理(对现有要求及期限的建议以及对实践课程和口试的管理)、会员退休、退出会员资格、恢复会员资格;(2) 信息资源,包括信件通知、互联网信息;(3) 职业发展,包括工作作坊、课程、研讨会、职业事务培训班;(4) 职业推广,包括与区域及各省的媒体联系、参加职业活动和相关省的贸易展览、在区域和各省层面上开展与政府的联系。

4. 加拿大评估协会的组织结构

加拿大评估协会设有董事会和常务委员会,常务委员会下设有执行委员会、审计和财务委员会、提名委员会、通信委员会、招生和认证委员会、专业实践委员会和审查委员会。

(1) 董事会。加拿大评估协会由董事会统一管理,董事会成员包括主席、候任主席、两位副主席、秘书或财务人员以及由地方会员代表选举出来的董事,主要由国家和地方的工作人员及服务于委员会的志愿者组成。

(2) 常务委员会。常务委员会由以下委员会构成:①执行委员会,主要负责根据董事会批准通过的政策和行动管理协会日常事务;②审计财务委员会,主要负责协助董事会履行其监督职责；③提名委员会，主要负责提名并审查协会会员以及其他服务委员会的人员；④通信委员会，主要负责协助为会员建立会员档案，工作侧重于推广和宣传，其中包括品牌战略；⑤招生和认证委员会，主要负责监督协会的所有培训和教育相关事宜，其中包括入会要求和资格要求等；⑥专业实践委员会，该协会包括调查委员会、评审委员会、上诉委员会、准则委员会、同业互查委员会；⑦审查委员会，主要负责审查加拿大评估协会其他委员会提交的资料，并依据相关法律、法规和程序生成建议文件，并负责董事会交办的其他任务和职责。

5. 加拿大评估协会的会员资格

加拿大评估协会的会员分为四种：执业会员、候补会员、学生会员和联系会员。加拿大评估协会会员可向客户提供一系列不动产评估服务，服务涉及多种财产种类。

（1）执业会员。执业会员是最高级别的会员，仅授予那些经验丰富、考试合格且完成加拿大评估协会严格的专业研究课程的个人。

（2）候补会员。候补会员是指那些达到最低准入门槛，并正在努力参加加拿大评估协会组织的培训，积累经验并参加考试以成为执业会员的个人。作为加拿大评估协会的会员之一，候补会员被赋予一定的权利，而且还必须按照加拿大评估协会章程的规定参加错误和遗漏责任保险。

（3）学生会员。学生会员是那些打算从事评估这个跨越多学科、具有挑战性，需要极大想象力和远大理想的职业的学生。加拿大评估协会的学生会员可以是在不动产行业内工作并正在学习有关评估知识以成为加拿大协会执业会员的个人，并且学生会员资格旨在协助学生进行职业生涯规划。

（4）联系会员。联系会员也称准会员，即那些有意仅从事不动产评估而不具备从事其他评估项目能力的个人或退休会员。通常情况下，准会员就职于评估相关行业：贷款机构、律师事务所、保险公司、房地产经纪公司或代理机构、会计、与评估教育直接相关的大学及其他与评估有联系的机构。

6. 专业实务研讨会

加拿大评估协会的必修性专业实务研讨会（原名准则研讨会）必须由所有会员参加（包括候补会员），该会在每个持续专业发展周期举办一次，其目的是加强对道德、估价、咨询和审核等基本准则的培训。所有会员都必须参加，并且执业会员在研讨会结束后需取得14分的专业发展学分。每年地方省协会和下属省级机构还需组织为期两天的课堂会议。

（三）加拿大特许企业价值评估师协会（CICBV）

1. 加拿大特许企业价值评估师协会的简介

加拿大特许企业价值评估师协会（The Canadian Institute of Chartered Business Valuators，CICBV）是在加拿大国内和国际上公认的杰出的企业价值评估组织，它成立于1971

年,可进行特许企业价值评估师资格认证。

2. 加拿大特许企业价值评估师协会的职责

加拿大特许企业价值评估师协会的职责是引领并推动加拿大企业价值评估行业发展。该组织的主要职责是:(1)企业价值评估的资格认证:特许企业价值评估师(CBV)是在加拿大从事专业企业价值评估的首要认证资格;(2)教育和出版物:通过全面的培训项目和实践经验锻炼,特许企业价值评估师足以应对企业价值评估过程中可能遇到的各种难题。同时,加拿大特许企业价值评估师协会还负责出版《企业价值评估期刊》(The Journal of Business Valuation)

3. 加拿大特许企业价值评估师协会的组织结构

加拿大特许企业价值评估师协会由董事会统一管理,具体任务由分设的认证委员会、审计委员会以及评奖委员会等常务委员会负责。

(1)董事会。董事会共由15位董事组成,其中,12位必须是协会会员,其余3位从相关行业中选出。董事会中6位董事由地区选举产生,其他董事则须通过协会会员投票产生。

(2)常务委员会。常务委员会包括:认证(会员)委员会、审计委员会、评奖委员会、沟通和品牌推广委员会、品德纪律委员会、继续教育委员会、教育委员会、执行委员会、资深特许企业价值分析、价值评估师/终身会员选举委员会、国际委员会、提名委员会、联络委员会、研究组。

4. 加拿大特许企业价值评估师协会的会员资格

特许企业价值评估师是可以评估所有或部分企业价值及其债权价值的专家,能够判断包括商标和知识产权在内的无形资产的价值,并为金融诉讼、公司财务和以交易为基础的活动提供业务支持。特许企业价值评估师将在评估说明中为他们的评估行为提供解释以帮助客户理解其评估思路。

加拿大特许企业价值评估师协会提供了一个关于企业价值和证券价值评估的综合性学习方案,旨在协助专业人士应对企业价值评估、诉讼及金融融资业务所带来的挑战,同时也为学生提供健全的企业价值和证券价值评估理论应用知识。

六、日本

日本的经济体制是较为成熟的市场经济,同时由于日本是地震频发的多地震国家,房屋规定的使用年限都较短。使用年限在18—32年地房屋占31%,使用年限为43—52年的房屋仅占3%,老的房屋必须拆除。因此,日本不动产评估中的重心是地价的评估,对相应的建筑物一般仅作一些造价分析。日本房屋租赁市场发达,因此房屋租金评估的项目也较多。并且日本为了促进土地及建筑的流通以刺激经济,不动产证券化的价值评估业务也有较大上升。

(一) 日本的不动产评估业务

日本不动产评估是在市场价格下降或市场价格上下波动情况下的评估,而且日本的不动产鉴定评价业务,根据委托目的可分为:抵押证券、资产评价、争议诉讼、补偿、征税、国土利用计划法的申请、国土利用法的价格审查、租金评估等。日本不动产价值评估的目的就是使不动产的价格合理,因此,日本对地价实施比其他商品价格更为严格的管理,政府通过建立鉴定评价师及鉴定评价制度,对地价实施严格管理。日本不动产评估成熟的行业管理体系及管理方法对我国很有借鉴意义。

1. 日本的地价管理

日本政府对土地的调控作为调节经济发展的重要手段。与世界上其他发达国家相同,其地价管理制度是以保证土地市场机制充分发挥作用为宗旨。日本的地价管理主要有以下三种方式:

(1) 通过建立基准地价与公示地价制度对市场地价实施指导。政府通过编制并发布各类房地产价格指数,在恰当的时间向市场公告有关信息,以加强对市场参与者的风险教育、调整市场情绪、改变和更正投资者的信心与预期状态,以期化解投资者群体行为的非理性,从而保持土地市场价格的合理和稳定。

(2) 通过建立土地交易价格评估制度和成交价格申报制度对市场地价进行调控。对于任何一宗土地的买卖,都需向政府有关部门进行申报,如果申报的交易价格超过一定的数额则由行政机关予以制止和限制,这样对稳定低价具有积极的作用。为了保证土地估价的独立性和公正性,日本对进行土地评估的鉴定评价师的资格审定十分严格,此外还建立了有关的制度和规则,以保证评估人员具备良好的道德和敬业精神。政府对鉴定评价师及鉴定评价制度的管理和干预,也就间接地影响了对市场地价的决定。

(3) 政府直接参与地价的决定。日本政府为了保持土地市场价格的稳定和土地市场供求平衡,以共有土地出租者、出售者以及私有土地征购者的市场交易身份,直接参与土地价格的决定。例如,对用于公共基础设施的土地,政府收取的地价费用总是大大低于市场价格,同时对于非盈利团体则免收用地费用。

2. 日本房地产估价协会 (JAREA)

日本的房地产评估协会是1965年成立的,是日本的主要评估协会,也是可以利用中央政府公布的房地产信息的唯一一个全国评估协会。然而,对于地方政府收集的房地产信息,日本房地产估价协会的会员大约只能获取10%,而地方政府公布的有关信息可由物业的出售方直接获取。

3. 日本不动产评估机构

对于不动产评估机构的执业,日本法律规定:评估业务的范围只在其机构所在地进行,并且需要向所在地的都、道、府、县政府申请登记;如评估业务的范围跨越其机构所在地，则需要向国土厅申请登记，不申请登记则不允许评估机构营业。法律还规定评估机构必须每年定期向国土厅或都、道、府、县提交过去1年有关评估业绩概要的书面报告和每个评估机构不动产评估人员变动情况的报告。另外，法律还规定不动产评估师的职业道德，要求在不动产评估机构里，应至少有1名专职的不动产评估师，只有不动产评估师才能进行不动产评估。

不动产的检查和举报程序：不动产评估法律中包含有对不动产评估机构和不动产评估师违反法律规定的行为进行处罚的程序。如果认为不动产评估师或不动产评估机构进行的评估结果是不妥当的，并掌握了确凿的事实，任何人都可以向国土厅或都、道、府、县举报，并要求进行调查。受到行政处罚或刑事处罚的违法机构和个人将以政令的形式刊登在政府的公告上，并记载在本人的不动产估价师的登记簿上。

4. 日本不动产鉴定考试制度

在日本，最开始从事土地评价与鉴定工作的是银行，不动产评估师被称为不动产鉴定士，其考试制度始于1963年，时值日本经济处于高速发展期，对于高质量资产评估业务的需求日益迫切，而当时的资产评估制度比较混乱，从业人员整体素质不高。鉴于此，日本政府于1963年7月16日颁布了《不动产鉴定评价法》，设立了不动产评估师考试制度。

在当代社会经济现象日趋复杂化的大背景下，为了使评估师更好地适应社会经济发展的需要，努力提高执业质量，日本于1964年正式实施《不动产鉴定评价法》，规定公司或个人均可承担不动产鉴定评价工作。于2004年对不动产评估师考试制度进行了较大幅度的改革，并决定从2006年起开始实施改革后的新考试制度。新考试制度的总体宗旨是：提高不动产评估师素质，广泛吸纳优秀人才。根据新考试制度，想要成为一名不动产鉴定士，报考人员需要通过两个阶段的考试并完成评估实务修习，方可申请注册成为不动产评估师，从事不动产评估与咨询业务。

（1）第一阶段考试是简短回答式考试，考试科目有行政法规和评估理论两科，并且两科的成绩达到满分的70%以上，且单科得分符合一定标准的考生，才能通过考试，合格资格可以保留两年。

（2）第二阶段考试是论文式考试，只有通过第一阶段考试合格并在合格资格保留期限内，方可以参加第二阶段考试，一般于每年8月举行，考试科目有会计学、民法、经济法、不动产评估相关理论讨论题和论问题五科。五科成绩总得分达到满分的60%以上，且单科得分符合一定标准者，视为合格。同时，考试制度中也规定了免试本阶段部分科目的情况，具备免试条件的应试人员，无须进行第一阶段考试，可直接参加第二阶段考试。

（3）第三阶段评估实务修习。通过前两个阶段考试的申请者，必须经过评估实务修习且通过结业考评，才可注册成为不动产评估师，即具备了不动产鉴定师候补资格并从事一年以上的实务者才能参加第三阶段考试。实务修习阶段需要1—3年时间完成，主要由课程培训、基础实习和实务操作三部分组成，申请者完全学会上述三部分学习内容且获得认可后才可参加该考试的最后一项——结业考查,考查的内容为小论文和有关实务操作业务的面试。通过结业考查者,即可申请注册成为不动产评估师。

(二) 日本固定资产评估

固定资产税在日本市镇村的税收中占有重要地位,它具有收入普遍性、稳定性特点,是市、镇村强有力的税源。所以如此,其根本原因在于健全而完善的固定资产评估定价机制。日本固定资产评估及定价融法律、法规为一体,决策程序具有严密的科学性。研究日本的固定资产评估及定价机制对改革和完善我国固定资产评估及定价体制,运用税收杠杆促进经济发展具有借鉴意义。

1. 固定资产评估员

为了准确地评估固定资产,在市镇村设置固定资产评估员。固定资产评估员是指在市镇村长领导下,准确评估固定资产,辅助市镇村长决定固定资产时价而设置的机构。它属于非协商性机构,可理解为一个人。

(1) 固定资产评估员的选拔和职责。鉴于固定资产评估员职务的重要性,选拔固定资产评估员的手续复杂而严谨。固定资产评估员必须选拔具有高度专业知识和丰富实践经验者,同时要取得所在市镇村长议会认可。固定资产评估员须具备学识和经验,故选拔困难。

固定资产评估员的任期无明确规定,市镇村长可根据评估性质需要随时罢免。固定资产评估员的职责是根据自治大臣颁布的固定资产评估标准,每年至少一次对该市镇村的固定资产实际状况进行实地考察,根据考察结果进行评估,书写评估报告并提交市镇村长,辅助市镇村长决定固定资产时价,免设固定资产评估员的市镇村,其评估员职责按地方税法规定由市镇村长代理。

(2) 禁止兼任固定资产评估员及不具备资格的规定。日本法律规定下列人员禁止兼任固定资产评估员:国会议员及地方团体议会议员;农业委员会农业用地部门会议委员;固定资产评估审查委会委员;该市镇村的承包人;有关该市镇村承担经费的企事业;接受了市镇村长或市镇村长委托的承包人、经理人以及同一行为的法人无限责任者或相当于此的董事、监查人、清理人。

日本法律规定下列人员不具备固定资产评估员资格:禁治产者或准禁治产者;破产后无能力恢复权利者;因固定资产评估员职权而触犯法律判刑者;刑满释放未满二年者;国家公务员或地方团体职员受惩处或免职处分未满二年者。

日本法律的规定,充分体现了固定资产评估员职务的严肃性。

2. 固定资产评估程序

(1) 申报固定资产。有固定资产税的纳税义务的清偿资产所有者及住宅用地所有者须向纳税机构直接申报固定资产。土地、房产其课税客体属有形财产,注册在土地登记簿和建筑物登记簿，因此不必申报固定资产。而清偿资产所有者必须提交固定资产申报书。土地资产中的住宅用以课税标准特殊，故须申报固定资产。

（2）固定资产评估。日本固定资产评估程序主要包括：固定资产实地调查；固定资产评估（房地产评估、清偿资产评估）；提交评估报告书。

（三）日本纳税评估

与其他国家相比，日本税务管理的特色就是征管成本低、效率高、征纳关系良好，这在很大程度上受益于规范健全的纳税评估体系。纳税评估又称审核评估，是一项国际通行的税收征管制度。日本纳税评估的特点包括以下几点：

（1）主要征管部门都设有专门的纳税评估岗位并配备有专职人员，纳税评估环节和税收稽查环节界限清晰、职责分明。前者侧重税源管理，后者侧重执法打击。而各环节分设专门岗位或机构的制度设计，使机构间、人员间的职责分工明确，提高了税收征管的效率。

（2）注重税法宣传，纳税服务到位，为纳税评估提供良好的外部环境。日本税务部门历来重视税务宣传和税收知识的普及，在国税厅、国税局、税务署内分别设有专门机构负责税务宣传工作。而且日本的税务部门采用"一站式"办税形式，纳税服务周全。

（3）以案头审计为主，主要以偷漏税行为频发的重点行业和个人为评估对象。与自行核算、自行申报、自行纳税的征管模式相对应，日本的纳税评估以案头审计为主，以对纳税人申报纳税的真实性为评估核心，以偷漏税行为频发行业及"不当申报"企业为重点评估对象。主要选取申报亏损、无经营、返还消费税的企业，以及集团企业、关联企业和有海外交易的企业。特别是申报亏损或破产后有申报清产合并、存在巨额呆账或有房地产交易的企业更是纳税评估的重点。对于个人，选取对象侧重于个体经营者、有不动产转让所得或申报继承税的个人。

（4）建有全国统一的"国税综合管理系统"，信息化管理程度高。日本的税收征管之所以严密高效，很大程度上受益于现代信息技术在税收管理中的充分应用。

由于分析不同性质、不同行业的纳税特点，设计出相应的纳税评估专用指标体系，并在实践工作中不断地加以改善和修正，使指标体系更加完善严谨，纳税评估过程也就更加简便易行。同时，建立纳税评估典型案例库的模式还可以为税务人员提供实务操作模板，进一步提高税务人员整体的实务操作水平。

七、中国香港地区

香港是一个市场经济高度发展的地区，房地产业是其支柱产业之一。为了适应高效运作的经济机制，香港的评估业也得到充分发展，并且在世界资产评估业的发展过程中占有一席之地。特别是其在对资产评估业的组织与管理上，更趋于完善，并有其独创之处，它对机构管理和执业人员管理并重，并建立相当规模的教育培训体系，对中国大陆评估业管理具有一定的借鉴作用。

（一）香港评估业的发展及现状

商品交易的发展，是资产评估发展的基础。由于香港的特殊历史条件和政治经济背景，从1842年割让给英国成为殖民地起，长期实行资本主义市场经济体制，英国的测量师来到香港从事房地产估价在内的专业测量工作。早期的香港经济和市场不是很发达，产权交易及产权变动也不频繁，因此当时的资产评估活动只能算作是一些偶然的、个别的经济现象。

自20世纪50年代以来，由于现代工业的发展，使香港迅速向工业化社会靠拢，经济和市场也逐渐发展起来，加之从英国学成并取得英国皇家特许测量师资格归来的香港人逐渐增加，香港的资产评估才算真正进入香港社会经济舞台。20世纪50年代到60年代，香港的经济是以中国货运的转口港和规模不大的轻工业为基本框架，资本市场、房地产市场正在形成完善中，制造业尚不发达，此时的香港资产评估尚未形成行业之势。20世纪70年代到80年代，香港的制造业、金融、房地产、商业服务业得到了迅速发展，大大促进了香港房地产开发建设、商业楼宇、店铺、住宅的买卖等活动的开展。同时，公司的上市、收购合并、清盘等经济活动已经普遍化和社会化。进入20世纪80年代后，香港经济进入多元化、国际化发展阶段，成为综合型的国际经济中心，即国际贸易中心、国际金融中心、国际制造业中心，这一时期由于房地产市场、股份制、企业合并及分设等资产重组的高度发展香港评估业迅速发展起来。繁多的产权变动的经济行为，引起广泛的资产评估需求，而评估业的发展又适应了市场经济发展的需要。1984年4月香港测量师学会成立，成为连结政府与评估机构的纽带，受政府委托，对评估机构具有一些管理和协调的职能，标志着香港资产评估作为一个行业已经成熟。

进入20世纪90年代，香港作为国际金融、商贸、旅游中心的地位得到进一步加强，经济辐射力扩至亚太地区，香港与中国大陆的经济联系和合作更加紧密。当时，中国大陆国有企业实行股份制改制，特别是国有企业在境内上市和境外上市发行B股和H股，按照有关上市要求并充分考虑外国投资者的利益和认购股票的积极性，聘请香港评估机构和评估人员参与发行B股和H股的国有企业的评估。可以说，中国的深化改革和扩大对外开放，再一次把香港的资产评估业推到一个新的发展阶段。

香港评估业以不动产评估为主，近年逐步向不动产评估、企业价值评估和无形资产评估等共同发展的综合化方向发展。2005年，由香港测量师学会牵头，会同英国皇家特许测量师学会（香港）与香港财经分析师协会共同成立了理事会，从事企业价值评估的专业人士可以注册在该理事会下，成为注册企业价值评估会员（RRV）。企业价值评估会员所从事的业务会得到香港证监会、香港联交所及香港会计师公会的认可。从 2013 年开始,香港资产评估业采用了一套由香港测量师学会发布的统一评估标准,即把原来分别发布的不动产和企业价值评估方面的标准修订合并为一套统一标准,内容包括不动产评估和企业价值评估等,与《国际评估准则》接轨。

香港注重对评估人员的管理,政府不直接干预人员职业道德、专业水平的评估,而是由学会(或协会)自行规定和管理。香港的测量师很重视会员的资格并要求甚高,政府承认香港测量师学会会员或英国皇家特许测量师学会会员资格,只有具备这两个学会会员资格之一,才有可能得到政府和非政府评估机构的聘请。

(二)香港资产评估业的特点

1. 评估对象的广泛性

香港资产评估业是随着香港经济和市场的发展逐步发展起来的,其资产评估范围也是随评估业的日益兴旺而逐步拓宽的。目前,香港资产评估活动几乎涉及香港社会的各个经济领域,主要包括以下几个方面:

(1)公司合并、分设和收购等情况下对资产估值的要求。根据现行的《香港公司收购及合并守则》规则第 11 条,监管机构要求就收购及合并要约对要约人或受要约公司的资产作出估值,要约文件需写明此次资产估值的详情或其适当的摘要。在香港,由于公司的资产属于不同的所有者,为了维护各所有者的权益,在公司合并、分设和清盘时,都由公司出面聘请资产评估机构对其公司的资产进行评估,以确定公司即期资产实际价值。

(2)资产拍卖、转让的评估。香港的资产买卖活动比较频繁,在资产买卖交易之前,进行资产评估以确定交易底价。

(3)资产租赁的评估。一般来说,香港资产所有者在其财产出租之前均由资产评估机构进行评估,通过评估,一方面核定出租资产的实际价值,另一方面也为确定租金提供依据。

(4)按揭、融资及保险的评估。在香港,房地产发展商发展物业及物业投资买卖交易的一个重要渠道就是银行贷款。由于融资或信贷合约并不是短期性的,银行或金融机构被要求根据相关条例与规定对贷款中的抵押品进行重估,来判断是否需要处理或清理有问题的贷款。商业银行在定期评估贷款中的资产和抵押品时大多会雇佣专业评估公司的测量师,同时也会在某些大型融资项目中,雇用专业测量师进行评估以评定项目的各类风险。

同时,在房地产第二市场的交易买卖中,由银行提供按揭服务形成的贷款须由银行或其他金融机构承担一系列风险,如信贷风险、市场风险等。因此,同意发放贷款之前,银行规定借贷方需提交贷款保证或抵押品,并聘请评估机构出具报告,凭借物业的市值评估抵押物的金额。

(5)就税务问题所涉及的诉讼提供法律支持并提供专家证据。在香港,印花税、物业税和遗产税是以财产价值为依据征税的。因此，所有物业在交易之前要先进行评估，以确定印花税额；所有物业拥有人死后，都要对其遗产评估，并向物业继承人征收遗产税；按香港的规定，所有住客的居住楼宇均要交纳差饷物业税，并且物业税以楼宇的价值确定，因此，每3年要对物业评估一次，以确定关饷物业税额。

（6）公司上市的资产评估要求。香港联合交易所规定，凡是申请上市的公司在上市之前，要先进行评估。同时规定，已上市公司投资物业每3年要进行一次评估，以掌握上市公司财产状况。

（7）按香港《公司条例》及会计实务总则对公司资产评估的要求。根据《公司条例》附表10与颁布的《会计实务总则》第13号"投资物业的会计处理"、第6号"折旧的会计处理"、第17号"物业、机器及设备的会计处理"的相关规定，评估报告需要指明在处理投资物业、厂房及机器等业务时需要遵照的会计准则及要求。也就意味着上市公司必须按年评估其物业投资进行公司资产净值的确定。对于非上市公司，投资物业市值超过5000万元港币的，每年也要进行评估。

香港资产评估中，房地产评估约占76%，这与香港特殊的经济结构密不可分。因为香港是以金融、商贸、旅游等为主导产业，几乎没有重工业和制造业，而且房地产价格又是世界上最高的地区之一。香港的公司一般来说最大的资产是房地产，因而投资者及产权交易各方最关注的是房地产的价值。香港特殊的经济结构和企业资产结构决定了房地产评估在香港有着特别重要的地位。

2. 评估活动的开放性

香港资产评估业务发展比较迅速，与其评估活动的开放性也有直接关系。具体表现在：

（1）资产评估范围无严格限制。在香港，除应课资产价值和上市公司有专门的规定必须评估外，其他经济行为是否评估、什么时间评估均可由有关资产所有者及利益相关者自行确定。

（2）资产评估工作程序无严格要求。香港对资产评估的工作程序无特殊要求，只要资产所有者及利益相关者认为需要，即可委托资产评估机构进行评估，不需立项；同时，资产评估机构提出的资产评估报告直接向委托单位提供，无须进行确认。因此，评估机构提供的评估直接具有法律性，资产评估机构对其评估结果要负法律责任。

（3）资产评估方法无严格规定。在香港，对资产评估采用的评估方法没有专门的规定。各评估机构根据评估对象及评估目的，可以采用各种不同的评估方法。资产评估机构在实际资产评估中探索创造了许多有效的评估方法，大大丰富了香港资产评估的操作经验，对香港资产评估业务水平的提高起到了积极的作用。

（4）资产评估机构执业范围无严格约束。香港的资产评估机构除了在香港执业外，还可以到其境外发展业务；港外的评估机构也可以到香港执业。这样，有利于香港评估业对外合作和交流，使香港评估业与国际资产评估业接轨。

3. 评估职责的专业性

根据香港有关法律规定，香港资产评估机构执业职责专业性很强，不同类型的评估机构和不同的评估人员只能在一定的专业范围内执业，不能跨行业执业。香港的这种评估职责的专业性主要体现在四个方面：

（1）从社会范围看，香港测量师及其测量师行、会计师及其会计师行、律师及其律师行等专业技术人员及其机构只能各司其职，不能从事跨行业或跨专业执业。也就是说香港的资产评估只能由测量师及其测量师行等相关的评估专业人员和评估机构承担，会计师及会计师行等机构和人员不能承担物业等评估业务。

（2）从评估对象上来看，在香港也有严格的分工。香港的专业评估机构和评估人员一般只能评估物业和机器设备等固定资产，这是香港评估的主体。而其他像流动资产、部分长期投资和无形资产的评估，则主要由会计师及其会计师行承担。会计师及会计师行在承担这种评估业务时一般不以评估的行为出现，而是以会计审计和查验资金的形式出现，同严格定义上的资产评估有一定的区别。

（3）从评估目的上来看，香港应课资产价值的评估属于香港政府差饷物业估价署负责。其他评估人员及评估机构没有经过该署的特殊审批是不能从事此种业务的，而政府差饷物业估价署也不能从事本范围之外的其他评估业务。

（4）从评估专业内部分工上来看，评估人员及机构内部各类专业技术人员职责分明。以测量师为例，在其内部，专业技术人员按照服务对象的不同分为土地测量师、工程测量师、产业测量师和建筑测量师。在测量师行业中具体从事房地产评估的是产业测量师，其他各类测量师予以配合。因此，香港的资产评估专业技术人员的主体是产业测量师。

（三）香港资产评估行业的管理

香港资产评估业在发展过程中保持着较高的行业技术水准和职业道德标准，很大程度上得益于香港的资产评估管理体制和管理制度。

香港资产评估业的管理体制和管理制度是由不同管理层次和不同管理环节构成的，涉及社会的方方面面。从管理层次来看，包括行业管理、社会管理和法制管理；从管理环节来看，又分为资格管理、技术管理和职业道德管理。不同管理层次是由不同的社会组织和部门分别承担，同时这些不同的管理环节在不同管理层次上又是交叉的，这样就形成了一个相互衔接、相互补充、相互制约的资产评估管理体系。对其作进一步的考察，并借鉴香港在资产评估管理方面的有益经验，对中国大陆日益发展的资产评估业无疑是有积极意义的。

1. 香港资产评估管理的特点

（1）以评估人员为管理对象。这是香港资产评估管理体制和管理制度最基本的特征，具体表现在资产评估管理中的资格管理、技术管理和职业道德管理都是直接落实到每一个执业的评估人员身上。首先，由香港测量师学会（HKIS）和英国皇家特许测量师学会（香港分会）（RICS）作为政府认可的资产评估行业管理组织，具体负责评估人员执行资格的审查确认、技术指导和职业道德规范。然后，香港政府及主要社会经济组织根据评估人员是否为 HKIS 或 RICS 的会员，决定是否聘用为其服务。同时，香港法律还特别设置了"专业疏忽"等相关条款对评估工作失职、失误造成客户损失的执业人员进行约束和处罚。总之，香港的资产评估管理体系是把评估人员作为主要管理对象，并紧紧围绕着评估人员制定一系列措施和办法，用以指导、规范和监督评估人员的执业行为。

（2）以会员制为管理核心。香港测量师学会或英国皇家特许测量师学会（香港分会）通过严格的会员制度对会员进行管理，这主要表现在对会员资格、会员技术要求和会员行为规范三个方面进行有效的监管与控制。在会员资格方面，HKIS 和 RICS 要求，申请入会者必须具备大学测量系本科毕业或相当学历，且有两年本专业的实际工作经验，此项基本条件符合之后，还要提交一份有关本专业的学术论文或工作报告，并经学会学历小组组织的面试和答辩，才能正式获得会员资格。同时，在会员职业道德方面，两学会制定了《测量师守则》，该守则明确规定了资产评估行业及执业人员的工作原则（如公开、公平、公正原则）和评估人员在操作实务中的具体行为规范，如此严格缜密的会员制度不仅是 HKIS 和 RICS 对其会员进行有效的行业管理的主要手段，同时也是其赢得社会认同的关键所在。

（3）以行业自律性管理为主。所谓行业自律性管理，就是以社团成员共同确认的专业准则和行为规范进行自我教育、自我协调、自我约束，并由社团组织进行指导和监督的管理过程，这是资产评估作为一项社会中介服务，确保其独立性、客观性和公正性的必要条件。香港自律性社团组织就是 HKIS 和 RICS 两学会，他们就是通过前段所述的严格的会员制度对其执业人员进行有效的行业监管与管理的，这也是香港资产评估业在短短几十年内迅速发展起来，并逐步进入国际社会的主要原因之一。

（4）以社会监督和法律制约为保障。香港资产评估委托人及关系人对资产评估人员及其机构的挑剔性选择，无疑构成了资产评估管理体系中强大的社会监督力量。为此，香港的评估人员及其机构不间断地致力于提高业务技术水平和服务质量，兢兢业业地做好每一项资产评估工作，以提高其执业业绩、声誉和可信度。另外，香港法律中对专业技术人员违反专业人员职业道德和工作失误造成客户损失都有严厉的处罚规定，如香港民法中的"专业疏忽"条款、香港刑法中对专业人员营私舞弊、贪赃枉法的处罚条例等，这些也构成整个资产评估管理体系中巨大的法律制约力量，它促使评估执业人员及其机构必须谨慎、公正地按法定规程操作执行，避免以身试法。从某种意义上来说，如此强大的社会监督力量和法律制约力量就是香港资产评估也推行严格会员制度，进行有效行业自律性管理的后盾和保证。

2. 香港资产评估管理的办法

(1) 行业自律管理。香港的资产评估管理主要是行业管理,即香港测量师学会和英国皇家特许测量师学会两个行业组织实行对资产评估的同一行业管理。因为评估行业的相关业务非常专业而且承担较重的责任,所以为了保障公众、专业团体及社会的利益,评估行业制定了严格的规定。这些守则中主要包括以下内容:

① 专业操守。目前专业测量师的监管分为两部分:中国香港测量师学会与测量师注册管理局。中国香港测量师学会对其会员以专业操守监管所有会员,而测量师注册管理局则负责制定条文、监管测量师注册及制定纪律管制及程序。

② 法律责任。行驶合理地照顾责任(Reasonable Duty of Care)是评估公司或专业测量师在与客户签订合约和履行合约内规定的职责时必须履行的责任。评估机构不仅要向顾客负责,还要向雇用专业测量师处理相关业务的第三方负责。而对于履行责任所带来的风险,相对于审计师或律师,测量师所受到的保障较低。为避免出现法律诉讼,对专业测量师的保障有免责条款及否认声明和专业免责保险。

③ 公司内部管理。不同的管理人员制定不同的公司内部管理守则。每一家评估公司都会因管理架构、业务范围及行业变迁等特点制定适用于公司的内部管理守则。尽管存在以上各种因素,专门评估公司必须依据中国香港测量师学会所制定的专业操守守则、中国香港测量师学会指定的资产评估指引和中国香港测量师学会及英国皇家特许测量师学会(香港分会)共同制定的守则(及如物业评估作按揭用途指引等文件)制定内部守则,以保证评估机构的内部守则与相关条例一致,确保公司的内部守则与专业学会及法例并无出现不一致的情况。

(2) 政府监管。香港政府对资产评估的管理主要是进行监督管理,其办法主要是四个方面:①政府审查核批会章;②政府人员参与测量师学会;③对会员资格的审批;④实行执业评估师注册制度。

(3) 法律约束。在香港,法律对评估人员的约束,主要表现在专业疏忽责任和刑事责任。按照香港有关法律规定,如果测量师进行资产评估时发生专业性疏忽,保险公司将替测量师的客户作出赔偿。测量师刑事责任主要是测量师对上市公司的资产评估有构成欺骗的成分,那么政府会控告,就要按香港的有关法律进行处理,除评估人员个人要承担责任外,测量师行也要负责。因此,香港资产评估机构十分重视职业道德,坚持公正、公开、全面地评估,以保持自己的社会信誉。

(四) 香港从事资产评估的机构

按行业及机构分类,中国香港的资产评估行业分布在各个不同的行业。从业人员根据不同的要求和用途,评估资产的价值。

香港的评估机构有政府部门和非政府机构两种。不论是以往的港英政府,还是现在的香港特区政府，均是资产评估行业的最大雇主。根据非官方的数据，一半以上的注册专业测量师都被特区政府雇用进行评估或评估有关的工作。政府部门包括隶属于政府部门的评估单位或部门，如差饷物业估价署、房屋地政署和土地注册处等；另一种是非政府的评估机构，一般指向社会开放的非政府测量师行，其中包括私人评估机构、半官方机构、物业发展商及私人机构等，半官方机构有九广铁路公司、市区重建局等。非政府评估机构的业务范围已经超出香港本地，比如香港仲量联行、戴德梁行等均在我国内地设立分行。

（五）香港测量师学会（The Hong Kong Institution of Surveyors）

1. 香港测量师学会简介

香港测量师学会是香港九大专业学会之一，也是香港唯一的测量专业组织，在政府制定政策方面担当重要的咨询角色，并致力于楼宇僭建问题、楼宇安全运动、物业管理问题、城市规划和发展策略，以及建设质量和房屋问题。目前已与英国、澳大利亚、新西兰、新加坡及国内的诸多专业测量及估价学会签署协议，互相认可对方的会员资格。此外，香港测量师学会也是多个主要国际评估组织的成员。

该学会正式成立于1984年4月，当时创会会员人数为85名。1990年香港立法局通过了《香港测量师学会条例》，1991年立法局通过了《测量师注册条例》，据此测量师注册管理局成立。1997年8月31日英国皇家特许测量师学会（RICS）的香港分会解散后香港测量师学会成为唯一代表香港测量师专业的团体。该学会的会籍分为四级，分别是由名誉会员组成的名誉会员级、由资深专业会员和专业会员组成的专业会员级、由副会员组成的技术会员级及由见习测量师和学生组成的培训会员级，其中专业会员和资深专业会员均属正式会员。

2. 香港测量师学会职责

香港测量师学会的工作主要是制订专业服务标准，包括制定职业道德规范，制定加入专业测量师行列的要求，并鼓励会员通过持续专业进修以增强专业技能。该组织的主要职责是：（1）评定各类不动产及其各类权益的价值；（2）管理和推动不动产及不动产管理有关的一切事宜；（3）测量、记录和描述地理信息；（4）管理、发展和测量不动产权益。

3. 香港测量师学会组织结构

香港测量师学会作为行业管理的代表，设立总理事会，其下设有执行委员会，执行委员会下设有管理和服务办公室、青年组及各专业组别、委员会以及学会行政部门。其学会会员按照专业范畴分为六个专业组别，分别是建筑测量组、产业测量组、土地测量组、工料测量组、规划与发展测量组及物业设施管理组。

思考题

1. 美国资产评估行业管理机构的特点是什么？

2. 英国资产评估行业的业务范围及其特点是什么？
3. 德国和澳大利亚资产评估专业人员的法律责任如何界定？
4. 典型国家和地区资产评估业的后续教育组织实施对我国有哪些借鉴意义？

本章参考文献

［1］白武钰、韩美妞：《日本不动产评估师考试制度分析及对我国的借鉴》，《中国资产评估》2009年第8期，第34－36页。

［2］陈奎玉：《德国企业民有化进程中的资产评估》，《中国资产评估》1998年第5期，第13－15页。

［3］黑龙江省资产评估协会：《韩国资产评估行业考察报告》，《中国资产评估》2004年第8期，第28－30页。

［4］姜楠：《香港资产评估业态析》，《国有资产管理》1994年第11期，第47－49页。

［5］李永刚、唐克：《中俄资产评估法对比分析》，《中国资产评估》2017年第1期，第32－34页。

［6］李悦：《日本的固定资产评估及定价机制》，《现代日本经济》1991年第1期，第12－15页。

［7］刘玉平：《资产评估理论与管理》，中国财政经济出版社2015年版。

［8］聂江武：《香港资产评估业的考察及思考》，《国有资产管理》1994年第5期，第31－33页。

［9］溥佳：《成熟、规范的加拿大资产评估业》，《上海国资》2000年第4期，第29－31页。

［10］王天霞、郭松：《中日两国不动产市场及价值评估业务的比较》，《中国资产评估》2008年第11期，第31－33页。

［11］杨蓬：《俄罗斯评估行业历史沿革与现状浅谈》，《中国资产评估》2011年第6期，第45－46页。

［12］叶光银：《国外资产评估管理制度比较》，《时代金融》2015年第23期，第291－292页。

［13］张健、吴宇平：《香港的资产评估管理及其启示》，《决策借鉴》1996年第4期，第37－38页。

［14］张兴：《英国房地产评估方法分析与思考》，《国土资源情报》2020年第5期，第26－31页。

［15］田雨喜：《韩国鉴定评价业制度概况》，《中国资产评估》1997年第6期，第16－19页。

［16］中国资产评估协会访英研讨团：《英国资产评估行业的管理体制》，《国有资产管理》1998年第1期，第61－63页。

［17］中国资产评估协会赴澳培训团：《澳大利亚的资产评估业》，《中国资产评估》2000年第6期，第37－40页。

［18］中评协考察团：《德国、英国评估行业管理考察报告》，《中国资产评估》2005年第4期，第39－42页。

［19］赵振洋、廖奕宸：《中美资产评估法律比较》，《中国资产评估》2017年第1期，第28－31页。